THE FUNDAMENTALS SCIENCE RESEARCH, Third Edition
By Paul M. Kellstedt and Guy D. Whitten 2009, 2013, 2018

Copyright © Paul M. Kellstedt and Guy D. Whitten
Japanese translation published arrangement with Cambridge University Press
Through the English Agency (Japan)

政治学研究の基礎
政治を科学するために

ポール M. ケルステッド

著

ガイ D. ウィッテン

中條美和 訳

木鐸社

翻訳にあたって

本書は2018年出版の *The Fundamentals of Political Science Research* 第3版をベースとして訳している。第3版は、初版（2008年）と第2版（2013年）に対する世界中の大学教員や学生からのフィードバックを得てアップデートされた。原書で使用しているデータセットはウェブサイトから入手可能である（http://www.cambridge.org/fpsr）。教員向けには授業資料としてパワーポイントやTex/Beamerスライド、エクササイズの解説もある。また、原書の分析をStata, SPSS, Rそれぞれで行って確かめるガイドも出版されている。

原書は著者たちがブラウン大学、UCLA、エセックス大学、ミネソタ大学、そしてテキサスA&M大学で20年以上にわたって教室で教えてきた経験に基づいている。その意味で、原書は学生と教員のインタラクションによってもたらされたとも言える。原書の執筆を通して著者たちは、その指導教授たち（著名な政治学者たち）の大きな影響を感じたそうだ。訳者である私自身は、テキサスA&M大学で原書の著者に指導いただき、本書をベースとして政治学の基礎をテキサスA&M大学、北海学園大学、津田塾大学で教えてきた。連綿と続くバトンを日本の学生たちにも受け継いでいって欲しい。

2023年2月

目　次

政治学研究の基礎─政治を科学するために

第1章　政治を科学的に理解する ……………………… 17

　1節　政治「科学」？ …………………………………… 17

　2節　政治を科学的に理解する：因果関係の探求 ………… 19

　3節　変数と因果の説明という観点から世界を考える …… 24

　4節　政治のモデル ……………………………………… 33

　5節　政治における科学的知識への道のルール ………… 33

　　　1　因果関係に着目する ……………………………… 34

　　　2　データから理論を導かない ……………………… 34

　　　3　経験的証拠のみを考える ………………………… 35

　　　4　規範的な記述を避ける …………………………… 36

　　　5　一般化と単純化の両方を追求する ……………… 36

　6節　次章へ向けて ……………………………………… 37

第2章　理論構築のアート ……………………………… 41

　1節　良い理論は良い理論構築戦略からくる…………… 41

　2節　有望な理論は興味深いリサーチ・クエスチョンに
　　　　答えを提供する ………………………………… 42

　3節　興味深いばらつきを特定する …………………… 43

　　　1　クロスセクションの例 ………………………… 44

　　　2　時系列の例 ……………………………………… 46

　4節　自分の知識を使うことを学ぶ …………………… 47

　　　1　特定の出来事からより一般的な理論へ ………… 47

　　　2　ローカルに学んでグローバルに考える：
　　　　　固有名詞を落とす ……………………………… 48

　5節　オリジナルな理論を発展させるための3つの戦略 … 49

　　　1　タイプ1：新しいY（と既存のX）…………… 50

　　　2　タイプ2：既存のYと新しいX ……………… 52

　　　　　　3　タイプ3：
　　　　　　　　確立されたX→Yの関係を修正する新しいZ …… 52

　　6節　過去の研究を調べる ……………………………… 54

　　　　　　1　重要な先行研究を知る—引用数を数える ………… 54
　　　　　　2　やりたいと思ったことを既に誰かがしていたとき … 55
　　　　　　3　オリジナルの理論を発展させるために
　　　　　　　　先行研究を批判的に読む ……………………… 55

　　7節　従属変数のばらつきをもたらす原因について
　　　　　フォーマルに考える ………………………… 58

　　　　　　1　効用と期待効用 ……………………………… 59
　　　　　　2　投票率のパズル ……………………………… 62

　　8節　制度について考える：ルールが常に重要 ………… 64

　　　　　　1　立法のルール ………………………………… 64
　　　　　　2　ルールが重要！ ……………………………… 66
　　　　　　3　応　用 ………………………………………… 68

　　9節　結　論 …………………………………………… 68

第3章　因果関係の評価 ………………………………… 73

　　1節　因果と日常会話 …………………………………… 74

　　2節　因果関係を確立するための4つのハードル ……… 77

　　　　　　1　因果関係の4つのハードルをまとめる ………… 81
　　　　　　2　因果を特定するという思考技術 ………………… 82
　　　　　　3　他の原因をコントロールし損ねた場合 ………… 86

　　3節　なぜ因果関係が重要であるのか？—3つの事例 …… 87

　　　　　　1　生活満足度と民主的安定 ……………………… 88
　　　　　　2　人種と政治参加 ……………………………… 89
　　　　　　3　Head Startは効果的かどうか ………………… 91

　　4節　まとめ …………………………………………… 92

第4章　リサーチ・デザイン ………………………… 95

　　1節　比較は因果関係を確立する鍵である ……………… 95

　　2節　実験のリサーチ・デザイン ……………………… 96

1	実験デザインと因果の4つのハードル ……………	102
2	「無作為割り当て」と「ランダム・サンプリング」…	104
3	実験の種類と擬似実験 …………………………	104
4	実験のリサーチ・デザインの欠点 ………………	106

3節　観察的研究 ……………………………………………… 111

1	1個のデータ、データ、データセット …………	114
2	クロスセクションな観察的研究 …………………	115
3	時系列な観察的研究 ……………………………	116
4	観察的研究の重要な欠点 ………………………	117

4節　先行研究を解剖する ………………………………… 118

5節　まとめ ………………………………………………… 119

第5章　概念を測る …………………………………………… 123

1節　データを知る ………………………………………… 123

2節　社会科学における測定：人間の行動を数値化する … 126

3節　概念を測定する際の問題 …………………………… 130

1	概念の明確さ ……………………………………	131
2	信頼性 ……………………………………………	132
3	測定バイアスと信頼性 …………………………	133
4	妥当性 ……………………………………………	134
5	妥当性と信頼性の関係 …………………………	135

4節　論争1：民主主義の測定 …………………………… 136

5節　論争2：政治的寛容の測定 ………………………… 140

6節　測定に失敗したら？ ………………………………… 143

7節　結　論 ………………………………………………… 143

第6章　データを知る ………………………………………… 146

1節　データを統計的に把握する ………………………… 146

2節　変数の測定基準 ……………………………………… 148

1	カテゴリカル変数 ………………………………	148
2	順位変数 …………………………………………	148
3	連続変数 …………………………………………	150

		4	変数の種類と統計分析 ……………………	151
	3節	カテゴリカル変数の記述 ……………………		152
	4節	連続変数の記述 ………………………………		153
		1	順序統計量 ………………………………	154
		2	統計モーメント …………………………	157
	5節	記述統計とグラフに対する留意 ……………		160

第7章　確率と統計的推定 ……………… 164

	1節	母集団とサンプル …………………………		164
	2節	確率理論の基礎 ……………………………		166
	3節	母集団からサンプル：中心極限定理 ………		169
		1	正規分布 …………………………………	170
	4節	事例：大統領支持率 ………………………		176
		1	何がサンプルで何が母集団か？ ………	178
		2	スマートフォン時代におけるランダムサンプル …	179
		3	サンプルサイズの影響 …………………	180
	5節	次に向けて：変数間の関係を調べる ………		182

第8章　2変数の仮説検証 ……………… 185

	1節	2変数の仮説検証と因果関係 ……………		185
	2節	2変数の仮説検証法を正しく選ぶ ………		186
	3節	pへの道 ……………………………………		187
		1	p値のロジック …………………………	187
		2	p値の限界 ………………………………	188
		3	p値から統計的有意へ …………………	189
		4	p値と帰無仮説 …………………………	190
	4節	2変数の仮説検証の方法 …………………		190
		1	例1：クロス集計 ………………………	190
		2	例2：平均値の差の検定 ………………	197
		3	例3：相関係数 …………………………	203
	5節	まとめ………………………………………		209

9

第9章　単回帰分析 ················ 213

1節　2変数の回帰分析 ················ 213

2節　線をひく：母集団⇔サンプル ················ 213

3節　どの線がもっとも適しているか？回帰直線の推定 ··· 216

4節　OLS回帰直線についての不確かさを知る ··········· 221

 1　適合度：平均二乗誤差の平方根 ·············· 222

 2　適合度：R^2統計量 ················ 223

 3　よい適合度か？ ················ 224

 4　サンプルの回帰モデルの各項についての不確かさ ··· 225

 5　パラメーター推定についての信頼区間 ·········· 227

 6　両側仮説検定 ················ 228

 7　信頼区間と両側仮説検定の関係 ··········· 230

 8　片側仮説検定 ················ 231

5節　前提、もっと前提、最低限の数学的要件 ············· 233

 1　母集団の確率的部分の前提 ················ 233

 2　モデル特定の前提 ················ 236

 3　最低限の数学的要件 ················ 237

 4　これら全ての前提はどうやって成り立つか？ ······· 238

第10章　重回帰分析：基礎 ··········· 241

1節　多変量な現実をモデル化する ············· 241

2節　母集団の回帰関数 ················ 242

3節　単回帰から重回帰へ ················ 243

4節　重回帰の解釈 ················ 248

5節　どの効果が「最大」か？ ················ 251

6節　統計的有意と実質的有意 ················ 253

7節　Zをコントロールできなかった場合 ················ 255

 1　重回帰における最低限の数学的要件 ·················· 260

8節　先行研究の例：
いかに政治が国際貿易に影響するかの理論検証 ··· 260

9節　図表を効果的に使う ················ 263

	1	回帰分析結果表を作成する ………………………	264
	2	回帰分析結果表について書く …………………	268
10節	含意と結論 ……………………………………………		268

第11章　重回帰分析：発展 ……………………………… 272

1節	OLSの発展 …………………………………………		272
2節	OLSにおけるダミー独立変数の扱い…………………		273
	1	ダミー変数： 2値のカテゴリカル独立変数の仮説検証 …………	273
	2	ダミー変数： 3値以上のカテゴリカル独立変数の仮説検証 ……	277
	3	ダミー変数：重回帰の独立変数の仮説検証 ………	280
3節	ダミー変数：交互作用の検証 ……………………………		282
4節	外れ値とOLSへの影響 ……………………………		284
	1	影響のあるケースを特定 ………………………	286
	2	影響のあるケースの扱い ………………………	289
5節	多重共線性 …………………………………………		290
	1	多重共線性の起こり方 …………………………	291
	2	多重共線性のチェック …………………………	293
	3	多重共線性：シミュレーション例 ……………	294
	4	多重共線性：現実世界の例 ……………………	296
	5	多重共線性：どうするべきか …………………	298
6節	まとめ………………………………………………		298

第12章　制限従属変数と時系列データ …………… 300

1節	OLSの発展 …………………………………………		300
2節	ダミー従属変数 ……………………………………		301
	1	線形確率モデル …………………………………	301
	2	二項ロジットと二項プロビット ………………	304
	3	ダミー従属変数の適合度 ………………………	307
3節	時系列への注意 ……………………………………		309
	1	時系列の表記 ……………………………………	309

2	時系列分析のメモリとラグ	……………………	310
3	トレンドと擬似回帰問題	…………………………	312
4	差分従属変数	…………………………………………	315
5	ラグ従属変数	…………………………………………	317

4 節　例：経済と大統領支持率 …………………………… 319

5 節　まとめ…………………………………………………… 322

補　遺 ……………………………………………………………… 327

文　献 ……………………………………………………………… 333

図表一覧

図1.1 科学的知識への道筋

図1.2 理論から仮説へ

図1.3 経済投票理論にもとづいて何を予想するか？

図1.4 経済投票理論にもとづいて何が予測できるか？ 2つの仮説的ケースの場合

図1.5 経済投票理論にもとづいて何を予想するか？

図1.6 経済投票理論にもとづいて何が予測できるか？ 2つの仮説的ケースの場合

図2.1 2005年軍事費

図2.2 大統領支持率、1995-2005年

図2.3 アメリカ政府債務残高（GDP比、1960-2011年）

図2.4 女性国会議員の割合、2004年

図3.1 因果関係を評価する経路

図4.1 実験はどのように因果の4つ目のハードルをクリアするか

図4.2 選挙広告視聴と投票選択の関係における政治的関心の交絡的影響の可能性

図5.1 信頼性、妥当性、仮説検証

図5.2 ブラジルのPolity IVスコア

図5.3 アメリカのPolity IVスコア

図6.1 宗教的所属意識の円グラフ、NES2004

図6.2 宗教的所属意識の棒グラフ、NES2004

図6.3 Stataのsummarizeコマンドにdetailオプションをつけた出力例

図6.4 与党得票率の箱ひげ図、1876-2016年

図6.5 与党得票率のヒストグラム、1876-2016年

図6.6 与党得票率のヒストグラム、1876-2016年、2ブロックと10ブロック

図6.7 与党得票率のカーネル密度プロット、1876-2016年

図7.1 正規分布

図7.2 68-95-99ルール

図7.3 サイコロを600回振ったときの頻度分布

図8.1 多数派と少数派内閣の政府存続期間の箱ひげ図

図8.2 多数派と少数派内閣の政府存続期間のカーネル分布

図8.3 GDP成長率と与党得票率の散布図

図8.4 GDP成長率と与党得票率の散布図、平均値で4分割

図8.5 この表のどこが間違っているか？

図9.1 GDP成長率と与党得票率の散布図

図9.2 GDP成長率と与党得票率の散布図、負の傾きの直線

図9.3　３つの可能な線
図9.4　OLS回帰直線と平均値によって４分割された散布図
図9.5　単回帰モデル：与党得票率＝ $\alpha + \beta \times$ 経済成長率、のStata結果
図9.6　XとYの分散と共分散のベン図
図10.1　X、Y、Zが相関するベン図
図10.2　XとZはYに関連するが、XとZは無関係である場合のベン図
図11.1　性別ダミー変数の両方をモデルに入れた場合のStataの結果
図11.2　性別ダミー変数を入れたモデルの回帰直線
図11.3　交互作用モデルの回帰直線
図11.4　表11.7のモデルのてこ比vs残差の二乗のプロット
図11.5　フロリダ2000年のOLS直線と散布図
図11.6　多重共線性のベン図
図12.1　ブッシュ票に対する３つのモデル
図12.2　アメリカにおけるゴルフ場の成長と結婚の崩壊、1947-2002年
図12.3　アメリカにおける経済成長と結婚の崩壊、1947-2002年
図12.4　ゴルフ場の数の1差分と夫婦世帯割合の1差分、1947-2002年
図12.5　経済と大統領支持率の関係のシンプルな因果モデル
図12.6　大統領支持率の修正モデル

表2.1　*American Political Science Review* 1945年から2005年までに最もよく引用された論文10本のリサーチ・クエスチョン
表2.2　*American Political Science Review* 1945年から2005年までに最もよく引用された論文の11位から20位
表4.1　クロスセクションデータの例
表4.2　時系列データの例
表6.1　NES2004における宗教的所属意識の頻度表
表6.2　与党得票率の値、最小値から最大値
表6.3　50州における所得の中央値、2004-2005年
表8.1　変数のタイプと適切な2変数の仮説検証
表8.2　2016年アメリカ大統領選挙における労働組合加入世帯と投票先
表8.3　2016年大統領選挙における性別と投票先
表8.4　2016年大統領選挙における性別と投票先：仮説的シナリオ
表8.5　2016年大統領選挙における性別と投票先：帰無仮説の期待値
表8.6　2016年大統領選挙における性別と投票先

表8.7	2016年大統領選挙における性別と投票先：2変数が無関係である場合の期待値
表8.8	2016年大統領選挙における性別と投票先
表8.9	2016年大統領選挙における性別と投票先
表8.10	2016年アメリカ大統領選挙における労働組合加入世帯と投票先
表8.11	政府のタイプと政府存続期間
表8.12	個々の選挙年における共分散の計算（分子部分）
表8.13	共分散：経済成長率と与党得票率、1880-2016年
表8.14	アメリカにおける現職議員再選率、1964-2006年
表9.1	3つの異なる線の残差の総和の測定
表10.1	アメリカ大統領選挙の3つの回帰モデル
表10.2	国際貿易の政治的要因、Morrow, Siverson, and Tabares の表より抜粋
表10.3	月例英国政府支持の経済モデル（2004-2011年）、客観的経済指標のみ
表10.4	性別と女性運動への感情温度がヒラリー・クリントンへの感情温度に与える影響
表10.5	月例英国政府支持の経済モデル、有権者グループごと（2004-2011年）、客観的経済指標のみ
表10.6	真の母集団モデルが $Y_i = \alpha + \beta_1 X_i + \beta_2 Z_i + \mu_i$ であるが Z を省いた場合の $\hat{\beta}_1$ のバイアス
表10.7	アメリカ各州とコロンビア特別区における教師の給与の3つの回帰モデル
表11.1	性別と収入がヒラリー・クリントンの感情温度に与える影響の2つのモデル
表11.2	信仰する宗教、NES1996
表11.3	ヒラリー・クリントンの感情温度に対する宗教と収入の影響、参照カテゴリーごと
表11.4	交渉期間のモデル
表11.5	2つのダミー変数の組み合わせ、Martin and Vanberg
表11.6	性別と女性運動への感情がヒラリー・クリントンの感情温度に与える影響
表11.7	2000年アメリカ大統領選挙のフロリダ各郡におけるゴアとブキャナンの票
表11.8	表11.7にあるモデルの β における DFBETA スコア、絶対値の最大順5つ
表11.9	2000年アメリカ大統領選挙のフロリダ各郡におけるゴアとブキャナンの票
表11.10	確実な多重共線性をもつ母集団から3つのサンプルサイズでランダムに抽出
表11.11	独立変数間の相関
表11.12	3つの異なるサンプルサイズによるモデル結果、NES2004
表12.1	政党所属意識と業績評価が2004年ブッシュ票に与える効果
表12.2	政党所属意識と業績評価が2004年ブッシュ票に与える効果：3つのモデルの違い

表12.3　政党所属意識と業績評価が2004年ブッシュ票に与える効果のLPMの分類表

表12.4　アメリカにおけるゴルフ場の数と結婚の崩壊、1947-2002年

表12.5　GDPと結婚の崩壊、1947-2002年

表12.6　経済と大統領支持率の関係、MacKuen, Erikson, and Stimson（1992）の表から抜粋

表12.7　政党所属意識と業績期待が2008年オバマ投票に与える効果のBNPの分類表

第1章

政治を科学的に理解する

概観　政治学の授業をとる学生は、政治や時事問題そのものに興味があることが多い。しかし、本書でとりあげるのは政治学の方法論である。第1章では、なぜ政治を勉強するにあたって、具体的な政治事象に迫るアプローチよりも、科学的なアプローチのほうがより面白く好ましいのかについて説明する。「政治を科学的に理解する」とはどういうことだろうか。本章ではまず、因果理論から科学的知識へとつなげるプロセスを理解する。このプロセスで鍵となるのは「モデル」を通して世界を考えることである。モデルにおいては、対象とする概念が変数へと変換され、それら変数は理論に基づいて因果的につながっている。次に、本書全体に通じる基本として、政治学研究の目的と基準について述べ、最後に本書の構成を紹介する。

Doubt is the beginning, not the end, of wisdom.

—— Chinese proverb

1.1　政治「科学」？

　「どの政党を支持している？」「いつか立候補するの？」大学で政治学の授業をとっていると言うと、このような質問をされることが多い。確かに、熱心な政党支持者である政治学者、立候補する政治学者、政治家にアドバイスする政治学者もいる。しかし、現代の政治学の焦点はこういった現実の政治ではない。政治学は政治的な現象を科学的に研究する学問である。もしかし

たら、今日の政治学者も、学生だった時には政治争点や立候補者へ強い関心を持っていたかもしれない。このような政治的な情熱をもって政治学を志すことも多いだろう。しかし、学術的な政治学研究とは、個人的な政治信条を入れない中立的な方法でなされる。

政治学には科学そして数学が関連してくる。数学を避けて文系を選び、政治学にたどり着いた学生は驚くかもしれない。そういった学生も頑張ってついてきてほしい。また、「でも必修だから履修しただけで、習ったことは卒業したら使わない」と思うかもしれない。たとえ、卒業後に回帰分析を使わないとしても、このような方法で物事を理解し分析することはその後の人生でいろいろな方面から役に立つはずである。本書は以下の目標をもって執筆した。

- 政治学の他の授業でも研究の基本を理解できるようにすること。共通の言語があることで他の分野の学問を理解できる。
- 情報リテラシーを高めること。政治学や他の科学分野そして日常会話においても、因果関係の主張は頻繁に見られる。こういった因果関係の主張を批判的に評価できるようになってほしい。
- 政治学研究の担い手としての道を進むこと。政治学の講義に当初は懐疑的であった学生も、政治学の基本的な知識や技術を身につけていくと、懐疑心は好奇心や情熱に変わるものである。

この「政治を科学的に理解する」アプローチを理解するために、具体的な政治や事件に焦点をあてる方法を考えてみよう。例えば、1995年に開講されたEU政治についての講義で学生が学んだのは、当時のルールや当時の制度設定、EUの統治に参加した国家は15か国、であった。このような、事実を並べていく学び方は単調になりがちである。より問題なのは、この方法では、絶え間なく変化し続ける政治の世界を追うことが難しい。2016年にはEU参加国は28カ国となり、1995年当時とは異なる新たな制度やルールを設けている。1995年のEUという事実を習った学生は、2016年のEUを理解しきれない。これと対照的に、政治に対して理論的にアプローチする科学的な方法では、なぜ変化が生じるのか、どれほどの影響がEU政治に及ぶのかといった観点からEU政治をより理解できるのである。

本章では、政治を科学的に学ぶとはどういうことなのかを概観する。まず、因果理論から科学的知識へとつなげるプロセスの理解から始める。この

プロセスで重要なのは、「モデル」を通して世界を考えることである。モデルでは、興味のある対象は概念レベルから**変数**[1]レベルへと変換され、それら変数は理論に基づいて因果的につながっている。次に、政治学研究の目的と基準、つまり本書を通して留意してほしいルールについて述べる。最後に本書の構成を概観する。

1.2 政治を科学的に理解する：因果関係の探求

> I've said, I don't know whether it's addictive. I'm not a doctor. I'm not a
> scientist.
>
> ── Bob Dole, in a conversation with Katie Couric about tobacco during
> the 1996 US presidential campaign

　「自分は何を知っているか？そもそも、自分が何を知っているかをどのように知るか？」という問いは根本的には哲学的な問いである。科学においては、証拠を評価するための分野を超えた共通のルールがある。科学的なアプローチの核心は、常に新しい証拠を考え、その新しい証拠に基づいて自分の「既存の知識」を更新することにある。そして新しい証拠の採用は、科学的アプローチに共通する厳しい評価方法によって吟味される。この流れは、政治学における科学的アプローチでも同じである。

　そうすると、政治学では具体的に何をするのか？どうしたら政治学は政治科学（political science）になるのか？基本的な答えは、他の科学分野と同様に、政治学においても理論を発展させて検証することである。**理論**とは興味のある現象について、なぜそれが起きたのか、その原因についての仮の説明である。政治の世界において**因果**理論を発展させるためには、よく知られている現象について新しい方法で考える必要がある。このように、理論の構築は部分的にはアートであり、部分的には科学である。詳細は第2章の「理論構築のアート」で議論する。

1　新しい重要な用語を太字で表示している。各章末に重要単語の短い定義をまとめた。本章と以降の章において、「変数」について掘り下げて説明するが、さしあたっての変数の定義は、変数とは2つ以上の値をとる定義可能な量である。例えば、投票率を測定する場合、ある選挙においてある地理的に定義された地域の有権者のうちで投票した者の割合を用いる。

いったん理論が発展すると、他の科学分野と同じように、政治学でも理論検証の作業に入る。理論検証の最初のステップは、理論を検証可能な仮説に言い換えることである。**仮説**とは、理論が正しければ観察されるはずの原因と結果の関係についての記述である。また、全ての仮説には、それに対応する**帰無仮説**が存在する。帰無仮説とは、仮説とは逆に、理論が正しくない時（つまり原因とされた事柄と結果には関係がない時）に観察される事柄の記述である。**仮説検証**は体系立って集められた証拠が仮説を支持するか、もしくは帰無仮説を支持するかについての決断を下すプロセスとなる。仮説検証をセットアップするプロセスには、理論的な根拠と創造的なデザインが必要となる。第3章「因果関係の評価」においては、このプロセスの理論的な根拠についてとりあげ、第4章「リサーチ・デザイン」では、このプロセスのデザインの部分に焦点をあてる。厳密な検証を経て生き残った仮説は、その帰無仮説よりも確実性が増し、仮説のベースとなる理論も確かなものとなる。

図1.1は科学的知識の理論から仮説への道筋を図示したものである[2]。1つ目のステップでは興味のある事象を説明する因果理論から始める。そして、興味のある概念を現実に測って数値化し（これが先述した変数）、理論に基づいて、その変数に関する仮説を導く。3つ目のステップでは、この仮説について**経験的**実証を行う[3]。その結果から、仮説とそれに対応する帰無仮説とを比較して検討する。5つ目のステップとして、

図1.1　科学的知識への道筋

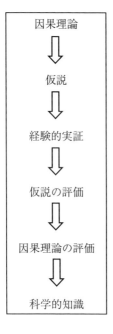

---

[2] 実際には科学的知識の発展はここに表示されているようなステップよりもはるかに煩雑である。このアプローチの複雑さについては後の章で述べる。
[3] 「経験的」とは、ここでは「現実の観察に基づく」という意味で使う。

仮説検証の結果から、因果理論について評価する。最後に、もし必要であれば、どのようにして対象とした事象に関する科学的知識を更新するべきかについて考える。

　科学的プロセスの要は懐疑主義である。新しい理論が発表されると、直ちに多方面から検証にさらされる。このプロセスはしばしば熾烈な競争となるが、科学的知識の発展には欠かせない作業である。また、科学的知識の要は、ある理論が確立されたとしてもなお、その理論の確証が揺らぎかねない証拠が提供されるかもしれない可能性が排除できないことにある。つまり、理論は常に検証にさらされ、更新されていく可能性を持つ。

　ここで重要なのは、科学的な検証の本質である。例えば、科学分野の検証は、弁護士たちが証拠を積み上げていく方法とは異なる。弁護士は顧客のために働き、有罪もしくは無罪の観点を主張し、判事や陪審員にその主張を証明する目的をもって証拠を積み上げていく。望ましい結果を先に決め、それを証明するという目的をもって、弁護士たちは証拠にアプローチする。例えば、主張に反する証拠に直面した場合、弁護士たちはその証拠を積極的には採用しないか無視する。反対に、主張を支持する証拠の場合は、弁護士たちはその証拠の妥当性や質を強調する。弁護士たちはいかにして彼らの主張を証明するかという作戦を立てる。対照的に、科学者たちは実施可能な最も厳密な仮説検証方法について長時間真剣に考える。このように、証拠に対するアプローチ方法は、科学と法廷の場では異なる。理論における科学的な確実性は、理論から導かれた仮説が、多くの厳正な検証を経ることで初めて得られるものである。従って、科学における理論は決して疑いもなく証明されることはない。なぜなら、科学においては常に新しい証拠を考えようとするからである。

　仮説検証のプロセスは科学者たちが自分たちの理論に対して真剣に取り組んでいることを反映している。仮説検証では、システマティックに集めた経験的証拠と確率統計を用い、証拠が仮説[4]（関係が存在するという仮説）か帰無仮説（関係が存在しないという仮説）のどちらを支持するのか判断する。もし証拠が仮説と帰無仮説とで50-50であった時、科学者たちは自分たちの理論から導いた仮説の方を肯定しがちであると思うかもしれない。実際には違

4　帰無仮説に対して、対立仮説とも言う。

う。科学者たちは常に帰無仮説を基本とする。たとえ自分たちの仮説が80-20で帰無仮説に勝っていたとしても、たいていの科学者たちはなお帰無仮説を支持する。なぜなら科学者たちは、帰無仮説を誤って棄却してしまい、仮説を間違って主張してしまう可能性を非常に恐れるからである。

　理論が研究分野の科学的知識の一部として確立すれば、その理論が提供する土台に基づいて研究は続けられる。トマス・クーン（1962）による古典的名著『科学革命の構造』では、その理論プロセスが記されている。クーンによれば、科学とは、世界がどのように動いているかについての知識であり、それは共有された前提と広く受け入れられた理論に基づいて蓄積されるという知識のサイクルに従う。この共有された前提と受け入れられた理論の2つを合わせて**パラダイム**が形成される。科学分野でパラダイムが幅広く受け入れられれば、過去の研究蓄積から導かれた技術的疑問をさらに追求することができる。この受け入れられたパラダイムのもとでの研究は通常科学と言われる。受け入れられた理論や前提条件に深刻な問題が見つかれば、その分野は革命期に入り、新しい理論や前提条件によって古いパラダイムから新しいパラダイムに置き換わることになる。このような科学革命で最も有名な例の1つが、16世紀の天文学における「地球が宇宙の中心である」という前提を捨てざるを得なかった事件である。地球が宇宙の中心であることは、何千年にもわたって惑星の動きに関する理論の前提であった。ニコラス・コペルニクスは1543年の著書『天体の回転について』において、太陽が我々の宇宙の中心であるという理論を提唱した。この根本を覆す理論は多くの反論にあったものの、度重なる証拠によって天文学者たちはコペルニクスが正しかったことを認めざるをえなかった。この**パラダイム・シフト**を経て、新しいパラダイムを確立する新しい前提や仮説が発展し、関連する研究分野は通常科学研究の新しい時代へと突入することになる。

　政治学の分野において16世紀の天文学者たちのような経験があるとは想像しにくいかもしれない。実際、クーンや科学分野の進化を研究している研究者たちは現在もなお、政治学のような社会科学は発展のどこに位置付けられるのかについて議論中である。この議論に懐疑的な論者は、政治学はパラダイムを形成するほど十分に成長していない、いわんやパラダイム・シフトなどありえないと主張する。このパラダイムやパラダイム・シフトについてのやや難解な議論は別として、政治学における科学的知識の進化の重要な例と

してアメリカにおける世論研究を挙げることができる。

1940年代、大衆を対象とした調査という意味での世論調査研究はごく初期の段階にあった。それ以前の政治学と社会学では、アメリカの有権者たちが大統領選挙候補者たちの誰に投票するかを決定する際には、大統領選挙キャンペーン、とりわけキャンペーン広告によって大きな影響を受けると考えられていた。この有権者の投票決定プロセスを詳細に理解するため、コロンビア大学の研究者チームは1944年大統領選挙時にオハイオ州エリー郡にて世論調査を実施した。彼らの調査手法は一連の選挙キャンペーン期間中に複数回同じ個人に面接するものであった。研究者自身が驚いたことに、有権者の投票意図はどの時期の面接においてもぶれることなく一貫していた。つまり、調査対象の有権者の多くは、選挙キャンペーンの特定のイベントに影響されることなく、選挙キャンペーンが始まるかなり前から誰に投票するか既に決めていたのである。この結果をまとめた、Paul Lazarsfeld, Bernard Berelson, and Hazel Gaudet（1948）による本 *The People's Choice* はアメリカにおける世論研究や政治行動研究を変えることになった。選挙キャンペーンが有権者の投票選択に影響を与えないのであれば、それでは何が人々の投票選択を決定しているのかを問わねばならなくなったのである。

当初、1944年のエリー郡の研究による知見は非常に懐疑の目を向けられた。しかし、Lazarsfeld たちが修正した政治理論が他の研究においても評価されると、世論研究の分野はトマス・クーンの言うような「パラダイム・シフト」とも言える変化を経験したのである。この新しい知見が発表されたあと、アメリカにおける有権者が持つ、政党に対する長期にわたる愛着がどこからくるのかを説明しようという試みが始まり、新しい理論の発展へとつながった。このパラダイム・シフトのもとで行われた影響力のある研究例として、Richard Niemi and Kent Jennings の1974年に出版された *The Political Character of Adolescence: The Influence of Families and Schools* がある。タイトルが示すように、Niemi と Jennings は学校の生徒たちの政党に対する愛着度を調べた。エリー郡における研究以前の世論研究のパラダイムでは、有権者は選挙キャンペーンの影響を受けると考えられていたため、青年期における政党への愛着度形成という研究は全く意味をもたなかったであろう。しかし、エリー郡の調査によって有権者の政党愛着度が長期にわたって安定しているということが確かとなったため、その愛着度がいつ形成されるのか青年期について調

24

べることは筋の通った科学的試みなのである。このパラダイムの証拠は、現在の政党所属意識研究とその安定性に関する議論において見ることができる。

1.3　変数と因果の説明という観点から世界を考える

　政治学ではどのように政治についての理論を発展させるのか？鍵は、政治の世界における考えを「概念」もしくは「変数と変数間の因果関係」という点で整理することにある。つまり、日常生活で聞くような政治についての考え方を、まず「概念」でとらえ、それを「変数」としてより厳密に表現する考え方の訓練である。各変数はそのラベルと値を考える必要がある。**変数のラベル**とはその変数は何かについての記述であり、**変数の値**とはその変数が起きる単位である。例えば、個々人の年齢を表す変数については単に「年齢」とラベル付けすればよく、この変数が起きる単位としては「年」がよく使われる。

　概念から変数へというプロセスを理解する方法として、ある理論全体の例を考えよう。例えば、アメリカ大統領選挙でよく使われる考えに、現職大統領は経済状態が比較的良好の時に有利である、というものがある。これを政治学理論の用語で言い直すと、経済状態は**独立変数**であり、大統領選挙の結果は**従属変数**である。これらの用語を直観的に理解する方法としては、「従属する」変数の値は「独立している」変数の値に「従う」、と覚えればよい。注意すべきは、理論とは対象とする事象の原因についての一時的な推測に過ぎない、という点である。言い換えれば、理論とは独立変数が因果的に従属変数に関連するという推測である。また、理論によれば独立変数の値の変化は従属変数の値の変化を引き起こす、と言うことができる。

　ここで独立変数と従属変数という言葉を使って思いつく因果関係を書いてみよう[5]。

5　本書ではこのように「練習」というセクションを入れている。内容の理解に役立てて欲しい。

第1章 政治を科学的に理解する　25

練習：因果関係を書いてみる

以下の空欄を何らかの政治的な変数で埋めてみよう。

　　　[　　　　　]は[　　　　　]を引き起こす。

変数の値の変化という観点で因果関係を表したほうが簡単なこともある。例えば、

　　より高い[　　　　　]は、より低い[　　　　　]を引き起こす

　　　　もしくは

　　より高い[　　　　　]は、より高い[　　　　　]を引き起こす。

　変数という用語を使って世界を表現することを身に付けたら、おびただしいほどの因果理論を作成することができる。第3章で因果の主張を評価する方法について詳細に学ぶが、ある理論を評価する時に最初に行うべきは、その背景にある因果の説明について考えることである。理論の背後にある因果の説明は以下の質問の答えでもある。「なぜあなたはこの独立変数がこの従属変数に因果的に関係すると思うのか？」もし答えに筋が通っているなら、その理論は可能性がある。さらに、もしその答えが独創的で示唆に富むものであったら、新たな段階に行くかもしれない。ここで、先述した事例、経済状態が独立変数で大統領選挙の結果が従属変数、に戻ろう。この理論の背後にある因果の説明は、「我々は経済の状態が大統領選挙の結果に因果的に関係すると信じる、なぜなら有権者は大統領に国家経済の責任があると考えるから」である。結果、経済状態が良い時は、より多くの有権者が現職大統領に投票する。経済状態が悪い時は、現職大統領を支持する有権者はあまりいない。この例で上記の空欄を埋めるならば

　　　[経済業績]は[大統領選挙の結果]を引き起こす。

　もしくはより具体的に

　　　[より高い経済業績]は[より高い現職票]を引き起こす。

便宜上、政治学で広く発展し検証されてきたこの理論を「経済投票理論」と呼ぼう。

　アメリカ大統領選挙における経済投票理論を検証するため、この理論から「検証可能な仮説」を引き出さねばならない。図1.2は理論とその仮説の1例の関係を表したものである。この図の上部は因果理論の構成要素であり、概念レベルで独立変数が因果的に従属変数に関係することを表している。仮説

検証にあたり、この上部の概念レベルの因果理論から下部の測定レベルの仮説に動く。言い換えると、世界がどのように動くかについての一般的な説明から、現実世界で変数を測定する（もしくは**操作化する**）時に期待できる関係についてのより具体的な説明にうつる[6]。

図1.2　理論から仮説へ

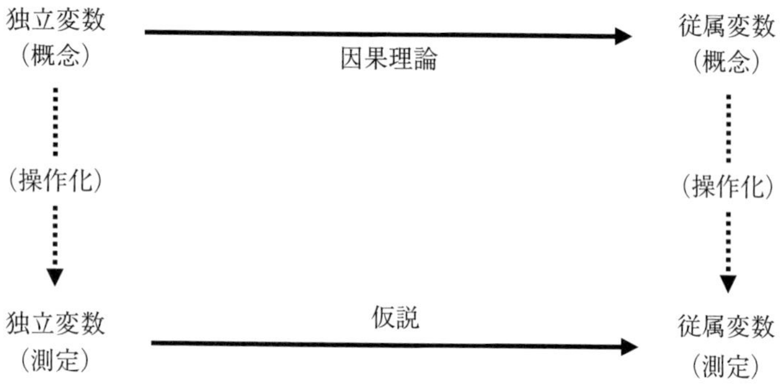

```
独立変数                   因果理論                    従属変数
（概念）   ───────────────────────────────▶   （概念）

  ┊                                              ┊
（操作化）                                      （操作化）
  ┊                                              ┊
  ▼                                              ▼

独立変数                    仮説                    従属変数
（測定）   ───────────────────────────────▶   （測定）
```

　図1.2の上部、理論レベルにおいては変数を明確に定義する必要はない。経済投票の例で言えば、「経済業績」とラベルされた独立変数は「非常に良い」から「非常に悪い」という値をもつ概念として考えられる。「現職票」とラベルされた従属変数は「非常に高い」から「非常に低い」という値をもつ概念として考えられる。ここでの因果理論はより良い経済業績はより高い現職票をもたらすというものである。

　これら２つの変数を測る方法は数多くある。したがって、この理論が現実世界のデータにどのくらいよくあてはまるのかを検証するには、多くの異なる仮説が存在する。例えば、経済業績についてはインフレ率、失業率、実質経済成長率、など様々な方法で測定できる。「現職票」は測定するのはごく単純に思えるが、そこでも様々な選択がある。例えば、もし現職大統領が再出馬しなかったらどうするのか？主要二大政党ではない第三党から立候補者

6　この概念レベルから測定レベルへの転換を、政治学ではoperationalize（操作化する）と表現することがある。ここでは「measure（測定する）」とほぼ同義である。

が出ている選挙の場合はどうするのか？など考える必要がある。概念を測ることは科学的プロセスの重要な部分であり、第5章と第6章で、異なる変数測定方法や変数の差異について論じる。本章の例では、経済業績を「1人あたり年次実質経済成長率」とラベルされる変数として測定する。この指標はアメリカ政府が発表しており、選挙の時における1人あたりの1年間のインフレ調整(これが「実質」を意味する)経済成長率である。インフレ調整と人口調整(これが「1人あたり」を意味する)はこの測定で重要な部分であることに注意したい。なぜなら、ここでは変数としてケースごとに比較可能な測定を用いたいからである(インフレ調整や人口調整がされていない値は比較が難しい)。この変数の値は経済が落ち込んでいるマイナスの値から経済が拡大しているプラスの状態まで動く。それでは従属変数はどうであろうか。ここでは「二大政党の得票のうちの与党の得票率」とラベルされる変数を従属変数とする。この変数は公式の選挙結果から得られる一般投票のうちの選挙時与党の得票割合に基づく値であり、とりうる値は0から100である。この従属変数の測定をケースごとに比較可能とするためには、第三党候補者へ

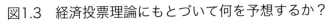

図1.3 経済投票理論にもとづいて何を予想するか？

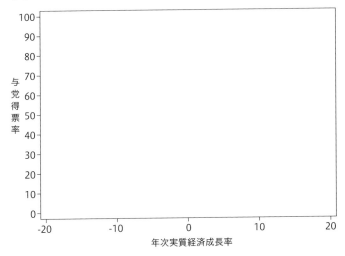

の票は除く必要がある[7]。

　図1.3は、これら2つの変数の測定データを集めたときに描けるグラフの軸である。個々のアメリカ大統領選挙を「年次実質経済成長率」(水平方向もしくはx軸)と「与党得票率」(垂直方向もしくはy軸)の値を用いて、グラフ内に点として描くことができる。例えば、ある選挙の年における年次実質経済成長率が0、与党得票率が50であれば、その選挙の年の点はまさにグラフの中心に置かれる。すべての選挙の年においてこれらの測定を集め、理論に従えばグラフはどのように描かれるだろうか? 経済投票理論は、より良い経済業績はより高い与党得票をもたらす、であった。逆に言うと、より悪い経済業績はより低い与党得票をもたらすことになる。とすると、図1.3に現実世界のデータをおいたらどのようになるだろうか? ここで図の軸を確認しよう。もし「年次実質経済成長率」であるx軸において左から右に動いたら、現実世界ではどういうことを意味するか? x軸の左端には−20という値がある。これはアメリカ経済が昨年よりも20%落ち込んだということを意味し、したがって非常に悪い経済業績ということになる。x軸の右端のほうに動くと、経済業績は好ましくなっていき、最終的には＋20という値になり、実質経済は昨年より20%も成長したことを意味する。y軸は「与党得票率」の値を示している。上方に動くと与党の得票率が増えることを意味し、下方に動くと与党の得票率は減ることを意味する。

　経済投票理論にもとづくと何が見えてくるか、これら2つの軸を同時に考えてみよう。まずは独立変数から始めるべきである。なぜなら、理論は独立変数の値が従属変数の値に因果的影響を与える、つまり独立変数の動きが先にあり、それに従って従属変数の値が動くからである。x軸において−15という非常に低い経済業績の値から始めよう。経済投票理論によれば、従属変数である与党得票はどのような値をとると予測されるだろうか。この従属変数の値は非常に低いと予測することができる。このケースは図1.3では左下の部分に置かれるであろう。次に、x軸において＋15という極めて良好な経済業績のケースを考えよう。この状況においては、経済投票理論に従えば与

---

[7]　第三党候補者の得票を除くという慣習に疑問を持つのももっともである。測定について考える時はいつも、他の測定方法の可能性を考えるべきであり、とりわけ、異なる測定が仮説検証の結果に与える影響に注意すべきである。測定の戦略については第5章で取り上げる。

党得票はかなり高い値を示すことになる。このケースは図1.3で右上に描かれるだろう。図1.4は以上の2つの仮説的な点を図1.3と同じグラフにおいたものである。もしこの2点を結ぶ線をひくとすれば、その線は左下から右上へと上がる傾きとなる。このような線を正の傾きと表現する。したがって、年次実質経済成長率とラベルされる変数と与党得票率とラベルされる変数の関係は**正の関係**にあるという仮説をたてることができる。正の関係は、独立変数における高い値は従属変数における高い値とセットになる傾向があることを示している。

図1.4 経済投票理論にもとづいて何が予測できるか？ 2つの仮説的なケースの場合

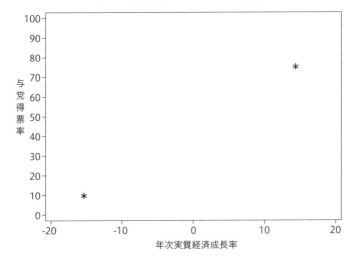

次に同じ独立変数で違う測定を考えてみよう。経済業績を測定するにあたって、経済成長率の代わりに、「失業率」を用いてみる。理論そのものは変えていない。しかし、この新しい測定に基づいて仮説を再考する必要がある。ベストな方法は、図1.3のような図を用意し、x軸に新しい独立変数をおくことである。図1.5はそれを表している。図1.5のx軸の左から右に行くにしたがって、失業状態にある労働者数の割合は上がっていく。これは経済業績の観点から何を意味するか？失業率の上昇は一般的には悪化している経済

業績であると考えられ、失業率の低下は好ましい経済業績であると考えられている。

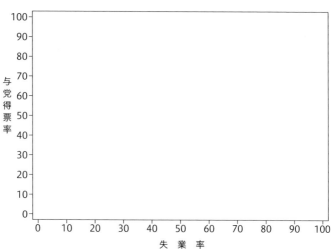

図1.5　経済投票理論にもとづいて何を予想するか？

> **練習：何が予測できるか？**
>
> 経済投票理論にもとづいて、失業率が高いとき与党得票率はどのようになると予測できるだろうか？そして失業率が低いときはどうか？

　図1.6は図1.5の失業率と与党得票率のグラフに2つの仮説的な点をおいたものである。左上の点は失業率が0であるときに予測される与党得票率を表している。失業率がゼロの状況では、経済投票理論によれば現職大統領の政党は選挙で勝利すると考えられるからである。右下の点は失業率が非常に高いときに予測される与党得票率を表している。失業率が高い状況においては、経済投票理論によれば現職大統領の政党は選挙で大敗すると考えられるからである。この2点の間にひかれた線は左上から右下に下がる傾きとなる。このような線は負の傾きを持つと表現する。したがって、失業率とラベ

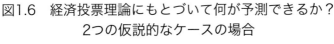

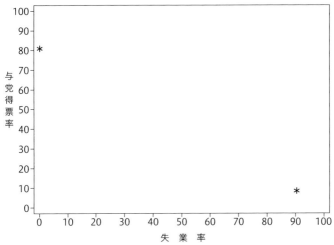

ルされた変数と与党得票率とラベルされた変数の関係は**負の関係**にあるという仮説をたてることができる。負の関係とは、独立変数のより高い値が従属変数のより低い値とセットになることを意味する。

　以上の例では、同じ理論が正の関係や負の関係の仮説を導くことを確認した。検証されるべき理論の独立変数と従属変数をともに測定したのち、その測定によって仮説における2変数の関係の方向が決定される。理論を仮説に変換するベストな方法は、図1.4や図1.6のようにグラフを描くことである。まず行うべきことは、測定された独立変数のラベルをx軸におき、軸の左端と右端に適切な値をおくことである。次に、従属変数のラベルをy軸におき、軸の下端と上端に適切な値をおく。このように2つの軸とそれぞれのラベルに対して最小値と最大値をもつ図を描き、独立変数の低い値と高い値を観察したら、従属変数はどのような値をとるかを決定することができる。そして図において2つの点を描くことができたら、仮説的な関係は正であるのか負であるのかを述べることができる。

　このようにして仮説的な関係が明らかになったら、次にすることは現実世界からデータを集め、これらのデータがいかに正もしくは負の関係にあると

32

練習：経済投票理論を検証する仮説をもう１つ考える

経済成長率と失業率の他に、経済業績を測る指標を考えてみよう。図1.3や図1.5のような図を描き、その新しい独立変数と従属変数（与党得票率）の間に正の関係が描かれるか、負の関係が描かれるかを確認すること。

いう予測を反映するかを調べることになる。これは重要なステップであるが、経済投票理論の場合では極めて簡単にデータを集めることができる。しかし、経済業績と選挙結果のデータを全て集めたとしてもなお、経済業績が大統領選挙結果を「引き起こしている」という理論を確認するには長い道のりがある。図1.4のようなグラフが極めて視覚的な証拠を示しても、それ以上により厳密な証拠が必要となる。第８章から第12章はその仮説検証のための統計について論じる。統計的仮説検証の基本的なロジックは、「その確認された関係が偶然によるものである」確率を算定するというものである。つまり、「その関係が偶然によるものではない」というより強い証拠があれば、仮説はより確かなものとなる。「その関係が極めて偶然生まれたものである」というより強い証拠があると、その仮説に対応する帰無仮説がより確かなものとなる。この仮説検証結果が理論に反映される。

　なお、理論を「確認した」という主張について留意する必要がある。なぜなら選挙のような社会科学の現象のたいていは、複雑で１つの独立変数で完全に説明できるものではないからである。経済業績以外に、アメリカ大統領選挙結果に影響を与えると考えられる他の変数について考えてみよう。もし１つでも思いついたら、科学的思考に沿っていると言える。通常は他の変数が多く存在することから、理論が焦点をあてるのは２つの変数の関係であるが、他の変数の可能性も考えなければならない。この重要な問題については、第３章と第４章でとりあげる。

練習：結果に影響を与える他の変数はあるか？

経済業績以外に、どんな変数がアメリカ大統領選挙の結果に影響するだろうか？

1.4　政治のモデル

　ある事象を従属変数として理解し、その従属変数に因果的に影響を与えている独立変数について理論を発展させようとする時、**理論モデル**を作成していることになる。政治学者のJames Rogers（2006）は、政治世界を理解するために「現実からの抽象化」が我々にとっていかに意味があるかについて、モデルと地図のたとえを用いて以下のように説明している。

> モデルの非現実性は、適切に形成されていれば、有用性が高い。モデルは地図と同じような機能を果たす意図をもって形成される。例えば、ある都市の地図と実際の地勢を比較した時、地図上に表されているものは実際の都市で見えるものとは異なる非常に非現実的なものである。このような地図は現実にそこにあるものをゆがめ、その地域の詳細な情報を除外する。しかし地図が現実をゆがめるからこそ、現実にそこにあるものについての多くの詳細を抽象化するからこそ、地図は有益なツールとなるのである。ある地域における詳細な情報を記そうとした地図は、あまりに乱雑で特定の場所を見つけるには役に立たないか、もしくは大きくなりすぎて使えないかである。（Rogers, 2006, p.276、強調箇所は原文より）

　重要な点は、モデルとは「シンプルにしたもの」ということである。モデルが我々に役に立つか否かは、そのモデルによって何を成し遂げようとしているかによる。モデルの特筆すべき側面の1つは、モデルが正確であるときよりも、モデルが不確かであるときのほうが、役に立つという点である。モデルの失敗について考えるプロセスは新しい因果理論を生む可能性がある。モデルにおける明らかな不確かさは、しばしば実りある理論的進歩の方向に導くのである。

1.5　政治における科学的知識への道のルール

　ここからは政治学研究の手段について述べる。政治学の大きな目的は、政治についての科学的知識の状態を高めることにある。以下は、科学の学びにおいて、留意しておくべき基本的なルールである。

34

- 因果関係に着目する
- データから理論を導かない
- 経験的証拠のみを考える
- 規範的な記述を避ける
- 一般化と単純化の両方を追求する

1.5.1 因果関係に着目する

　第3章は因果関係の問題、特にどのようにして因果関係を特定するかについて扱う。政治学において理論を形成するときに重要なことは、関心をもつ現象がなぜ起きたのか、どうしたら動くのか、つまり「因果プロセス」という観点から考えることである。政治の世界をよりよく理解するために、原因と結果の「因果」という観点から考えねばならない。ただ単に**共変動**があるのではない。共変動という言葉は、2つの変数が共に変化する(もしくは**共変する**)状態を表すのに用いる。ここに2つの変数AとBがあるとする。もし変数Aのより高い値を観察し、変数Bのより高い値も一般的に観察できる時、AとBは共変していると言う。また変数Aのより高い値を観察し、変数Bのより低い値も一般的に観察できる時も、AとBは共変していると言う[8]。もし2変数の間に共変動を観察したら、2変数は因果関係にあると考えるかもしれないが、安易に判断してはならない。(詳細は第3章で扱う。)

1.5.2 データから理論を導かない

　このルールは第一のルールと関係する。より丁寧に段階を踏まえて言うならば、理論を発展させてから、仮説検証する目的で、データにあたれ、である。この順番に留意したい。データから理論を導く有名な悪例を紹介しよう。例えば、テキサス州ヒューストンにおける月別殺人事件率(人口1,000人あたりの殺人事件の数)を考える。これを従属変数とし、なぜある月は殺人事件率が高く、ある月は殺人事件率が低いのかを説明したい。もしここでありったけの独立変数を集め、そのうちのどれかが従属変数と関係があるかどうかを見たとして、殺人事件率と非常に強い共変動をもつ変数は、一人あた

8　共変動に近い用語として相関がある。ここでは共変動と相関は同じ意味として用いる。第8章においては、共変動と相関の正確な統計量を学ぶ。これら2つは近い関係にあるが、同じデータから異なる数字となる。

りのアイスクリーム消費額である。つまり、アイスクリーム消費額が多い月ほど、殺人事件率が高い。もしかしたら、アイスクリームを食べすぎた人々の血糖値の高さが殺人的行動を導くという理論を形成できるかもしれない。しかし、ちょっと考えると、アイスクリーム売上額と殺人事件率は双方とも気温の変動に関連することに気づくだろう。つまり、気温が高くなるとアイスクリームが良く売れる。また、気温が高くなると人々は興奮しがちであることはよく知られている。アイスクリーム消費額と殺人事件率の両方に因果的にもっともらしい関係を持つのは気温かもしれない。

このアイスクリーム消費額と殺人事件率の関係というばかげた例から学ぶべきことは、理論は現実世界のデータ観察から作り出すべきではないということである。我々は因果理論を発展させるにあたって、従属変数に関連する経験的なパターンに馴染んでいる。これはごく当たり前のことである。なぜなら、全く何も知らない事柄については理論を発展させようがない。しかし、どの程度、理論の発展に我々の経験を交えるかについては注意する必要がある。1つの方法としては、理論の基礎となる因果のプロセスをより深く考えることである。詳細は、第2章の理論発展の戦略で扱うが、戦略の1つは従属変数における興味深いばらつきを特定することである。この戦略はデータに依存するが、因果のプロセスを考えることなしにはできない。

1.5.3 経験的証拠のみを考える

先述したように、既に確立された理論でも、新しい証拠によってその確実性がゆらぐ可能性について常に留意する必要がある。科学的な研究では、経験的な証拠つまり現実世界の観察に基づく証拠から見たものに基づいて知っていることを基本とするべきである。論理的に議論することは理論形成に必要であるが、議論で説得される前に、厳密な仮説検証の結果を見る必要がある[9]。

9　仮説検証するために実験から得られたデータを用いる場合がある。このようなデータが、厳密に「経験的」と言えるのかについては論争がある。第4章では政治学の実験とその限界について論じる。近年では、シミュレートされたデータを用いることもあり、このようなデータの経験性についてもまた論争の余地がある。本書の文脈においては、何が経験的で何が経験的ではないデータなのかについての論争は取り扱わない。ただし、因果関係を主張する際に仮説検証が実行されるデータの全般的な質について考えるべきである。

科学においては、経験的証拠は主張を評価するにあたって唯一認められる証拠形式である。つまり、直観や感想などといった主観は理論の根拠となりえない。これに関連して、科学を論じるときは、**規範的な記述**を避けるべきである。科学においては、世界がどうある「べき」かについて論じるわけではない。

1.5.4 規範的な記述を避ける

　政治家たちが規範的な主張によって政治家としてのキャリアを開始し展開していくのに対し、政治学においては絶対にこの規範的記述を避ける必要がある。もちろんたいていの政治学者たちは政治問題に関心があり、どうあるべきかについて意見を持っている。これ自体は問題ない。しかし、もし世界がどうある「べき」かという規範的な選好や価値観が科学的プロセスに忍び込むと、その結果は非常に問題がある。そのような問題を避けるベストな方法は、研究によって得られた知見を報告する際、読者に自分の規範的選好を悟られないように書くことである。

　規範的記述を避けるからといって、政治学研究は世界を変えるために用いられないわけではない。反対に、このように規範に立脚しない科学的知識の進歩は、政策決定者が効率のよい方法で変化を起こすことを可能とする。例えば、もし（規範的に）世界から戦争をなくしたかったら、まずどこで戦争が起こるのか国際システムの系統だったダイナミズムを（経験的かつ因果的に）理解する必要がある。もし（規範的に）アメリカからホームレスをなくしたかったら、ホームレスになる経路とホームレスから抜け出す経路について（経験的かつ因果的に）理解する必要がある。もし（規範的に）好みの候補者を選挙で勝たせたかったら、候補者のどのような特徴が得票に貢献するかについて（経験的かつ因果的に）理解する必要がある。

1.5.5 一般化と単純化の両方を追求する

　最後のルールは、理論は常に一般化と単純化の両方を追求するべき、である。この2つのゴールは対立しうる。「一般化」とは、理論がその事象全体に広く適用されることを目指す。例えば、1つの国の事象の原因のみを説明する理論よりは、複数の国において見られる事象を説明する理論のほうが役に立つ。さらに、よりシンプルにもしくは**簡素な**理論であるほど、より訴え

の強い理論となる[10]。「単純化」は相対的な意味で用いられる。つまり、2つの理論を比べたとき、よりシンプルな理論がより簡素である。

現実世界では、一般化と単純化はトレードオフの関係にある。なぜなら、理論をより広く当てはめようとすると、条件を追加せねばならないからである。理論に条件を課せば課すほど、理論はより簡素さを失っていく。

1.6　次章へ向けて

ここまで科学的知識の道のルールを述べた。残る11章では、政治についての科学的理論を検証し発展させる複雑な方法を学ぶ。したがって、本章で述べた5つのルールは基本中の基本として留意しておきたい。残る章は大まかに3つの内容に分けられる。本章から第4章までは、政治についての因果関係を研究するための理論の発展とリサーチ・デザインに焦点をあてる。第2章「理論構築のアート」においては、政治事象についての理論発展の戦略について論じる。第3章「因果関係の評価」では、Xと呼ばれる独立変数とYと呼ばれる従属変数の関係について因果を主張するロジックの詳細な説明を行う。第4章「リサーチ・デザイン」では、因果関係を調べるための戦略について論じる。

第5章から第8章までは、理論検証のために必要な基本的手段について掘り下げる。第5章「概念を測る」では、いかにして変数を測るかについて、第6章「データを知る」では、変数の性質を要約する一連の方法について学ぶ。第7章「確率と統計的推定」では、確率理論と統計的仮説検証のロジックについて紹介する。第8章「2変数の仮説検証」では第7章で学んだことを2変数の関係の経験的検証に当てはめる。

残る章では回帰モデルの基本的な概念を紹介する。第9章「単回帰分析」では第8章の概念から発展させて2変数の回帰モデルを紹介する。第10章「重回帰分析：基礎」では重回帰モデルを紹介する。これによって従属変数Yに対する独立変数Xの効果を、他の独立変数の効果をコントロールした上で確認することができる。第11章「重回帰分析：発展」、第12章「制限従属変数と時系列データ」においては重回帰分析にまつわる共通の問題について

10　原著ではparsimonyやparsimoniousという単語が使われている。この単語は、哲学において理論を述べる際に広く使われる。

掘り下げ、アドバイスする。

キーワード

- 因果　因果関係と同じ。本書では因果関係の理論に焦点をあてる。
- 仮説　理論が正しかった場合に観察されるはずの、理論に基づく記述。測定された独立変数と測定された従属変数の期待される関係において、より明確な理論の記述となる。
- 仮説検証　仮説と帰無仮説がどのくらい支持されるかを決定するための経験的証拠を評価する行為。
- 帰無仮説　独立変数と従属変数の間に関係がなかったときに観察される、理論に基づく記述。
- 規範的記述　世界はどうあるべきかについての記述。
- 共変動　2変数が共に変化するとき、共変動の関係にある。
- 経験的　現実世界の観察に基づく。
- 従属変数　その変化が1つ以上の独立変数によって引き起こされると理論化される変数。
- 正の関係　独立変数の高い値と従属変数の高い値がセットになっている関係。
- 相関　2変数の線形関係の正負方向と強さを要約した共変動の統計量。
- 測定　抽象的な概念を現実世界の観察に変換するプロセス。
- 通常科学　あるパラダイムについての共有された前提条件と受け入れられた理論のもとで実行される科学的リサーチ。
- データ　少なくとも2つの観察数について変数の値を集めたもの。
- 独立変数　従属変数の変化を引き起こすと理論化される変数。
- パラダイム　特定の科学分野における共有された前提条件と受け入れられた理論のセット。
- パラダイム・シフト　新しい発見がパラダイムの通説を覆し、科学分野における共有された前提条件と受け入れられた理論のセットが再定義されること。
- 負の関係　独立変数の高い値と従属変数の低い値がセットになっている関係。
- 変数　2つ以上の値についての定義されうる量。
- 変数の値　ある変数がもつ値。
- 変数ラベル　ある変数を説明するラベル。
- 理論　対象となる事象の原因についての一時的な推測。
- 理論的モデル　独立変数、従属変数、および2変数の間に存在すると理論化された因果関係の組み合わせ。

第1章　政治を科学的に理解する　39

エクササイズ

1. 科学的理論に言及されていた他の授業があるならば、そこで論じられていた科学的理論と政治学の相違点を述べよ。

2. 興味のある政治事象を1つとりあげよ。それを変数として考え、高い値と低い値を考える。これが概念レベルでの従属変数になる。次に、何がこの従属変数の値を上下させるのかについて考える。それを概念レベルでの従属変数という言葉に言い換える。これら2つの変数と、なぜこの2変数は因果関係にあるのかについての理論を書け。

3. 規範的に世界でこれが起きてほしいというものを述べよ。その目的のために、どのような経験的かつ因果的な科学的知識が必要か。

4. 1992年のアメリカ大統領選挙では、新人のビル・クリントンが現職のジョージ・H・W・ブッシュを破った。この選挙は「経済がカギだ、バカめ」というセリフで印象的な選挙であった。この通説「クリントンがブッシュを破ったのは経済状態が悪化していたからだ」を体現する因果的な記述を、より一般的な理論的記述に言い換えよ。

以下の5と6では、世界についての以下の記述について考えよ。「ある国において経済的発展を考える場合、その国の人々の政治的権利も考えねばならない。人々がより多くの政治的権利をもつ社会では、腐敗したビジネス慣習による犠牲者は事態を正常化させるシステムによって救済される。結果、人々がより多くの政治的権利をもつ社会では、腐敗が少なくなる。腐敗がより少ない国においては、経済的投資が盛んでより経済的に発展する。」

5. 少なくとも2つの因果的主張を特定せよ。それぞれの因果的主張において、独立変数と従属変数を特定すること。その因果の主張は下記の空白を埋めることで述べよ。最初の空欄が独立変数で2つ目の空欄が従属変数となる。

　　　[　　　　　]が[　　　　　　]を引き起こす

　　　高い[　　　　]が低い[　　　　　]を引き起こす

　　　高い[　　　　]が高い[　　　　　]を引き起こす

6. 上記の因果的主張について図1.4のような図を描くこと。図のx軸の左側から始めること。これは独立変数の低い値を表す。これに呼応した従属変数はどのような値をとるであろうか？予測される位置に点を入れること。次に独立変数の高い値についても同様にすること。これら2つの点を結ぶ線を描き、その図について2，3の文章を書け。

7. 政治学ジャーナルから政治モデルが含まれる論文を1つとりあげ、その論文の

引用を明記したのち、次の質問に答えよ。

(a) 従属変数は何か？

(b) 独立変数の1つは何か？

(c) 独立変数と従属変数を結び付ける因果理論は何か？

(d) その因果理論(主張)は納得がいくものか？

8. 以下の記述は、5つの科学的知識への道のルールに違反しているだろうか。もし違反しているとすれば、どのルールに違反しているか。

(a) 経済発展と独裁制のレベルの関係の研究は重要である。なぜなら、専制君主は悪であり、どのように独裁政治を排除すべきか考える必要があるからである。

(b) 2012年のヨーロッパ経済危機を原因とし、同年のフランス大統領選挙でニコラス・サルコジは敗北した。

(c) 貧困が犯罪を生みだすのは理にかなっている。

(d) この相関は悪天候が投票率を下げるという理論を支持する。

第2章

理論構築のアート

概観　本章では理論を構築していく技術を学ぶ。残念ながら、政治に関して良い理論を構築する決まった方針というものはないが、戦略はある。本章ではこの良い理論を構築するための戦略について学ぶ。

Amat Victoria curam.（Victory loves preparation.）

—— Latin proverb

If I have seen further, it is by standing on the shoulders of giants.

—— Issac Newton

2.1　良い理論は良い理論構築戦略からくる

　第1章では、科学的知識を発展させる際の理論の役割について論じた。「良い」理論とは、多くの科学者からの厳しい評価を経て、科学的知識に貢献するものである。言い換えれば、良い理論は、政治の世界のある面についての考え方を変える。前章では、科学的知識の道へのルールを通して、理論とは(1)因果関係についてであり、(2)データによって導かれるものではなく、(3)経験的証拠があり、(4)規範的ではなく、(5)一般化・単純化されたものであると学んだ。これは難しい注文である。どうやってそのような理論を思いつくか？

　残念ながら、この問いに対して簡単な答えもなければ、答えが1つというわけでもない。その代わりに戦略を考える。「戦略？」と思うかもしれない。

42

例えば、次のような課題を与えられたとしよう：「出かけていって、雷に打たれなさい[1]。」どのようにしたら雷に打たれるか、決定的な方法があるわけではないが、何らかの手立てはある。まず、天気図から雷雨の活動場所を見つける。その地域に行けば、雷に打たれる可能性は高まる。また、その地域で、小高い荒れた丘の上に登れば、さらに雷に打たれる可能性は高くなるだろう。その雷雨の中心で丘の上に立ち、9番アイアンを空の上に高くかかげれば、雷に打たれる可能性はもっと高くなる。つまり、良い理論（もしくは雷に打たれること）を発展させる魔法のような公式はないけれども、それが起こる可能性を高める戦略は存在する。本章ではこの戦略を扱う。

2.2　有望な理論は興味深いリサーチ・クエスチョンに答えを提供する

　ここからは、理論を発展させる一連の戦略について論じる。理論構築の戦略を始める前に尋ねるべきは、「それが良い理論であることを、どのように知るか？」である。「良い理論は何をするか？」とも言える。第1章で、理論は仮説として検証され、経験的な検証に支持されれば、何が原因で何が結果かという科学的知識に貢献することになると学んだ。とすると、どのようにして新しい理論を評価するかという質問に答えるにあたっては、その経験的検証に支持された理論がどのくらい科学的知識に貢献するかを考えることから始めるのが妥当である。理論を評価する多くの方法がある中で、理論が答える疑問の方に注目するのは1つの手である。もしその理論によって説明される疑問「リサーチ・クエスチョン」が興味深く重要であれば、その理論は見込みがあると言える。

　科学の分野で影響力のある研究の多くは、その研究が答える疑問やパズルに関してキャッチフレーズくらいの文章に縮めることができる。例えば、1945年から2005年の間に政治学トップジャーナル *American Political Science Review* で最も引用された10本の論文を取り上げよう[2]。表2.1では、その10本の論文のリサーチ・クエスチョンを表示している。10本中9本が、その研究

1　我々の弁護士の忠告に従い、これは説明のための比喩であり、実際に出かけて雷に打たれるように勧めているわけではないことを明確にしておく。

2　このリストはAPSRのエディターによって出版されたものからきている（Sigelman et al., 2006）。

第2章 理論構築のアート 43

表2.1 *American Political Science Review* 1945年から2005年 までに最もよく引用された論文10本のリサーチ・クエスチョン

論　文	リサーチ・クエスチョン
1) Bachrach & Baratz (1962)	政治権力はどのように生み出されるか
2) Hibbs (1977)	コアな支持者の利益はどのように政府の経済政策に影響するか
3) Walker (1969)	統治の新しい考えはどのように各州に広がるか
4) Kramer (1971)	経済状態はどのようにアメリカ連邦選挙に影響するか
5) Miller & Stokes (1963)	有権者の態度はどのように連邦議員の議会投票に影響するか
6) March & Olsen (1984)	どのように制度は政治を形作るか
7) Lipset (1959)	安定した民主政治の必要条件は何か
8) Beck & Katz (1995)	時系列データがあるときにどのようなモデルが必要か
9) Cameron (1978)	なぜ経済活動に政府の関与が増えるのか
10) Deutsch (1961)	途上国において社会的流動化はどのように政治を形成するか

動機として政治学にとどまらない疑問やパズルについての解答を試みている[3]。ここから、自分の理論について何を目指すべきかのヒントが得られるだろう。もし理論が興味深い疑問についての答えではなかったら、その理論は再発展させる必要がある。理論発展に様々な戦略があることから、この「疑問に答える」ということの基本的な考え方については後述する。

2.3　興味深いばらつきを特定する

理論構築の最初の1歩は、ばらつきのある現象について考えることと、その一般的なパターンに焦点を当てることである。理論は従属変数におけるばらつきを説明するためにデザインされることから、そのばらつきを特定することは良いスタートである。第4章でクロスセクション観察研究と時系列観察研究という2つのリサーチ・デザインについて詳しく学ぶが、ここでは、従属変数におけるばらつきの種類という観点から、この2つのデザインについて簡単に紹介しておきたい。今後、研究アイデアを考えるにあたって、ばらつきのタイプを整理しておくことは役に立つであろう。

3　例外は、Beck and Katz (1995)の論文であり、これは政治学の歴史についての最も影響力のある論文である。

従属変数を測定するときに、最初に特定すべきはその変数の時間的もしくは空間的次元のどちらに着目するかである。**時間の次元**は変数を測る時点を特定する。何を測定するかによるが、政治学における時間の単位はだいたい年ごと、季ごと、月ごと、週ごとの測定である。**空間的次元**は測りたいものの物理的な単位を特定する。政治学における空間の単位は様々である。サーベイデータの場合、空間的単位はサーベイに回答した個々の人間（サーベイ回答者）であるし、アメリカ州政府のデータを見るならば、典型的な空間的単位は全米50州である。国際関係や比較政治のデータの場合は、空間的単位として国家を扱うことが多い。本書全体を通して、従属変数を測るとき、このような2つの次元のうちの片方は一定であるとする。つまり、従属変数の測定は以下の2つのタイプのうちのいずれかになる。第一に、**クロスセクションな測定**であり、そこでの時間的次元は全てのケースにおいて同じであり（一時点に固定する）、従属変数は複数の空間的単位で測定される。第二に、**時系列測定**であり、そこでは空間的次元は全てのケースにおいて同じであり（空間を固定する）、従属変数は複数の時点で測定される。時間・空間の双方の次元で変化する変数を測定することは可能であるが、そのばらつきの原因を考える理論を発展させるにあたってはこれら2つの次元のうちの1つに注目し、そこでのばらつきを考えることを強く勧めたい[4]。次に、クロスセクションの従属変数と時系列の従属変数のそれぞれについて考えよう。

2.3.1 クロスセクションの例

図2.1は、無作為に選んだ22か国の2005年時点でのGDPに占める軍事費を表している。この変数はクロスセクションである。なぜなら、空間的単位（国）においては多様であるが、時間単位は2005年という一時点で固定されているからである。このように、空間的単位の変数を測定するとき、空間的単位を比較可能とする適切な測定を選ばなければならない。例えば、各国の軍事費そのものを従属変数にしたとしよう。この場合の問題は、各国通貨である。アルバニア・レクやバングラデシュ・タカ、チリ・ペソは同じ値をもたない。国家間の金額の比較を可能にするためには、通貨レートを知る必要が

4　第1章で述べたように、最終的には1つの従属変数を同時に変化させている複数の独立変数について理論化することになる。従属変数のばらつきを1つの次元のみで確認することによって、多変数を用いる考え方を扱いやすくする。

ある。通貨レートを用いれば、各国の支出の絶対額から共通の測定に変換することができる。通貨レートで換算した測定は、相対的な軍事「力」の概念を測ったものとみなせる。ある国が他の国より強いことに関する理論としては適切な従属変数であろう。ではなぜ、軍事費を測るのにGDP比を使うのか？なぜなら、軍事費のGDP比率は、全予算のうちで国家が軍事に投入できる割合を示すものだからである。ある国は他の国よりも経済規模が大きいかもしれないが、このGDP比という測定であればある国家の全経済活動のうちでどのくらいを軍事に割くのかという質問に答えることができる。その上で、次の質問に答える理論を構築することになる。「国家がその利用可能な経済資源から軍事費へ割く程度を決める要因は何か？」

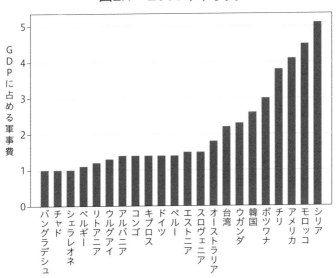

図2.1 2005年軍事費

> **練習：軍事費の決定要因は何か？**
>
> 図2.1のデータを眺め、「国家がその利用可能な経済資源から軍事費に割く程度を決める要因は何か？」に対する答えを考えよう。

このやり方は、第1章で学んだ科学的知識の5つのルールに反しているのではないかと思っただろうか。2つ目のルール「データから理論を導くな」は、理論を発展させてからデータを集めて仮説検証をすることを意味した。しかし、上記の例では1つの変数、この場合は従属変数のばらつきのみを見ている。1つの変数では、理論を発展させるために2つの変数が共に動くことを観察して図に2点をプロットするという作業すらできない。厳密には、図2.1から軍事費についての理論を発展させることはできるかもしれないが、図2.1で用いられているデータだけでは理論検証はできない。

2.3.2 時系列の例

図2.2は1995年から2005年までのアメリカ大統領の月平均支持率を表示したものである。この変数は時系列で測定されたと言うことができる。なぜなら空間的単位は同じ(アメリカ合衆国)であり、変数は時間軸における複数の点(毎月)において測定されているからである。この測定であれば、ケース間で比較が可能になる。月ごとに、大統領の仕事ぶりを支持する人々の割合を確認することができる。このようにケース間で比較可能な測定をすれば、ど

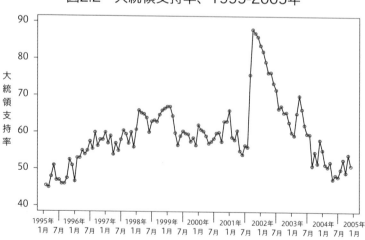

図2.2 大統領支持率、1995-2005年

ういった独立変数がこの従属変数の値を高くしたり低くしたりするのかと因果関係を考え始めることができる。言い換えれば、以下のリサーチ・クエスチョンの答えを探求することになる。「大統領支持率を上下させる要因は何か？」

> **練習：何を原因として大統領支持率は上下するのか？**
>
> 図2.2のデータを眺め、「大統領支持率を上下させる要因は何か？」に対する答えを考えよう。

2.4 自分の知識を使うことを学ぶ

　興味のある現象について理論を発展させようとする時によくある共通の問題の１つに、よく知っている政治的事件や場所についてこだわってしまうことがある。政治について何らかの知識があることは有益であるが、その特定の事柄から距離をおき、そこに内在する因果のプロセスについてより一般的に考えることも重要である。木について知ることは大変よいことであるが、理論化したいのは森についてである。科学的知識の道のルールの１つは、理論を一般化すること、であったことを思い出してほしい。

2.4.1 特定の出来事からより一般的な理論へ

　図2.2に戻ろう。図2.2を見て、多くの人が最初に気づくことは何だろうか？この図で何が次元であるか（アメリカ大統領支持率の時系列変化）を確認したのち、多くの人は2001年の支持率低下のち、2001年９月11日に起きた同時多発テロ直後の支持率が急上昇していることに気づくであろう。これは多くの人々が詳細に記憶している近年の歴史的事件の時期である。特に、テロ直後は国を挙げてブッシュ大統領のもとに結集したことを覚えているかもしれない。テロリストの攻撃と直後の大統領支持率の急上昇の間に因果関係があることを疑う人はいないであろう。

　一見して、この事件は一般的な考察が引き出せないような例外的な事件であると思うかもしれない。アメリカ本土がテロ攻撃されたことはほとんど例がないことであるし、このテロの規模の大きさについてはさらに前例がない。ある事件において因果関係を確かめたいときに、科学的思考の鍵となる

のは、実験的思考の核となる次のような考え方である。もしテロリストの攻撃がより弱かったら、どのように世論に影響するだろうか？他のタイプの国際的事件はどのように世論を形成するか？テロリストの攻撃が世論に与える影響は他の国でも見られるだろうか？これらの疑問は、特定の事件をスタートとして、一般的な言葉で表現されている。これらの一般的な疑問の答えは、国際的事件が世論に与える影響の一般化された理論へと導くことになる。

1970年代に、John Mueller は様々な国際的事件を対象とし、それらの事件がアメリカ大統領支持率に与える影響について考え、何が大統領支持率の結集（もしくは短期的増加）を引き起こすか一般的な理論を提唱した[5]。Mueller は、大統領支持率は国際的な衝突がある時に短期的に上昇するという理論を発展させた。つまり、国際的衝突が起きた場合、人々は党派的な態度や大統領の仕事ぶりについての批判を留保し、国家の最高司令官として大統領を支持するというメカニズムである。Mueller の大統領支持率における時系列データの統計分析は、この国際的対立が大統領支持率を上昇させるという仮説を十分に支持しており、世論の結集についての彼の理論を確かなものとしている。

2.4.2　ローカルに学んでグローバルに考える：固有名詞を落とす

物理学においてフランスにだけあてはまる理論というものは存在しないように、政治学でも同じである。しかし多くの政治学者が１つの地理的な文脈から論文を書いている。その中で、大きな影響を与える論文とは、固有名詞を排除した一般的な理論を進めたものである[6]。秀逸な例として、Michael Lewis-Beck（1997）の論文 "Who's the Chef?" がある。Lewis-Beck は、多くのフランス政治の観察者同様に、1986年から1988年までの保革共存時代、大統領が社会主義者のミッテランであり、首相が保守的なド・ゴール主義者 RPR 党のシラクである時代に注目した。この政治的状況のハイライトは、大統領と首相の両者がフランス共和国の正当な代表であると主張して世界の首脳が集まるサミットに登場したことである。これは、G7のリーダーが8

5　Mueller（1973）を参照。
6　「固有名詞」とは人々や国の特定の名前のことを意味するが、後述するように日時についてもこのロジックを応用したい。

人いるという有名な写真に象徴されている[7]。

多くの人は、これをフランス第五共和政の大統領と首相の力関係の性質を語る逸話として認識しているが、Lewis-Beckはこの特定の事例から政治コントロールと世論についての一般的な理論を発展させて検証した。彼の理論は、経済に対する政治的コントロールの変化によって、大統領と首相のどちらが経済に対して責任を負うべきかについて世論の認識が変化する、というものである。半大統領制をとるフランスにおいては、大統領と首相が同じ党派から選出されている統一政府の時期では大統領が支配者であり、したがってLewis-Beckの理論によれば世論は大統領が経済の現状に対して責任を負うべきと考える。しかし、大統領と首相が異なる党派から選出され権力が分割されている共存政府の時期ではLewis-Beckの理論に従えば、首相が経済政策の担当であることから、世論は首相が経済の現状に責任を負うべきと考える。政治的コントロールと経済責任についての時系列データを詳しく分析し、Lewis-Beckはその理論が支持されることを発見した。

この研究の結果はフランス政治を理解する上で重要であるが、Lewis-Beckの理論的貢献は、一般的な単語を用い、固有名詞を用いずに論じたことにある。このロジックで、特定の出来事の理解から、複数の出来事の変化を説明する一般的理論へと用いることができる。例えば、その時々の候補者やその時々の歴史的状況において、これまで全てのアメリカ大統領選挙は特殊であると考えがちであるが、より良い科学的理論とは2016年アメリカ大統領選挙のみを説明するものではなく、アメリカ大統領選挙一般を説明するものである。つまり、「なぜ2016年大統領選でトランプはクリントンに勝ったか？」と問うのではなく、「アメリカ大統領選挙において与党候補が勝ったり負けたりする要因は何か？」「アメリカ大統領選挙において共和党候補者が民主党候補者に勝ったり負けたりする要因は何か？」と問うべきなのである。

2.5　オリジナルな理論を発展させるための3つの戦略

オリジナルな理論を発展させる最も良い方法の1つは、そのプロセスを数学的思考に落とすことである。新しい、オリジナルな理論を発展させるため

7　G7は世界のもっとも影響力のある国家から政府首脳を集めた年次会議であり、時代によってG8（ロシア含む）だったりG7だったりする。

に多くの政治学研究がとる戦略は以下3つのどれかである。ここで紹介する戦略はかなり単純化しているが、単純化することは複雑な事柄を説明する際に特に有効である。

これら3つの戦略を述べる前に、新しい表記法と3つ目の変数について述べる必要がある。第1章では世界を変数で捉えることを学んだ。また、理論とは独立変数と従属変数の間の因果関係についてであるとも学んだ。以後、独立変数をXもしくはZ、従属変数をYと表記する。典型的な理論は「X→Y」（XがYをひき起こす）と表記される。

この表記法を使い、新しい理論を発展させる3つの戦略を以下のように表す。

1．新しいY（と既存のX）
2．既存のYと新しいX
3．確立されたX→Yの関係を修正する新しいZ

順番に説明する。

2.5.1　タイプ1：新しいY（と既存のX）

最初の戦略は新しいタイプの従属変数を新たに作るか、修正するか、発見するかである。そして、独立変数がこの従属変数を変化させることについて理論化する。このプロジェクトの特徴は「新しい」である。このタイプのプロジェクトは、ずば抜けてクリエイティブでレアなケースとなる。朝、研究室に来てコーヒーを飲み、そして「よし、始めよう。今日、新しい従属変数をつくるぞ。」とはならない。そのくらい単純なことであればよいのに。

真新しい従属変数を表す新しい概念を創造することは重荷と言ってよい。研究は何もないところで行うものではないから、他の研究者も面白いと思う概念でなければならない。面白くなければ、その研究は無視される可能性が高い。

もし何か真に新しいものを概念化して測ることができたら、次の重要なステップは何らかのXがその新しいYを変化させていることについて理論化することである。このステップは骨の折れるタスクであるが、一方で、新しい従属変数を思いついている段階でその独立変数についても何らかの手がかりを持っているはずである。

このタイプのプロジェクトは科学的知識への新しい展開をもたらす。他の

研究者が追随し、新しい理論や知見が導かれる。例えば、Nelson Polsby が1969年に*American Political Science Review* に発表した論文「アメリカ連邦議会の制度化（The Institutionalization of the U.S. House of Representatives）」がある。Polsby は組織の「制度化（institutionalization）」という新しい変数を発展させた。彼によれば、組織は制度化されるほど、3つのことが起きる。第一に、組織はその周囲の環境から明確に区別されるようになる。第二に組織はより複雑化し、その機能と役割は簡単に置き換えられなくなる。第三に、組織はその組織内業務を処理するにあたってルールを複雑化させ手順を増やしがちになる。この3つのレベル全てにおいて、Polsby は合衆国建国以来、連邦議会は制度化されていったことを示した。つまり、新しく導入された「制度化」という概念は、科学的説明が必要な興味深い時系列変数となったのである。言い換えると、「なぜ連邦議会はより制度化されていったのか？」というリサーチ・クエスチョンが導かれる。Polsby はこの原因についていくつかの理論的考察を述べている。Polsby のこの論文は、誰もこれが説明が必要な従属変数になりうると考えたことがなかったという点において、「新しいY」の良い例である。この論文は、その後1,000回近く引用されている。

練習：制度化の原因を考えてみよう

アメリカ合衆国におけるいくつかの州は他の州よりも議会がより制度化されている。この現象について、何が原因となりうるだろうか？

　では、どうやって新しいYを見つけるのか？第一に、その従属変数について誰も研究を行っていないという意味で実際にYが「新しい」ことを知る必要がある。このためには、既存の研究、先行研究を Google Scholar や検索を用いて完璧に調べる必要がある[8]。それ以外に、その従属変数が新しいと知る決定的な方法があるわけではない。比喩的な意味での「雷に打たれる」ベストの方法は先行研究を読むこと、である。「何がまだ知られていないか？」というスタンスで先行研究を読むことは、本章で後述するテーマの1つである。

8　Google Scholar は scholar.google.com であり、Google 検索（www.google.com）とは異なる。この2つは混同しないようにしたい。セクション2.6.1で先行研究の引用数を調べるときには Google Scholar を使う。

2.5.2　タイプ2：既存のYと新しいX

　新しい従属変数を一から見つけることはかなり難しいことであると実感しているだろう。その実感はおおむね正しい。よい従属変数は既に研究されているからである。そこで第二のタイプに移ろう。既存のYに対して、新しいXがその原因となることについて理論化する方法である。

　ここにも「新しい」があるが、従属変数ではなく、独立変数が「新しい」である。XとYの関係についてまだ誰も分析していないという意味での新しさを創造することは、それでもかなり大変である。しかしこのタイプにおいては、新しい研究は「巨人の肩に乗る」ことができる。先行研究では、従属変数に対していくつかの原因を提唱していることが多い。それらの原因は互いに対立することもあれば、補完し合っていることもある。このタイプの戦略の要は、まだ検証されていない、Yを説明する他の考えられる原因について特定することである。

　新しさを求めるためには、関心をもつ現象について先行研究の完璧な調査が必要である。例えば、なぜある国の市民は、他の国の市民より、政府を信頼しているように見えるのか。この疑問について、国家間の差異を説明しようとする場合、その分野の先行研究を調査する必要がある。具体的には、どの独立変数もしくは独立変数のカテゴリー（分類）が既に研究されているかを整理して調べる必要がある。

2.5.3　タイプ3：確立されたX→Yの関係を修正する新しいZ

　オリジナルの理論を打ち立てる第三の戦略は、既に確立されたX→Yの関係から始め、この関係が第三の変数の値に従って変わる可能性を考えることである。したがって、まず確立されたX→Yの関係を見つけ、このXとYの関係がケースごとに異なる要因を考えることになる。これら要因は新しい変数Zとみなされる。もしXとYの関係が正の関係にあったら、この関係が強まったり弱まったりするような条件を考える。また、XとYの関係が全くないケース、逆にXとYの関係が負の関係であるケースも考える。そうすることによって、X→Yの関係が変わってくる条件を新しい変数Zとみなす。ここでも「新しい」という単語が出てきた。研究がオリジナルなものであるためには、何かしらが新しい必要がある。

　それでは新しい修正Z変数はどのように思いつけばよいのだろうか。1つ

の戦略としては、既に研究されたX→Yの関係を違う文脈で考えてみることである。つまり、異なる時期であったら、異なるタイプの個々人であったら、異なる地理的文脈であったらこのX→Yの関係は変わるかどうかを考える。そして「これら異なる時期や個人や地理的文脈の何がX→Yの関係を変えるだろうか」を自問する。この問いに対する答えが新しい変数Zになる。そして、なぜそのZがX→Yの関係を修正するのかについての説明が新しい理論となる。

　時間的文脈を変えて新しい変数を得るという例をあげる。Converse（1964）以来、アメリカの有権者の間では個々人の政党所属意識（X）とその政治的態度（Y）には特段強い関係がないと考えられてきた。もちろん共和党支持者はより保守的な態度を示し、民主党支持者はよりリベラルな態度を示すが、X→Yという正の関係は極めて弱いと考えられた。最近の研究、Levendusky（2009）によれば、このX→Yの関係は近年かなり強い関係にある。つまり、個々人の党派性とその政策選好の関係をより強くする何かが起きたのである。とすると、何がその原因であるのか、アメリカ世論研究の分野において研究の余地が広くある状態となった。LevenduskyはZ変数として国政の場での政治エリートのイデオロギーに基づく行動が増加していることを指摘し、それが党派性を明確にし、有権者におけるX→Y（政党所属意識と政治的態度の関係）を強めたと主張している。

　異なる地理的文脈で確立したX→Yの関係を調査した例を挙げよう。本書を通してアメリカ経済と現職大統領の得票率の関係を例として使ってきた。実際、アメリカ政治の文脈では経済投票と呼ばれる現象について数多くの研究がある。ここから導かれる知見は、強い経済は明らかに与党候補を有利にし、弱い経済は与党候補を不利にする、である。この関係は他の民主主義国家でもあてはまるのだろうか。興味深いことに、X→Yの関係がアメリカと同じように存在する国もあれば、そのような関係がない国もあったのである。ここから、なぜ経済投票の強さは国によって異なるのかというリサーチ・クエスチョンが生まれる。Powell and Whitten（1993）は、経済投票の強さが国によって異なるのは第三の変数Z、与党が経済を管轄する「責任の明確さ」のためであるとした。複数の政党によって連立政権が組まれる国では経済政策の責任の所在がやや見えにくく有権者も票に反映しにくいが、単一政党で政府を形成する国においては経済政策の責任の所在が明確であり有権

者が票に反映しやすいと考えられるのである。

> **練習：性別が、教育と中絶の権利支持の関係に与える影響について考えよう**
>
> アメリカ世論の先行研究によれば、教育年数の長さと中絶の権利への支持は正の関係にあることが知られている。この確立されたX→Yの関係は男性と女性で異なると考えられるだろうか？（つまり、性別をZ変数とみなす。）

2.6 過去の研究を調べる

　理論において「新しさ」を打ち出すためにまず行うべきことは、その分野においてどんな先行研究があるかを知ることである。どのように先行研究を調べるのだろうか？このセクションでは、どのように乗るべき「巨人の肩」を見つけるかについて説明する。

2.6.1 重要な先行研究を知る—引用数を数える

　研究を始めるにあたって最も面倒な作業の1つは、どの研究がすでになされているかを知ることである。たいていの検索結果は、電話帳並みの量の論文や出版物を返してくるので、熱意のある研究者でも圧倒される。これら多くの出版物の中から最も重要な研究を見つける便利な近道が引用数である。

　本書を読む時点で既に、授業で引用情報を含む課題を提出した経験があるかもしれない。引用は研究者が研究するにあたって最も価値のある通貨の1つである。引用されるということは関係があることを意味するし、引用されないということは無視されていることを意味する。したがって、引用は個々の研究者、学術誌、研究所、大学において広く用いられるランキング指標である。今日のアカデミズムでは引用は非常に重要である。

　そこで、引用が多くの論文を区別する有効なツールであるという事実を利用し、Google Scholarや検索ツールを用いて引用数を調べることを勧めたい。すると次の質問は「インパクトがあると判断するにはどのくらいの引用数が必要なのか？」だろう。だいたいの目安として、引用数20を勧めたい。もちろん引用数は出版された年によって変わる。出版されたばかりの論文の引用数は当然ながら少ない。したがって、2015年に出版された論文が2017年で既に引用数10であるとしたら、それはかなりのインパクトのある論文である。

2.6.2　やりたいと思ったことを既に誰かがしていたとき

　先行研究を探しているときに最もイラッとすることの1つに、やりたいと思ったことを既に誰かがしている、もしくは検証しようとしていた理論が既に検証されている、ことがある。これは確かにイラッとするが、やりたいと思ったことが実はよいアイデアであるという意味でもある。この場合、その先行研究を読み、どのようにして改善できるかを考えるのがよいだろう。第4章の4.4においてその詳細を述べる。

2.6.3　オリジナルの理論を発展させるために先行研究を批判的に読む

　研究を行いたい分野を定め、その分野の先行研究を解剖したら、一連の批判的な問いを投げかけることは重要である。第1章で論じたように、科学的アプローチの一部は、自分の研究であろうと他者の研究であろうと、得られた知見に対して懐疑的になることであった。他者の研究に懐疑的になることで、自分自身の新しい研究アイデアが浮かぶこともあるし、新しい理論を発展させることにもなるのである。

　したがって、関連のある分野の研究を調べ、その分野で最も影響のある研究のいくつかを解剖したら、以下の疑問を試みることを勧めたい。

- 先行研究が見逃している、従属変数の他の原因はあるか？
- 先行研究の理論はどこにでも応用可能か？
- 先行研究の知見が正しいとして、さらなる含意はあるか？
- 先行研究の理論は異なる集合レベルでも応用可能か（マクロでもミクロでも可能か）？

以下に詳細を述べる。

先行研究は何を見落としているか？

　他の研究者の論文を読むときにいつも、最初にすることは彼らが主張する因果関係の理論を独立変数（XとZ）と従属変数（Y）に分解することである。この作業は非常に重要である。大学1年生には難しい作業かもしれないが、練習すると慣れてくる。よいスタート方法は、論文に掲載されている図や表をながめて「ここの従属変数は何だ？」と問うことである。いったん従属変数を特定し、鍵となる独立変数も特定したのち、そこで主張されている因果の議論は納得がいくものかどうかを吟味する。（第3章で因果関係の4つの

ステップについて学ぶ。)また、同じ従属変数に対して、因果的に関連しそうな他の独立変数が思いつくかどうかも習慣づけるとよい。このような思考訓練を行うことによって、価値のある新しい理論につながるだろう。

先行研究の理論はどこにでも当てはまるか？

他の研究者による経験的研究について読む時、彼らが実際に理論検証した際に用いた特定のケースについては理解できるであろう。そこからさらに思考訓練を進めて、この同じ理論を他のケースにあてはめたらどうなるかについて考える。その理論と同じ結果が期待できるケースもあれば、異なる結果となるだろうケースもあるかもしれない。もちろん、これらの憶測が正しいかどうかは自分で経験的研究を実施せねばならないが、研究をなぞること（replication）で興味深い知見をもたらすこともある。もっとも有用な理論的発展は、その理論があてはまるケースのタイプと、その理論があてはまらないケースのタイプについて系統だったパターンを特定することができたときである。セクション2.5で論じたように、この系統だったパターンは第三の変数Zによる結果であり、確立されたX→Yの関係が拡張したケースでもあてはまるか否かを説明する。

先行研究からどのような含意が導かれるか？

研究初心者は、より地位を確立した研究者たちが実施した研究の説得力ある説明を前になすすべもなく感じることがある。どうやったら、このような斬新な理論を生みだし、度重なる経験的検証から説得力のある支持された結果を発見することができるのだろうか？そのような研究に恐れおののくのではなく、これら先行研究は機会であると学ぶ必要がある。そこで論じられているロジックをさらに進め、他の含意があるかどうかを考える機会である。例えば、有権者はどのように投票するのかについて説得力のある理論を他の研究者が生み出したとしたら、そこからできることは、この新しい知見による有権者の行動を理解した戦略的な政治家がどのように行動を変えるか、を問うことである。

政治学における研究拡張の例として、先述したMuellerの大統領支持結集の例を取り上げよう。Mueller（1973）がこの「旗下結集効果（rally round the flag effect）」の説得力のある証拠を発見したことから、他の研究者たちはこ

の現象の結果が戦略的に操作されたものである可能性を考えることができた。ここから新しい研究分野「陽動戦争理論(diversionary use of force)」(Richards et al. 1993)が生まれることになる。この新しい研究のアイデアは、Muellerの言うように国際的衝突が一時的にでも大統領支持率を上げるのであれば、戦略的な政治家はそのような起爆剤が欲しい時にあえて国際的衝突を作り出すことになる、というものである。

先行研究の理論は異なる集合レベルでも当てはまるか(ミクロとマクロ)？

　他の研究者の理論から新しい理論を生みだす最後の方法は、その理論が異なる集合レベルでも適用可能かについて考えることである。政治学の研究においては、最下層の集合レベルはだいたい世論研究における個人レベルである。上記の例のように、有権者個々人のレベルにおける行動の傾向を、戦略的政治家がどのように生かすかについて考えることによって新しい理論的考察は発展できる。この考察は集合レベルを変えることによっても可能である。政治学では世論の傾向を国家レベルで測り時系列変化でみることもある。このタイプの研究はマクロ政治研究と呼ばれる。マクロレベルで世論の傾向をつかんだら、個人レベルもしくはミクロレベルにおけるどんな行動がマクロレベルの知見にもつながるのかを考えることはよい思考訓練である。

　一例として、旗下結集効果(rally round the flag effect)の例に戻って集合レベルを変えてみよう。国際的衝突があるとき、大統領に対する世論はより肯定的になる。それではどんな個人レベルの力がこの観察された集合レベルの傾向をもたらすだろうか？全てのタイプの個々人が大統領に対する感情を一様にシフトさせるかもしれない。シフトはそれほど一様ではないかもしれない。おそらく大統領の国内政策を嫌う個人は、国際的衝突の時にはその立場の違いをいったん保留して支持にまわるかもしれないし、もともと大統領の支持者である人々の意見はそのまま変化しないかもしれない。集合的変化をもたらす個人レベルのダイナミクスを考えることは新しい因果理論をもたらすであろう。

> **練習：時系列とクロスセクションを考える**
>
> ・図2.1のデータで、1つの国の軍事費を複数年にわたって観察する場合、どのような図になるだろうか。つまり、軍事費が時系列的に上がったり下がったりする要因は何だろうか？
> ・図2.2のデータで、ある年の複数の国における大統領支持率で観察する場合、どのような図になるだろうか。つまり、国によって大統領支持率が高かったり低かったりする要因は何だろうか？
> ・データのタイプを変えることはリサーチ・クエスチョンをどのように変えるだろうか？

2.7 従属変数のばらつきをもたらす原因についてフォーマルに考える

ここまで政治世界について整理されて系統だった方法で考えることを議論してきた。政治を独立変数と従属変数という言葉で考えるようになり、それらの因果関係について理論を発展させることに馴染んだだろうか。ここまで議論してきた理論は、説明したい現象について厳密に考え、納得のいく因果的説明を推論することからきている。この厳密な思考の延長として、**フォーマル理論**や**合理的選択**というものがある[9]。このアプローチを用い、いかに人々が戦略的決定を行うかについてのリサーチ・クエスチョンに対する答えを発展させる。他の言い方をすれば、もし政治がゲームであるならば、どのようにしてそこに参加する人々のプレイの仕方を説明するか？である。

社会科学の現象に対するフォーマル理論のアプローチは、人間の行動に対する基本的な前提条件から始め、そのモデルを構築するためにゲーム理論や数学的ツールを用いる。この人間の行動に対する前提は、全ての個人は**合理的に効用を最大化する**存在である、つまり自分の利益を最大化しようと試みる、というものである。個人は政治において様々な選択肢に直面し、その選択は異なる結果をもたらす。このアプローチにおいては、個人が直面する動

9　フォーマル理論と合理的選択という言葉は、人間の行動のパズルに対するゲーム理論やフォーマルな数学的手段の応用を言い表す際に互換的に用いられている。本書ではフォーマル理論を使うことが多い。というのは、フォーマル理論はより包括的な表現であるのに対し、合理的選択は前提条件を指すからである。

機を考えることによって、その決定の戦略的基礎から始める。フォーマル理論では、個人がその選好と置かれている戦略的環境にもとづいてどう動くかについて理論的期待を推論する。

　上記の説明はやや難解かもしれない。簡単な例から始めよう。もし人間が利己的であったら、定義によって議員たちもまた利己的である。この前提に従えば、議員たちは再選をより重要な課題とするだろう。なぜか？何よりもまず、政治家たちは政治的目標を達成したかったら議席を獲得せねばならない。そしてこのシンプルな推論は議会組織と議員の行動についての全ての仮説を導くのである[10]。

　政治学のこのアプローチは、異なるアクターが存在し何らかの行動を起こさねばならないときにどのような状況になるかを考える、数学的に厳密な試みである。基本的に、フォーマル理論は、その人の立場で考えるまでその人を判断してはいけないと言う表現に近い。フォーマル理論の手段を用い、我々はそのアクターの立場になって考え、どのような選択ができるのかを考えることになる。次の節において、この基本的な手段として**期待効用**のアプローチを紹介する。そしていかにしてこの期待効用を用い、なぜ人々は投票するのかについて理論発展させたかについて有名な例を述べる。

2.7.1　効用と期待効用

　本章を読むにあたってあなたがとった選択について考えよう。期待される利益は何だったか？また予想されるコストは何だろうか？利益の１つは、いかに政治について理論を構築するかについて本当に知りたかったことかもしれない。もしくは教授がこの教材について試験を実施するかもしれず、本章を読んでおけばよい成績を修めることができると期待するかもしれない。そして、疑いなく、本書を読むにあたってはコストが存在する。読む時間を使って何かほかのことができたのではないか？フォーマル理論では、このように利益とコストから世界にアプローチするのである。

　フォーマル理論では、何をすべきかについて個人の決定の集合の結果として世界を捉える。個人の行動選択において、フォーマル理論では全てを**効用**という言葉で表現する。効用は意図的にあいまいな量である。ある行動から

10　Mayhew（1974）とFiorina（1989）を参照。

の効用は、全ての利益の合計から全てのコストの合計をひいたものと定義される。Yという行動があるとするなら、個人iのYによる効用は以下の式によって要約できる。

$$U_i(Y) = \sum B_i(Y) - \sum C_i(Y)$$

$U_i(Y)$は個人iの行動Yから得られる効用（Utility）であり、$\sum B_i(Y)$は個人iの行動Yから得られる利益B_iの合計であり、$\sum C_i(Y)$は個人iの行動YによるコストC_iの合計である。行動しないという決定も含めてあらゆる考え得る行動のセットから選ぶとき、合理的な個人はその効用が最大となるような行動を選ぶ。これを数式で表すと下記の通り。

$Y=Y_1, Y_2, Y_3, \cdots, Y_n$　という選択肢のセットにおいて
個人iは以下の条件のY_aを選ぶ　$U_i(Y_a) > U_i(Y_b) \; \forall \; b \neq a$

言葉で表現すると、「行動Y_iからY_nまでの選択肢のセットにおいて、個人iは、個人iがその行動（Y_a）をとることによる効用が、個人iが全ての他の行動（Y_b）から得られる効用より大きいときに、行動Y_aを選ぶ。このとき、すべての行動bはaと等しくない。」より直観的な表現で言えば、個人は自分にとってベストとみなせる行動をとる、ということになる。

ここで現実世界をみまわして例外があるかどうかを考えてみよう。世界は果たして本当にこのように回っているだろうか？利他主義についてはどうか？2006年の夏、世界で2番目に裕福な男、ウォーレン・バフェットはビル＆メリンダ・ゲイツ財団へ300億ドルを寄付することに同意した。この行為は合理的に効用を最大化する行為なのだろうか？自爆テロ犯についてはどうか？これらの質問に対する答えは、効用についての柔軟性と概念の潜在的な問題の両方を示してくれる。先述した数式において効用の構成物（U_i, B_i, C_i）にiの下付き文字があったことに気づいただろうか。これは、ある行動における利益（B_i）とコスト（C_i）について、異なる個人は異なる評価を下すからである。このアプローチに対する批判として「どうしてこれが効用を最大化する行動になりうるのか？」という問いがあるが、これに対してフォーマル理論では「なぜなら独特の効用の構造を持つ個人に過ぎないから」と答えることができるのである。

別の方向から考えてみよう。フォーマル理論は選好を与えられたものとしているという批判、つまり選好は議論の対象ではなく事前に決定されたものとして捉えているという批判は的を外れている。選好の形成は政治学の他の部分が担っている。例えば、政治心理学や世論研究の分野である。フォーマル理論の仕事は、「OK、個人がある選好をもっているなら、それがどのように形成されたかに関わらず、いかにこの選好は政治的結果をもたらす戦略的な機会と動機に作用するか？」を言うことである。フォーマル理論がこれらの選好を所与のものとするのは、選好を形成するプロセスが重要ではないというわけではない。単に、フォーマル理論は社会的現実の難しい部分を説明するためにあるのである。

　科学的な見地から、この説明は落ち着かないかもしれない。第1章で論じたように、科学的知識は現実世界の観察に基づいて構築される。人々の効用はどうやって観察できるのであろうか？人々に何が好きで何が嫌いか、何がコストで利益かの感触を尋ねることはできるけれども、それは真の効用を観察したことにはならない。実際、効用最大化の前提は単に前提に過ぎないのである。しかしこの前提は、非常に強固な前提であり、潜在的な問題に留意しつつもこの前提にしたがって多くのことができる。

　効用を最大化する合理的なアクターという前提に対するもう1つの潜在的な問題は、**完全情報**の前提にある。言い換えると、もしある行動に関する利益やコストを正確に知らない場合どうするのか？先述した数式は、完全情報の前提のもとに成り立っていた。つまり個人はそれぞれの行動のコスト、もたらされる利益、そして効用に関して正確に知っているという前提である。この前提を緩めることで、効用から期待効用の議論へと移ることになる。この情報に関する前提の変化は、効用に括弧をつけてその前にEをつけることで表す。この転換は全ての効用の前に「期待をつける」こと(Expected)として知られている。例えば、行動Yに関する個人iの効用である$U_i(Y)$は、不完全情報のもとでは行動Yに関する個人iの期待効用$E[U_i(Y)]$となる。合理的アクターの前提に戻ると、不完全情報のもとでは、個々の行動Yに対して

$$E[U_i(Y)] = \sum E[B_i(Y)] - \sum E[C_i(Y)]$$

となり、合理的なアクターは期待効用を最大化するので

$Y = Y_1, Y_2, Y_3, \cdots, Y_n$　という選択肢のセットにおいて

個人 i は以下の条件の Y_a を選ぶ　$E[U_i(Y_a)] > E[U_i(Y_b)]\ \forall\ b \neq a$

ということになる。

2.7.2　投票率のパズル

　政治にフォーマル理論をあてはめたもっとも古く長く用いられている例は「投票のパラドックス」として知られている。William Riker と Peter Ordeshook は *American Political Science Review* に1968年に出版した論文 "A Theory of Calculus of Voting" においてフォーマル理論を応用している。この論文は投票の合理性をめぐる議論に非常な影響力を及ぼした。彼らは、「なぜ人々は投票するか？」というリサーチ・クエスチョンに答える理論を提供している。彼らの考えによれば(本書では i を追加)、投票の期待効用は以下のようになる。

$$R_i = (B_i P_i) - C_i$$

　R_i は個人 i が投票により得られる報酬であり、B_i は個々の投票者が好ましいと思う候補者が当選したときと好ましくない候補者が当選したときに得る利益の差であり (Riker and Ordeshook, 1968, p.25)、P_i は好ましい候補者が勝つために投票者の一票が決定的となる確率であり、そして C_i は投票に行くことによるコストの合計である[11]。もし R_i が正の値であれば、個々人は投票し、もしそうでなければ、彼は棄権するというわけである[12]。

　この数式の右辺に注目し、アメリカ大統領選挙における有権者にとってそれぞれの項目がどのような値をとるかを考えてみる。B_i はたいていのアメリカ大統領選挙における多くの有権者にとってゼロよりは大きいであろう。政策選好という理由もあれば、候補者の相対的な特徴についての感情という理由もあるだろう。しかし、B_i には P_i がかけられる。P_i はどのような値になるだろうか。多くの選挙観察者たちは、たいていの選挙において全ての有権者にとって P_i は非常に小さくほとんどゼロになると主張するであろう。アメリカ大統領選挙の場合において一票が決定的となるには、もし自分が一票を

11　例を簡略化するならば、候補者２人しかいない選挙を考えてみるとよい。候補者が増えると B_i の計算が複雑になるが、このモデルの基本的な結果には影響しない。

12　Riker and Ordeshook が「彼」を使用しているのに従っている。

投じなければ一般投票において得票数が全く同じになるような州に住み、そしてその州全体の選挙人の結果がどちらかの候補者に傾くような状態という大統領選挙である必要がある。P_i が実質的にゼロということになれば、(B_iP_i) も実質的にゼロということになる。

投票のコスト、C_i はどうであろうか？投票は全ての投票者の時間をとる。たとえ、投票所の隣に住んでいたとしても、隣まで行き、列に並び、投票するという時間をとることになる。使い古された格言「時は金なり」は確かにここに当てはまる。投票するときに働いていなかったとしても、投票する代わりに何かができたはずである。したがって、C_i はゼロより大きいことは明らかである。もし C_i がゼロより大きく、(B_iP_i) が実質的にゼロであるならば、R_i は負の値となる。とすると、どうやってアメリカ大統領選挙で何百万もの人々が投票していること、そして実際世界中の選挙を説明できるのだろうか。これは、人々は実は全く合理的ではないことの証拠なのか？それとも、おそらく、何百万もの人々が組織的に P_i を過大評価しているのか？影響力のある政治経済学者、Anthony Downs や Gordon Tullock は政治のフォーマル理論分析の初期の段階でこれらの疑問を投げかけている。

Riker と Ordeshook の答えは、(B_iP_i) で捉えられない何らかの投票による利益があるに違いない、というものだった。そして彼らは、投票の式は以下のようになると提唱した。

$$R_i = (B_iP_i) - C_i + D_i$$

D_i は選挙結果に関わらず民主的プロセスに参加することからくる個人の満足感である。Riker と Ordeshook は D_i は政治システムに関する様々な有効性感覚からなるとし、市民としての投票義務感や一票の重要性などを含めるとした。

Riker と Ordeshook が政治学に与えた功績、より広くフォーマル理論が政治学に与えた貢献を以下のように考えてみよう。Riker と Ordeshook の理論は、なぜ個人が投票するのかという疑問に導いてくれた。そして経験的に、有権者人口のほぼ半分が最近の大統領選挙で投票することを知っている。フォーマル理論がもたらしてくれるものは、規範的に人々が投票するべきだと断言することではなく、なぜ人々がわざわざ投票するのかに焦点をあててくれる

64

ことにある[13]。

2.8　制度について考える：ルールが常に重要

　前のセクションでは個人について考え、個人の効用計算を考えることで理論的洞察を発展させることについて考えた。このセクションでは、この考え方を拡大して、政治制度において人々はどのように作用しあうかについての理論を発展させる。理論的洞察を行うための手段の1つは、制度配置とその制度が政治行動や結果を形成する影響についてフォーマルに考えることである。言い換えると、政治学においては政治ゲームのルールについて考えることで政治についての理論を発展させてきた。これらルールとその影響について理解するために、もし違うルールが適用されたらどのような結果に代わるのだろうかと想像することから始める。この種の思考訓練によって、価値ある理論的洞察を得ることができる。続くセクションでは、制度の影響について2つの例を取り上げる。

2.8.1　立法のルール

　政治ゲームのルールについて考えることで立法研究と政府の意思決定研究における理論的洞察を深めることができる。これは、期待効用を最大化させるアクターの**選好順位**について考えることと関連する。例えば、議会が3人のメンバー X、Y、Z で構成されているとしよう[14]。X、Y、Z の前にある課題は、3つの選択肢 A、B、C から選べというものである。3人の合理的個人の選好順位は以下の通りである。

13　もちろん Riker と Ordeshook は1968年の論文で終えたわけではない。投票の合理性についての議論はフォーマル理論一般の有用性についての議論でもあった。Donald Green と Ian Shapiro が1994年に *Pathologies of Rational Choice Theory* と題して出版した本では、政治学においてフォーマル理論が果たす役割について論じている。彼らの主要な批判は、政治学ではフォーマル理論と経験的仮説検証のつながりが非常に弱いという点にある。この点に応えて、National Science Foundation は Empirical Implications of Theoretical Models（EITM）という新しいプログラムを発足させ、フォーマル理論と経験的仮説検証の関係の強化に努めている。

14　もちろん議会はもっと多くのメンバーから構成される。このように最小スケールで考えることでフォーマルのプロセスはより簡単に実行できる。いったん最小スケールにおける計算から結論に達したら、その計算がより現実的な大きなスケールにもあてはまるかを考えるのが大事である。

X：A＞B＞C
　　　Y：B＞C＞A
　　　Z：C＞A＞B

　この状況におけるもう1つの前提は、合理的個人の選好は**推移的**であるという点である。もし個人XがBよりもAが好きで、CよりもBが好きであり、Xの選好が推移的であれば、XはCよりもAが好きなはずである。なぜこの前提が重要なのであろうか？逆に考えよう。もしXがBよりもAが好きで、CよりもBが好きなのに、AよりもCが好きだったらどうなるか？この状況においては、Xが何を求めているのか論じることは不可能である。なぜなら、Xの選好は無限サイクルに陥っているからである。他の言い方で言うと、Xがこの3つの選択のどれを選ぼうとも、Xが好ましく思う他の選択があるということになる。このような状況ではXは合理的な選択を行うことができない。

　このシナリオにおいて、3人グループはどの選択を行うであろうか。これは簡単に答えることが難しい。もし3人が自分の選好の一番にある選択肢に投票したら、それぞれの選択肢は1票を得ることになる。もし3人が2択から選ぶように言われ、選好に従って投票したら、次のような結果になる。

　　　AかBに関しては、XとZがAでYがB、2対1でAが選ばれる
　　　BかCに関しては、XとYがBでZがC、2対1でBが選ばれる
　　　CかAに関しては、YとZがCでXがA、2対1でCが選ばれる

　この3つの選択肢のうち3人グループは何を選ぶだろうか？これは答えることが不可能な質問である。なぜなら、グループの選好は3つの選択肢を永遠に回るだけだからである。このグループの選好を描写するもう1つの方法は、グループの選好は**非推移的**であるということになる（しかし、個々人の選好は推移的である）。

　この結果は、民主的選挙の公正さに関心がある人々にはいささか問題である。選挙の目的の1つは、人々に意見表明させることであるが、上記のように関係する人々が全て合理的アクターであったとしても、その集合的選好は時として合理的ではないことが起こりうる。そのような状況では、選挙の役割について多くの規範的概念が噴出する。この知見は、Kenneth Arrowが

1951年に*Social Choice and Individual Values*において発展させたアローの理論の核心である。出版した時点では、政治学者たちはこの本を無視したが、政治学においてフォーマル理論がより普及するにしたがい、アローの数学的アプローチは飛躍的に認識されるようになった。1982年に William Riker がアローの理論を広めることとなった*Liberalism Against Populism*において、アローの理論のより分かりやすい説明を提示し、数学的説明を通してアローの主張の多くを証明した。

2.8.2 ルールが重要！

上記で用いた個人X、Y、Zと３つの選択肢A、B、Cに対する選好の例を用い、ここでは３人の個人が２段階にわたって２択から選ぶとする。１回目の投票において２つの選択肢から選び、２つ目の投票においては最初の投票で勝った選択肢と最初の選択肢になかった選択肢との対戦とする。２回目の投票の勝者が全体の選択となる。

このシナリオについて最初に、X、Y、Zは自分の選好にしたがって投票すると前提をおく。もしXが１回目の投票における２択を選ぶことができたとしたらどうなるだろうか？ Xの選好順位はABCである。XはAが勝つようにセットアップできるだろうか？例えば、次のようなルールはどうか。

　　１回目：B vs. C
　　２回目：１回目の勝者 vs. A

このルールのもとでは何が起こるだろうか？ XもYもCよりはBを好むことから、１回目はBが勝つことになる。２回目はBとAの２択となり、XとZがBよりもAを好むことから、２回目はAが勝つことになり、Xはこの結果に大いに満足することになる。

現実世界でこのような投票は行われているのだろうか？答えはyesである。数ある選択肢から２つの選択肢を決選させるやり方は議会がよく用いる方法である。もし個人X、Y、Zが立法府メンバーだとしたら、投票の順序（ルール）を決める者が実質的な権力を持っていることになる。この点を突き詰めて、個人Yの場合を考えてみよう。Yの選好順位はB>C>Aであった。したがってYはXのルールによる結果には特に満足できない。なぜならYの最も好ましくない結果となっているからである。しかし、X、Y、Zはその

選好によって投票するという前提があった。もしこの前提をゆるめれば、Yは何ができるだろうか？1回目の投票において、YはBに対してCに**戦略的投票**することができうる[15]。もしXもZも彼ら自身の選好にもとづいて投票し続けたら、Cが1回目の投票で選ばれる。したがって2回目の投票はC vs. Aとなる。YもZもAよりはCを好むため、2回目の投票でCが選ばれ、これが選ばれた選択肢となる。この状況においては、YはAよりはCを好むため、よりよい結果を得ることになる。

　議会メンバーの視点からは、よりよい結果を得るためには、戦略的に投票するよりも、ルールをコントロールするほうがはるかに意味のあることになる。議会における戦略的投票は有権者に誤解をうみやすい。例えば、選挙において対立候補者がとる戦術の1つに、現職議員が議会で選挙区民の意向に反して投票したことを指摘する、というものがある。Y議員が選挙区民と同じ選好をもっていると考えるのは妥当である。BではなくCに戦略的に投票することで、Yはよりよい結果を得ることができる一方で、選挙の対立候補にYが選挙区民の意向に反して投票したと宣伝する材料を与えてしまうことになる。

　Richard Fennoのアメリカ下院議員の研究*Congressmen in Committees*における知見の1つとして、議事運営委員会は、歳入委員会と歳出委員会と同様に最も人気の高い委員会であるという指摘がある。歳入委員会と歳出委員会はメディアにおいても目立つ花形の委員会であり人気が高いのは納得がいく。対照的に議事運営委員会はメディアの注目を浴びないにもかかわらず、議員に人気がある。つまり、議会議員はルールの重要性を確かに理解して評価しているのである。そして、フォーマル理論の思考訓練は、なぜこのようなことが起きるのかを理解する手助けとなる。

15　ここでの戦略的投票の概念はしばしば混乱を招く。本書の目的においては、戦略的投票とは戦略的な文脈に基づく投票と定義する。注意すべきは、特定の状況の特定の個人にとっては、ベストな戦略的決定とは自分自身の選好にしたがって投票することであるかもしれない。戦略的投票は、戦略的文脈が個々人の選好とは異なる投票を招くときに興味深いものとなる。

2.8.3 応用

これらの例は政治学におけるフォーマル理論の援用のさわりに過ぎない。本書ではフォーマル理論のうちでも、より重要な2つを紹介していない。それは空間モデルとゲーム理論であるが、本書の範囲を超える。経済学者が空間モデルを市場における出店位置の研究に利用するように、政治学者も空間モデルをイデオロギー軸における政党の位置といった政治現象の研究に利用する。同様に、ゲーム理論は高度に構成された異なるプレーヤーの動きの連続である。そこでは、あるアクターの効用は自分自身の決定のみならず、他のアクターの決定にも左右される。ゲーム理論が先述したシンプルな3人のアクター、2段階の投票例においてどのように機能するかは簡単である。1回目の投票におけるXのベストな選択は、YとZがどちらの選択肢を選ぶかによる。ゲーム理論は、政治における戦略的選択がいかに互いに依存しているかを強調する。

2.9 結論

ここまで政治についての理論発展の様々な戦略を紹介した。これらの戦略は政治世界についての知識を整理もしくは再整理する思考訓練と関連し、そうすることによって新しい因果理論を導くことを目的とした。新しい理論を生みだすシンプルな公式というものは存在しない。本章のタイトルにおいて理論構築を「アート」としたことに注目してほしい。理論的発展はあらゆる分野から起こりうるが、興味のある現在の研究に批判的に没頭することはよいスタートである。

第3章では、本章で紹介したステップを通して発展させた理論における因果の主張を批判的に評価する方法について学ぶ。続く第4章では、理論から導かれる仮説を検証するためのいくつかのリサーチ・デザインについて概観する。

キーワード

- 完全情報　ゲームの各アクターがそれぞれの考え得る結果から得られる正確な利得を知っている状態。
- 期待効用　ある行動における全ての期待利益からすべての期待コストをひいたもの。この計算においては、正確な利益とコストについては確かではない。

第2章 理論構築のアート　69

- 空間次元　変数を測定する物理的単位。
- クロスセクション測定　時間的次元が一定で、ケースが複数の空間的単位を表す測定。
- 効用　ある行動における全ての利益から全てのコストを引いたもの。
- 合理的効用最大化　人間の行動について個々人は自己の利益を最大化することを規定する前提条件。
- 合理的選択　ゲーム理論や他の数学的手段を応用して人間の行動のパズルを解く方法。（フォーマル理論と互換的に用いられる。）
- 時間的次元　変数を測定する時間的点。
- 時系列測定　空間的次元が一定で、ケースが複数の時間的単位を表す測定。
- 推移性　AがBより大きく、BがCより大きかったら、AはCより大きいという数学的関係。
- 戦略的投票　戦略的文脈においてなされる投票。
- 選好順位　アクターの好ましい結果について最大から最小に並べたもの。
- 非推移性　AはBより大きく、BはCより大きいのに、CはAより大きいという非論理的な数学的関係。
- フォーマル理論　ゲーム理論や他の数学的手段を応用して人間の行動のパズルを解く方法。（合理的選択と互換的に用いられる。）
- 不完全情報　ゲームの各アクターがそれぞれの考え得る結果から得られる正確な利得を知らない状態。

エクササイズ

1. 表2.2は*American Political Science Review*の最もよく引用された論文の11位から20位までである。これらの論文のどれか１つを読み、何がリサーチ・クエスチョンであるか述べよ。
2. 図2.3は1960年から2011年のアメリカ政府債務残高のGDP比である。何がこの変数の高低をもたらしているのかについて理論を考えてみよう。
3. 図2.4は2004年に無作為に選んだ20国における女性国会議員の割合である。何がこの変数の高低をもたらしているのかについて理論を考えてみよう。
4. 馴染みのある政治的な事柄について考え、以下の指示に従え。
   (a) その事柄について短い説明を書け。
   (b) なぜこの事柄がそのように生じたのかについて理解を書け。
   (c) ローカルからグローバルへ：上記(b)における答えを、固有名詞を用いずに一般的な因果理論に再形成せよ。
5. 興味のある政治学ジャーナルから論文を１つ読み、以下の項目に答えよ。

(a)その論文のメインの従属変数は何か。

(b)その論文のメインの独立変数は何か。

(c)独立変数と従属変数を結び付ける因果理論について短く説明せよ。

(d)論文中に言及されていないがその従属変数に因果的に関連するかもしれないほかの独立変数を思いつくか。なぜその変数が従属変数に因果的に関連するかもしれないのか短く説明せよ。

6. 仮にアメリカ下院議員の選挙方法が現在の1人区システムから、3％以上の票を獲得した政党は比例的に議席を獲得できる国家規模の比例制に変わったとする。この異なる選挙システムのもとでは、どのくらいのまたどんなタイプの政党が下院を代表することになると思うか。この仮説的なシナリオにおいてどんな政治理論が思いつくだろうか。

7. フォーマル理論を何か興味のあるものに応用してみる。より理解したいと思っている政治世界の何かを考えてみる。その現象の結果を決定する役割を果たす個人レベルの決定について考える。この決定を行う個人が重要視する期待される利益とコストは何か？

エクササイズ8から11はRobert Putnamの1995年の論文 "Tuning In, Tuning Out: The Strange Disappearance of Social Capital in America" を読んで答えよ。

8. Putnamの研究の従属変数は何か。

9. 従属変数の他の原因として可能性のある原因は何か？

10.Putnamの理論は他国でも通じるか、通じないか？それはなぜか。

11.もしPutnamの知見が正しいなら、ここからどのような含意が引き出せるか？

表2.2 *American Political Science Review* 1945年から2005年までに最もよく引用された論文の11位から20位

論文	タイトル
11) Riker & Ordeshook (1968)	"A Theory of Calculus Voting"
12) Shapley & Shubik (1954)	"A Method for Evaluating the Distribution of Power in a Committee System"
13) McClosky (1964)	"Consensus and Ideology in American Politics"
14) Miller (1974)	"Political Issues and Trust in Government: 1964-1970"
15) Axelrod (1986)	"An Evolutionary Approach to Norms"
16) Doyle (1986)	"Liberalism and World Politics"
17) Polsby (1968)	"The Institutionalization of the U.S. House of Representatives"
18) Inglehart (1971)	"The Silent Revolution in Europe: Intergenerational Change in Post-Industrial Societies"
19) Maoz & Russett (1993)	"Normative and Structural Causes of Democratic Peace, 1946-1986"
20) Tufte (1975)	"Determinants of the Outcome of Midterm Congressional Elections"

図2.3 アメリカ政府債務残高（GDP比、1960-2011年）

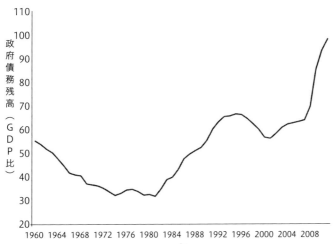

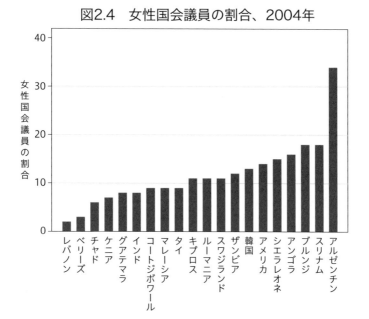

図2.4 女性国会議員の割合、2004年

第3章

因果関係の評価

概観　現代の政治学は、重要な概念と概念の間に「因果関係」があるかどうかを検証することにつきる。直観的に分かりにくいが、因果関係は、ほぼ全ての科学的な議論の基礎をなす論点として重要である。例えば、経済的成長が民主化を引き起こしているのか、民主化が経済的成長を引き起こしているのか、もしくは相互に影響しているのか、それとも相互に影響していないのか、というように「民主化」と「経済成長」の2つの現象の関係をどのように知るか？一般化した言葉で言えば、あるXがYを引き起こしているかどうかを検証したいとき、以下の4つの因果関係の条件をクリアせねばならない。(1)XとYを結びつける納得のいく因果のメカニズムがあるか？　(2)YがXを引き起こしているという可能性を排除できるか？　(3)XとYに共変動はあるか？　(4)XとYの関係を見せかけのものにする交絡変数Zを全てコントロールしたか？これら4条件のうち、多くの人、とりわけメディアは、3つ目のハードルであるXとYに共変動がある点を認めただけで因果関係を主張しようとする。つまり、何らかの関係を見つけるということは、「因果」関係を見つけることとは同義ではないのであり、この因果関係こそ政治学の関心の対象である。

I would rather discover one causal law than be King of Persia.

―― Democritus（quoted in Pearl, 2000）

3.1 因果と日常会話

　他の科学と同様、政治学も基本的には因果関係を検証する学問である。理論は、それが正しかろうと間違っていようと、たいていはある独立変数がある従属変数を引き起こすことを述べている。次に、この理論がどの程度支持されるかもしくは支持されないかを検証するために適切な経験的証拠を見つけようとする。しかし、どうやって因果関係の検討を行うのであろうか？第3章では、この因果関係の検証についての基本的な方針を学ぶ。とりわけ因果のロジックと2つの変数の因果関係がどのくらい信頼できるものであるかの基準について述べていきたい。続く第4章では、因果関係を主張するリサーチ・デザインの方法について学ぶ。以下では、因果関係を検討するために、第1章で学んだ「科学的知識への道」に従い、経験的証拠のみを考慮していくことに留意したい。

　多くの科学的理論の本質と我々が思っている世界の状態は異なると認識することは重要である。理論の多くは、「1つの原因」（独立変数）に対して「1つの結果」（従属変数）という関係を記述している。つまり理論は現実を非常にシンプルに表現するものであり、また理論とはそうでなければならない。第1章で学んだように、理論とは単純化されたもので、一口で消化できる一片の情報である。社会的・政治的現象についての理論の多くは2変数のみで表現するという点は強調しておきたい。

　しかしながら、現実の社会は2つの変数で表現できるわけではなく、**多変数**である。つまり、どんな従属変数でも複数の要因がからみあって引き起こされている（多変数とは、単純にそのまま「多くの変数」という意味であり、3つ以上の変数が関係しているということである）。したがって、理論がある1つの原因とある1つの結果についての関係を述べているとしても、常に注意せねばならないのは、この結果には他にも多くの原因を持つ可能性がある点である。そして理論的なアイデアを検証するというリサーチ・デザインの段階においては（第4章で詳述）、その他のあり得る原因を考慮する、もしくは「コントロールする」必要がある。その他の原因をコントロールしない場合、XがYを引き起こすという因果の推論は間違っている可能性が非常に

高い[1]。本章では、あるXがあるYを引き起こすかどうかを検討する手順を学ぶ。この手順を用いて、メディアや立候補者、政治学者や他の学生、友達その他いろいろな人々が主張する因果関係を評価することもできる。

因果関係は、ほぼ全ての人が日常会話において何気なく用いている言葉や概念である。ある出来事がそれに続く他の出来事をいかにして変えたかと話すときには必ず、因果の概念を用いている。「なぜなら」「ので」という言葉は因果関係のプロセスを暗示している[2]。しかし、こういった広く使われている表現「なぜなら」「影響する」「引き起こす」「影響」「因果」といった言葉の意味は明確ではない。科学哲学の分野では、長年にわたって「因果」という言葉の厳密な定義を議論してきた[3]。

本書はこの「因果」の定義について深く検討はしないが、ここで1点紹介しておきたい。多くの科学哲学の議論は物理学の世界に端を発している。物理学における因果は**決定的関係**を意味している。つまりある原因が起きたら、その結果は「確実性をもって」もたらされる、という関係である。対照的に、人間が絡む世界においては**確率的関係**で成り立っている。つまりXが増えたら、それにしたがってYが起きる「確率も高まる」、という説明になる。この確率性は確実ではない。ニュートンの重力の法則のように物理学の法則が決定的であるのに対し、政治学を含む社会科学の世界では確率的な因果関係に近づけようとする。それはダーウィンの進化論のように突然変異によって器官を生存と再生のために変化させていくようなものである[4]。

政治学における因果関係が確率的であるとはどういうことだろうか？例えば、個々人の富裕度が最適な税政策に関する意見を規定するという理論をたてるとする。このとき、全ての豊かな人がより低い税率を求めるとか、全て

---

1 本書の本文や図表において矢印を「因果の方向」として用いる。例えば、「X→Y」は「XがYをもたらす」と読む。この矢印にはクエスチョン・マークがつくことがあるが、概念間における因果関係の存在が不確かであることを示す。

2 これらの言葉の使用について言及したのはBrady (2002)である。

3 これらの議論について厳密な説明は、2003年に出版されたDavid Edmonds and John Eidinowの *Wittgenstein's Poker: The Story of a Ten Minute Argument Between Two Great Philosophers* を参照されたい。

4 しかし、因果関係の確率的性質を精査する科学哲学における3つの秀逸な研究結果を読むと、哲学者Wesley Salmon (1993, p.137)は以下のように記している。「因果関係における多くの哲学的文献においては、因果関係の確率的性質はほとんど無視されている。」確率的な社会科学と自然科学における進化論の比較はBrady (2004)が行っている。

の貧しい人がより高い税金を求める、というわけではない。もし、高い税率を好むお金持ちがたった一人でも、もしくはより低い税率を求める貧しい人がたった一人でもいるとしたら、理論はどうなるであろうか。たった一例で理論の確からしさが揺らぐことはない。この意味で、社会科学における因果関係は確率的であり、決定的ではないのである。「豊かな人はより低い税率を好み、より貧しい人はより高い税金を好む」と決定的に述べる代わりに、政治学においては確率的に「豊かな人はより低い税率を好む傾向にあり、より貧しい人はより高い税金を好む傾向にある」と表現する。

練習：決定的と確率的

2012年アメリカ大統領選挙の前、「第二次世界大戦後、失業率が8%以上の状態で再選されたアメリカ大統領はいない」と言われていた。（訳者注：実際にはオバマ大統領が再選された2012年では、1月から8月の失業率は8.3%から8.1%、9月と10月の失業率は7.8%である。）この記述における因果の主張を特定せよ。この因果の主張は決定的であるか、確率的であるか？これは問題であるか？

　もう一例考えてみよう。国際紛争の研究分野では、国家の支配体制とその国が戦争をする傾向の間に統計的な関係があると言われている。より正確に表現すると、民主的平和（democratic peace）研究の分野においては、2つの国家の組み合わせを考えたとき、双方とも民主的国家である組み合わせでは、2国のうち少なくとも1国が非民主国家である組み合わせより、戦争が起こる傾向が低いと言われている。注意しておきたいことは、民主国家は全く戦争に参加しないと言っているのではなく、民主国家は民主国家と争わないと言っている点である。この相関を説明するために様々なメカニズムの説明がされてきたが、ここで重要なのは、たとえ来年2つの民主国家が互いを敵として戦争を始めたとしても、この理論を捨てるのは間違いである、ということである。決定論的に言うならば「民主主義国家は互いに戦争をしない」という表現になるが、確率理論においては「民主主義国家は互いに戦争する傾向が著しく低い」と表現するのである。
　政治学の理論においては必ず例外がある。なぜなら人間は必ず法則に従っ

て行動する決定的なロボットではないからである。分析対象が自由意思を持たない科学においては、行動を規定する法則が存在するだろう。例えば惑星軌道の研究においては、惑星の動きを何百年も先まで正確に予測できる。対照的に政治の世界では予測することは非常に難しい。そのため、政治学研究においては因果関係の議論を決定論としてではなく確率的に扱うのである。

実際、因果関係の研究アプローチは今日でも更新され続けている。例えば、統計学者Donald Rubin（1974）は「原因の効果」と呼ばれるものを評価する厳密な枠組みを発展させた。そこでは、因果の効果は、異なるあり得る結果（ありうるYのばらつき）を比較することによって測定されるが、対象に割り当てられた条件に影響を受けるという理解をベースにしている。つまり、理論的には、もしXを原因としてYが起きることを知りたければ、同じケースにおいてX（Rubinの言うtreatment）の値全てを少しずつ変えていった場合の結果（Y）を観察することになる[5]。しかしながら、因果推論の大きな問題は、社会科学では同じケースについて異なる複数の結果を観察するということが難しいことにある。そこで、グループに割り当てられた値がXとYの関係についての結論に影響しないようにグループ間を比較する方法が必要となる。詳細は第4章で扱う。

要約すると、何かが他の何かを引き起こすという命題は、決して解決済の決定論ではないのである。とするならば、社会科学においては因果関係の探求をあきらめるべきなのだろうか？答えはNoである。言いたいことは、社会科学では、何らかの確固とした方法にしたがって研究するのではなく、慎重にかつ他の可能性を常に考えながら研究を進める必要があるということである。

3.2　因果関係を確立するための4つのハードル

ある独立変数Xがある従属変数Yを引き起こしているかどうかを調べ、2変数の間に因果関係が存在するという確からしさを述べたいとき、どのような手続きを踏むべきか？XとYの間に何らかの共変動（もしくは相関関係）を認めることは、十分条件ではない。

変数間に因果関係を確立することは、テレビの犯罪ドラマでDNAの証拠

5　Rubinは独立変数をtreatmentと呼ぶ。

を追い求めることとは全く違う。現実社会ではそのようなシンプルで決定的な回答を提供してくれない。因果関係の性質そのものを議論するという観点から、政治学における「よい訓練」とは何かというガイドラインを考えよう。XとYの因果関係におけるいずれの理論も、以下の4つの質問に答えるべきである。

1. XとYをつなげる信頼できる因果のメカニズムは存在するか？
2. YがXをもたらす可能性については排除できているか？
3. XとYの間には共変動があるか？
4. XとYの関係を**擬似**とするかもしれないすべての**交絡変数Z**を排除したか？[6]

以下に詳細を述べる。

第一のハードル、そもそもXがYをもたらすという主張にリアリティがあるかどうかを考えねばならない。この条件は、言い換えれば、因果関係について「どうやって起きるか」そして「なぜ起きるか」という質問への答えと同じことになる。そこで、どのようにしてXがYをもたらすか、もしくは、Xの値を変えることでYの値はどのように変わるだろうか、というメカニズムを評価するという思考訓練が必要になる。論理的に、XがYの原因かもしれないことを示唆するプロセスもしくはメカニズムとはどういうものだろうか？もっと具体的に言うと、より多くの（もしくは少ない）Yを確実にもたらすより多くの（もしくは少ない）Xとは何だろうか？このメカニズムの説明が突拍子もないものであったら、その理論がこの最初のハードルを越えることはかなり難しい。第一のハードルをクリアできないことは致命傷を意味する。なぜなら、その理論は全て放棄する必要があるか、もしくはそのメカニズムについて慎重に再考したのちに理論を再検討する必要があるからである。

それでは「信頼できる因果のメカニズム」とは何か？2つの例を挙げる。第1章の経済投票理論は、経済業績の変化が与党得票率に結び付くというものであった。ここで問うべき質問は、「実際、どのようにして経済状態の変化が与党得票率を変化させるのだろうか？」である。もし有権者が経済成長

6　「交絡変数」は独立変数と従属変数の両方に相関をもつ変数で、これによって独立変数と従属変数の関係性を変えてしまう変数である。「擬似」は「本来の姿ではない」もしくは「虚偽」と同義である。

率・インフレ率・失業率などから経済状態を判断し、もし有権者が経済政策の責任は部分的にでも与党にあるとみなしていたら、有権者は経済状態の善し悪しによって与党を評価する投票をするだろう。もし経済状態が良ければ、経済政策を評価して与党に投票する有権者は多いであろうし、もし経済状態が悪ければ、経済政策の責任を与党に認めて野党に投票する有権者は多いだろう。このような説明は、「信頼できる因果のメカニズム」の説明であり、1つ目のハードルはクリアされる。しかし、「信頼できる」は100%を意味しない。XがYを引き起こすかもしれないメカニズムは、納得がいく、正しいかもしれない、ということを意味しているに過ぎない。

　もう1つの例を考えてみる。アイスクリーム消費量は1年間で変化する。たいていは、暑い夏の時期にアイスクリームをより消費するし、寒い冬の時期にはアイスクリームをあまり消費しない。大都市における殺人事件も似たようなパターンをとる。殺人事件は夏に増え、冬に減る。ここで月別のアイスクリーム消費（X）が月別の殺人事件（Y）を「引き起こす」という可能性について考えてみる。因果関係の4つのハードルの最初は、アイスクリーム消費量の変化が殺人事件率の変化につながる信頼できる因果メカニズムがあるかを問うことである。この場合、完全にあり得ないわけではないものの、つながりを説明することが非常に難しい。あえて説明をつけるとするならば、人はアイスクリームを食べるほど、糖分（異性化糖）過剰摂取から怒りっぽくなり、殺人事件に発展する可能性があると言えるかもしれない。これは笑える説明かもしれない。真面目な顔で説明するような内容だろうか。したがって、ここでの「理論」は最初のハードルをクリアしていない。第一のハードルをクリアしてから第二の条件に進むべきである。つまり、もしXの変化がYの変化をもたらすというプロセスについて信頼できる、納得がいく説明ができないのであれば、ここでストップする。理論を再考すべきである。

　第二のハードルははるかに難しい。YがXをもたらしているという可能性を排除できているかどうかを問う必要がある。第4章で因果関係の評価について様々な戦略を学ぶが、この第二のハードルは社会科学の分野によっては厄介な問題である。時として、因果の方向が双方向性を持つ場合がある。双方向ではない例としては、人間の性（X）が個人の中絶政策に対する態度（Y）を決定するかどうかを考えるとき、このXとYの関係が逆になるということはあり得ない。なぜなら、個人の中絶政策に対する態度（Y）は人間の性別（X）

を決定しないからである。しかし、もし理論がこの第二のハードルをクリアできないとしても、まだここであきらめるわけではない。この場合、因果関係が逆かもしれないという可能性に留意しつつ第三のハードルに進むべきである。

　最初の2つのハードルについては、2つの変数、XとYにしか注目してこなかった。第三のハードルは3つ目の変数Zが関係してくることがあり、第四のハードルは常に3つ目の変数Zについて考える。そしてZ変数は1つではなく複数の場合もある。

　第三のハードルは、XとYに共変動があるかどうかである。共変動とは、相関もしくは関係があるとも言い換えることができる。一般に、XがYを引き起こすためには、XとYには何らかの測定可能な動きが必要であり、例えば「Xが大きいほどYが大きい」もしくは「Xが大きいほどYが小さい」という動きが観察される必要がある。2変数のシンプルな関係を示すことは簡単なことであるが、詳細は第8章と第9章で扱う。2変数の関係について「相関は必ずしも因果関係を意味しない」と聞いたことがあるかもしれない。至極正しいことであるが、通常、相関関係は因果関係を構成する必要不可欠なものであることを忘れてはならない。

　「通常」、相関関係は因果関係を構成する必要不可欠なものである、と書いた。つまり、例外がある。XとYには一見して共変動が認められないのに、XとYには因果関係が存在しうる場合がある。したがって、もしこの第三のハードルがクリアできなくても、ここで因果関係の主張を完全に放棄する必要はない。その場合、2変数の間に交絡変数Zが存在する可能性を考慮すべきであり、その交絡変数を「コントロールする」必要があるかもしれない。そこで最後の第四のハードルに移る。

　第四のハードルは、XとYの間に因果関係を確立するにあたって、現実世界に戻ることと関連する。実際の世界では、従属変数が2つ以上の独立変数によって引き起こされていることの方がはるかに多い。この現実に対して、社会科学では以下のように対処する。あるXがあるYを引き起こすという関係を確立するには、X以外のYの原因となるもの(つまり変数Z)の効果を「コントロールする」必要がある。もしZの効果をコントロールしなかったら、XとYの関係について見誤る可能性が大きく、XがYの原因であることに関して間違った推論をしてしまう。これは社会科学におけるもっとも深刻

な誤りである。もしＸとＹの間に相関があり、そしてＸとＹの双方へのＺの効果をコントロールした結果、ＸとＹの相関が消えたとしたら、ＸとＹの関係は擬似的なものであるとされる。アイスクリーム消費量（Ｘ）と殺人事件率（Ｙ）の関係で言えば、明らかなＺ変数の例は「月平均気温」である。外気温が高いとき、アイスクリーム消費量は上昇する。外気温が高いとき、殺人事件率も増加する。ＺとＸの関係とＺとＹの関係は、ＸとＹの関係について間違った結論を導くのである。

　他の変数の効果を「コントロールする」とは具体的に何をするのだろうか。第一に、コントロールはリサーチ・デザインの段階に組み込むことができ、これについては第４章で扱う。第二に、潜在的な交絡変数を統計的手段でコントロールすることもでき、これについては第10章で扱う。

3.2.1　因果関係の４つのハードルをまとめる

　以上のようにＸがＹを引き起こすという理論的主張を評価するプロセスは複雑である。４つのハードルのどれも明確にクリアすることは難しい。しかしＸとＹの因果関係の主張を評価するという試みは、４つのハードルの検討をまとめ上げて因果関係の全体的な確からしさを決定することに他ならない。本章において、これら４つの条件を「ハードル」と表現してきたのは、ハードルのある障害走で走者はゴールへ向かうときに１つ１つのハードルをクリアする努力をしなければならないことと同じだからである。時として、経験豊富な走者でもハードルに当たってしまうことがある。ハードルに当たるとペースが落ちて１位になるチャンスが消えてしまうが、レースで完全に敗北するわけではない。同じように、理論を進めるにあたって、先述した４つのハードルの全てにyesと留保することなく答え続けたとしたら、理論の確からしさは最大のものとなる。第一のハードルをクリアできない場合は、作業を停止して理論を再考する必要があり、第四のハードルで関係が擬似のものだったときでも再考の必要がある。第二と第三のハードルに関しては、クリアできなかったとしても、必ずしも因果関係の主張を放棄する必要はない。図3.1はこのプロセスをまとめたものである。次のセクションでは、図3.1に示したプロセスに沿っていくつかの事例における因果関係の主張を評価していく。

　図3.1を用いて４つの質問に答えていくにあたり、因果関係のハードルに

図3.1 因果関係を評価する経路

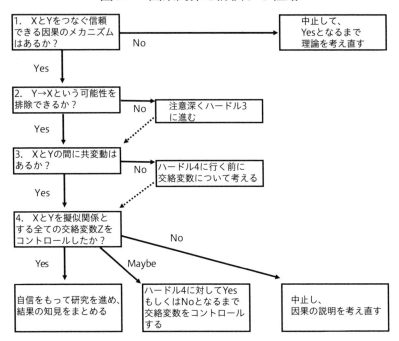

関する得点表を手元におくとよい。便宜上、yesを「y」、noを「n」、maybeを「?」と表記する。もし理論が4つの全てのハードルをクリアしたら、得点表は「yyyy」になり、XとYの関係の背後にある因果関係の主張は強く支持されることになる。これら4つのハードルは因果関係の主張に対して同じ作用を持つわけではないことに注意したい。例えば、「nyyy」の場合は即座に放棄もしくは再考されるべきであるし、「ynyy」の場合は理論から仮説検証を進めるには十分なレベルである。

3.2.2 因果を特定するという思考技術

これらのロジックは必ずしも政治学研究の例にとどまるものではない。世の中に流れるニュースの中にストーリーを見たり、選挙における候補者の演説を聞いたり、政治学の授業で研究論文を読んだりするときは、そのストーリーや演説や論文には何らかの因果の主張がなされている。これらの因果の

主張は明確に太字などで強調されていることもあるが、多くの場合は潜在的になされている因果の主張を特定することが難しい。ここで強調したいのは、そういった日常における因果の主張を特定することは思考技術になるということである。簡単なことではないが、練習で獲得できる技術である。

日々の生活において、人は自分の主張に同意してもらうためにしばしば因果関係を提示する。見解の主張や説得の試みはもちろん活力ある民主主義の健全な特徴である。同時にもし市民が提示された主張に対して慎重に検討するならば、公開討論の健全さは著しく高められる。例えば、複数の学区において実施される私立学校選択プログラムのメリットについてメディアで討論が行われているとする。プログラムに賛同する場合、選択プログラムによって標準テストにおける学生の学力は高まると主張されるだろう。メディアによる成功例と失敗例についての報道はよくある。例えば、ワシントンポストのJay Mathewsはこの主張を以下のように展開している。

> 新しい調査によれば、ワシントンDC、ニューヨーク市、オハイオ州デイトンの3都市におけるアフリカ系アメリカ人の生徒は、補助金によって私立学校に転入すると公立学校の同級生よりも学力が向上する。調査が示すところでは、これら3都市で私立学校に転校した生徒は公立学校に在籍する元同級生よりも6％高いスコアである。この効果はワシントンDCで最も大きく、9％である[7]。

ここにおける因果の主張は、学校選択プログラムへの参加の是非(X)が生徒の学力(Y)の変化を引き起こす、である。このような記事にはその主張を支持する図表がついていることもある。例えば、私立学校選択生徒と公立学校生徒の試験成績の平均を示す棒グラフの差が提示され、その差によって、学校選択プログラムが私立学校選択生徒の高い学力をもたらしたことを意味すると考えるように仕向けられる。このような情報に接したとき、証拠の美味しい部分に飛びつき、因果関係が存在するという主張に誘惑されるかもしれない。ここで学ぶべきことは、この結論は未熟であるということである。

---

7 Mathews, Jay. 「補助金を得たワシントンDC生徒の成績改善」ワシントンポスト、2000年8月28日、A1頁。

整理しよう。学校選択プログラムは実際に生徒の標準テストでの成績を改善しているかもしれない。ここでの目的は、その討論に深入りすることではなく、思考技術を用いてここでなされている因果の主張について吟味することである。学校選択プログラムに参加した生徒が標準テストにおいて公立学校生徒より高い成績をおさめたことは因果のパズルを構成する1つのポイントである。つまり、4つのハードルのうちの3つ目、XとYに共変動があるというハードルをクリアしている。この時点で因果関係を評価する得点表は「??y?」である。そして、学校選択が生徒の成績向上をもたらすか否か結論づける前に、この主張に関して、第三のハードルのみならず、残る3つのハードルについても吟味しなければならない。

改めて、この事例に4つのハードルを適用してみよう。第一に、公立学校かもしくは補助金のある私立学校かという特定の種類の学校に参加することが生徒の成績に影響するメカニズムとはどのように、そしてなぜ起こりうるか？補助金制度に参加する多くの私立学校は少人数制度をとっており、少人数クラス編成はより学習機会を高め、よりよい成績に結び付くと解釈できる。そこで、第一の質問に対する回答はyesであり、得点表は「y?y?」となる。

第二に、因果関係の方向が逆になるという可能性、ここでは試験の成績が生徒を学校選択プログラムに参加させるもしくは参加させないという可能性を排除できるだろうか？試験成績は生徒が学校を選択した数ヶ月もしくは数年後であることから、因果関係の方向が逆になることはあり得ない。第二の質問に対する答えはyesであり、得点表は「yyy?」となる。

第三に、学校選択プログラムへの参加是非と試験成績には相関関係があるか？引用した記事によれば、3都市における例であるが、補助金つき私立学校の生徒は公立学校の生徒よりも標準テストで高い成績を修めている。第三の質問に対する答えはyesであり、得点表は「yyy?」になる。

最後に、学校選択プログラムへの参加と試験成績の関係が見せかけのものであるような全ての交絡変数をコントロールしたか？可能性のある交絡変数とは、独立変数に関係すると同時に従属変数の原因にも関係する変数である。とすると、生徒が在籍する学校のタイプ（X）と生徒の試験成績（Y）の原因の両方に関係のあるような何かは存在するだろうか？「親の関与」はどうだろうか？Z変数の候補となるだろうか？生徒によっては、子どもに読み聞

かせる親、宿題を手伝う親、教育において積極的な役割をはたす親を持つこともあるし、全く干渉してこない親を持つ生徒もいるだろう。教育に熱心な親はそうでない親よりも、学校選択プログラムの存在についてよく調べ、そのようなプログラムに積極的に応募している傾向があるだろう。（したがってZはXに関係している。）そして教育に熱心な親は子どもに大きな期待をし、子どもに学業達成の重要さという感覚を植え付ける傾向があり、これらの傾向は標準テストにおける子どもの成績に結び付くであろう。（したがってZはYの原因に関係している。）ここで、肝心の質問、ワシントンポストの記事中にある報告された調査ではこれらの効果をコントロールされているか？可能性のある交絡変数の効果をどのようにコントロールするかという戦略については第4章で述べるが、この事例からは、親の干渉（Z）の効果をコントロールすることがこのような状況（そして一般的にも）においては非常に重要であることが分かるだろう。もし学校選択をした生徒と公立学校の生徒のグループ構成が、教育熱心な親を持つ生徒とそうでない生徒のグループ構成と基本的に同じであれば、2つのグループの試験の成績がプログラム選択によって起こっていると結論づけることは非常に問題となる。つまり、2つのグループの成績の差はプログラム選択によるものなのか、親の干渉によるものなのか、現時点ではわからない。親の干渉（Z）をコントロールしないならば、学校のタイプ（X）と試験成績（Y）の関係は擬似であるかもしれない。したがって、この重要なZがコントロールされない限りは、この因果の主張の得点表は「yyyn」となり、この調査報告に対しては非常に懐疑的とならざるを得ない。調査事例に即して言えば、親の影響をコントロールすることなく試験成績をグループ間で比較することは、そもそものグループに差があると考えられることから、アンフェアである。実際には、ここで引用したワシントンポストの記事はちゃんと親の影響をコントロールしており、プログラム参加の生徒グループはランダムに選ばれている。この点に関しては第4章で詳細に述べる。

　このような思考訓練のプロセスは、日々の生活で見聞きする様々な因果の主張にあてはめることができる。赤ワインは心臓病を軽減するか？心理療法は感情問題や人間関係を解決するか？政府予算の増加は経済成長を増進もしくは悪化させるか？これらにとどまらず多くの例において、2つの変数の間に相関を観察したら、その関係は因果関係であると結論づけがちである。し

かし、このような誘惑を絶ち、因果の主張を、ここまで提唱してきたより厳しい基準に照らし合わせるという作業が重要である。学校選択のようなケースでは、因果の主張の得点表は「??y?」から始まる。しかし「??y?」という状態は、因果を主張するには十分ではない。4つのハードルのどれかをクリアできないならば、より突き詰めて考えること、そうすることによって日常生活においてあふれる情報のよりよい消費者となるだろう。

練習：チョコレートを食べることは心臓によいか？

以下の記事にのみ基づいて、チョコレートの摂取（X）は心臓病のリスク（Y）を下げるという主張について4つのハードルの得点表を完成させよ。

"In One Study, a Heart Benefit for Chocolate." By Nicholas Bakalar. Published on September 14, 2009. *New York Times*.

https://archive.nytimes.com/www.nytimes.com/2009/09/15/health/15choc.html

---

　政治研究への科学的アプローチという点に戻ると、因果関係における学術的な主張にも同じ懐疑的なロジックを用いる。因果理論を評価する前に、提示された証拠がいかに変数XYZに関する4つの質問に答えているかを考える必要がある。これら4つの質問のそれぞれに答えたのち、XがYをもたらすという主張について全体的な確からしさを考慮することになる。

3.2.3　他の原因をコントロールし損ねた場合

　どんな因果の主張においても、第四のハードルで転ぶことが多い。ニュースメディアにおける政治の記事やストーリーでもこの第四のハードルがクリアできていないことが多い。このことは科学研究においても言える。実際、研究者たちの論争の実質的な部分は、ほとんどこの第四の因果ハードルに関するものである。研究者が互いに研究を審査し合うとき、おそらくもっともよく見る異論は、「この研究では従属変数を引きおこす可能性のある重要な要因をコントロールしていない」である。

　それでは従属変数の他の原因をコントロールし損ねた場合、何が起きるのか？それはシンプルに、因果関係の第四のハードルを越えられなかったということである。コントロールされていないZ変数がXとYの両方に関係する

かもしれない限り、XがYをもたらすという主張について確からしさをもって結論づけることはできない。科学の主目的が変数間に因果関係が存在するか否かを決定することにある以上、Yの他の原因をコントロールし損ねることは深刻な問題となりうる。

本書のテーマの1つは、統計分析はきちんとリサーチ・デザインを行うことによって意味をなすというものである。したがって、従属変数の原因について考え得る多くの変数をコントロールする必要がある。第10章から第12章において、政治学で最もよく用いる統計技術である重回帰分析を取り扱うが、これら3つの章はいかにして従属変数の他の原因をコントロールするかを論じていることと同じである。従属変数の原因をコントロールし損ねるというリサーチ・デザインの段階で失敗すると、統計分析を行ったとしても、その結果は意味をなさないし、いかなる含意も引き出せない。リサーチ・デザインの失敗は統計分析においても問題を生み、結果を保留することになる。さしあたって重要なのは、よいリサーチ・デザインは統計分析をより信頼性の高いものとすること、逆に拙いリサーチ・デザインはどんな統計分析でも因果関係についての判断を難しくするということである。

練習：社会科学における研究のメディア報告を聞く

Hidden Brain は、人間の心理や行動を無意識に形成するものについて探索するメディアである。興味のあるポッドキャストを選び、いかに2つの関係が因果的か擬似的かについてホストが語るのを聞いてみよう。

https://hiddenbrain.org/

3.3　なぜ因果関係が重要であるのか？―3つの事例

ここまでで、いかに因果関係が重要であるかが明らかになったことと思う。本セクションでは政治学におけるいくつかの論争の事例を用いて、因果関係に関する議論が政治論争の中心となっていることを示す。

3.3.1　生活満足度と民主的安定

政治学における現在も続く論争の1つに、大衆の生活満足度と民主制度の安定の関係がある。生活満足度はもちろん様々な意味を含むが、この議論においては大衆には日常生活における高い不満から高い満足という連続する尺度があるとしよう。もしあるとするなら、この2つの概念の間にはどのような因果の関係があるだろうか？

政治学者Ronald Inglehart（1998）は生活満足度（X）が民主システムの安定（Y）をもたらすと論じた。ここで因果関係の4つのハードルの1つ目の質問を考えると、XとYを関係づける確からしい因果のメカニズムが存在するとわかるだろう。なぜなら、もし民主国家の人々がより生活に満足していたら、その政府を転覆させようなどとは考えづらいからである。したがって、最初の質問に対してはyesであり、「y???」となる。2つ目の質問に移ろう。民主的安定（Y）が生活満足度（X）の原因となる可能性は排除できるだろうか？これに関しては排除することが難しい。安定した民主国家に住む人々は、政情不安のある国や非民主的国家に住む人々よりも、より生活に満足する傾向があるという因果のメカニズムを考えつくことは容易である。したがって第二の質問に対する答えはnoであり、「yn??」となる。第三の質問に移ろう。様々な先進民主主義国のデータを用い、Inglehartたちは実際に大衆の平均的生活満足度と民主政府の持続には関係があることを発見している。つまり、平均して高い生活満足度を示す国はより長期的に民主的に安定している。逆に、生活満足度が低めの国は民主的安定の期間が短めであり、革命や混乱が起きやすい。したがって第三の質問に対する答えはyesであり、「yny?」ということになる。第四の質問に関しては、民主的安定を導く他の要因（Z）を数多く思いつく。Inglehartがこれらの他の要因を適切にコントロールしたかどうかは学術的な議論の対象である。第四の質問に対する答えは、ここではmaybeとし、「yny?」としておこう。Inglehartの理論は第一と第三のハードルを十分にクリアできているが、第二と第四のハードルに関しては彼の因果の主張に疑義を挟む理由となる。

第3章　因果関係の評価　89

> **練習：民主的安定の他の原因**
>
> Inglehart の主張する民主的安定について、X、Y、Z変数を用いて図を描こう。X（その国における生活満足度）に影響し、またY（民主政治の持続性）の原因にも影響を与える交絡変数Zを思いつくだろうか。

3.3.2　人種と政治参加

　政治参加とは個々の市民が自発的に投票や選挙運動や政治献金といった政治活動に参加することを意味する。この政治参加は、特にアメリカでは大衆の政治行動の一面として最もよく研究されている。民主的社会における政治参加は、民主主義の健全さを測るものとみなされるからである。アメリカ人の政治参加率の増減に関する何十年にもわたる研究は、いくつかの社会的属性が一貫して政治参加に関連することを示している。例えば人種分類がその一例である。長年にわたる調査が一貫して示すところによれば、白人種はヒスパニック系やアフリカ系アメリカ人よりもはるかに頻繁に政治に参加する傾向がある。例えば、選挙期間中、白人種は投票、選挙運動への参加、献金、抗議集会やデモへの参加、といった政治活動に2.22回参加するのに対し、アフリカ系アメリカ人の場合は1.90回、ヒスパニック系の場合は1.41回である（Verba et al. 1993の図1を参照）。

　個々人の人種（X）と個々人の政治参加の量（Y）の関係は因果的なものなのであろうか？ここでも4つのハードルと照らし合わせてみよう。第一、人種と政治参加がなぜどうやって結びつくのかというメカニズムの説明は納得のいくものであるか？おそらくyesであろう。アメリカの歴史の大部分において、非白人種の参加を禁止したり阻止したりするバリアは公式にも非公式にも存在した。たとえ数十年前にそれらのバリアが排除されたとしても、そのバリアの存在の余波が残っていることは十分に納得がいく。したがって第一の質問に対する答えはyesであり、「y??」となる。第二、様々な参加率は個人の人種分類を決定するという可能性を排除できるだろうか？参加によって人種が決まることはないので、これは明らかにyesである。したがって第二の質問に対する回答はyesであり、「yy??」となる。第三、アメリカにおいて個々人の人種と彼らの政治参加量には相関があるか？先述した白人種、アフリカ系アメリカ人、ヒスパニック系の政治参加の回数の違いを示すデータは

明らかに相関があることを意味する。白人種の参加回数が最も多い。したがって、第三の質問に対する回答はyesであり、「yyy?」となる。最後に、人種(X)と参加(Y)の両方に関係し、XとYの関係を擬似のものとするような交絡変数Zは全てコントロールしたであろうか? Verbaたちは、そのような交絡変数の可能性として社会経済的地位を挙げている。今日では薄れてきたものの、過去においては社会経済的地位(Z)と人種(X)は相関関係にあった。そして、もちろん社会経済的地位(Z)はまた政治参加(Y)の原因でもある。なぜなら富める人々はそうでない人々よりも、より政治献金し、自発的に参加するからである。そこで社会経済的地位をコントロールすると、人種と政治参加の関係は消えてしまう(Verba et al.の表8を参照)。つまり、我々が観察した人種と政治参加の関係は擬似もしくは幻であったことになる。政治参加の量の違いを決定づけているのは、人種ではなく、白人種と非白人種の社会経済的地位の不均衡にあることになる。繰り返すと、社会経済的地位による差異をコントロールすると、人種と政治参加の関係は消える。したがって、第四の質問に対する回答はnoである。さらに、第四の質問に対するnoという回答は、第三の質問の回答も変えてしまう。すなわち、「yyy?」は「yynn」となるのである。この事例は、独立変数Xと従属変数Yという2変数の関係の分析から、第二の独立変数であるZをコントロールした上でのXとYの関係という多変数の関係の分析に移ると、因果関係の主張という結論が変化しうることを示す重要な事例である。これに限らず、Z変数をコントロールすることによって、様々な変化がおこりうる。例えば、「yynn」から「yyyy」に代わることもあるのである。

練習：政治参加の他の原因

Verbaたち(1993)の政治参加研究からX、Y、Z変数を用いて図を描こう。X(人種分類)に相関があり、Y(政治参加)の原因にも相関がある交絡変数Zを他に思いつくだろうか。

3.3.3 Head Start は効果的かどうか

1960年代、貧困絶滅政策の一部として、ジョンソン大統領は Head Start という政策を実施した。経済的不利にある子どもに幼稚園経験を与えることで、貧困にある子どもが幼稚園卒業以後に成功するチャンスを増やす狙いをもった政策である。この政策は明確に狙いを定めていたが、もちろん狙いが実際に効果的であったかどうかは別問題である。質問を言い換えれば、Head Start 政策は機能したか、になる。より具体的に言えば、Head Start 政策によって、プログラム参加者は不参加者よりもよい教育的結果を得るチャンスが向上したか？

この効果を検証するためには、Head Start プログラムに参加した子どもとそうでない子どもの標準テストを比較すればよいだろうと思うかもしれない。もし Head Start 参加者の得点が高ければ、政策は意味があったとなり、この事案は終了である。もし Head Start 参加者の得点が高くなかったら、政策は失敗だったと結論づけて終わることになる。ここではしかし、4つの因果のハードルにこだわろう。第一、なぜ、そして、どのようにして Head Start 参加（X）が教育的結果（Y）に関係があるのか。その因果関係のメカニズムは納得がいくものかどうか？答えは yes であろう。この政策の背景にあるロジックは、実際の学校環境に近い幼稚園に身を置くことで、子どもたちは幼稚園以後に経験するだろう事柄に対処する準備ができるというものである。この意味で、Head Start は生徒たちに読み書きの準備をさせ、ある程度の教育問題を軽減するかもしれない。したがって、第一の質問に対する答えは yes であり、「y???」ということになる。第二、因果関係が逆になる可能性は排除できるだろうか？つまり教育結果（Y）が Head Start への参加（X）をもたらす可能性を排除できるか？もちろん政策への参加の数年後にテストを実施することから、この質問に対する回答は yes であり、「yy??」ということになる。第三、Head Start プログラムへの参加と教育結果に相関はあるか？度重なる研究によれば、Head Start への参加者は不参加者よりも、テストにおいてよりよい成績をおさめ、留年する生徒はより少ないことが報告されている。例えば、よく引用されている研究によれば、Head Start に参加した子どもたちは幼稚園経験のない子どもたちよりも語彙力テストでよりよい成績をおさめていることが報告されている（Currie and Thomas 1995）。したがって、第三の質問に対する答えは yes であり、「yyy?」ということになる。第四の問

題、先述した助成金のある私立学校への参加の事例でも見られたように、この Head Start の事例においても、親の干渉という潜在的な交絡変数（Z）が存在するだろう。教育熱心な親（Z）は、より教育的情報を集め、子どもたちに利益があるだろう Head Start のようなプログラムに参加させる（X）だろう。逆に、あまり教育熱心ではない親は、Head Start がもたらす可能性に価値を見出さないかもしれない。そして、教育熱心な親（Z）は子どもたちの教育的結果（Y）にも積極的な効果をもたらす傾向がある。ここで肝心なのは、親の干渉（Z）は Head Start とその後の教育的結果を擬似的なものにしているかどうか、である。先述した Currie and Thomas の研究は、そのリサーチ・デザインの段階で親による影響を統計的にコントロールしており、Head Start の教育的効果は白人種の子どもにのみ存在し、アフリカ系アメリカ人の子どもたちにはあてはまらないことを報告している（彼らの表 4 を参照）。「統計的にコントロール」するというフレーズは、まだ自明なことではないかもしれないが、本書の後半で詳述する。さしあたっては、これら研究者たちが統計的技術を用いて Head Start が実際に一部の子どもたちには効果があったことを実証したと言うには十分である。したがって第四の質問に対する回答は yes に値し、「yyyy」ということになる。

3.4 まとめ

　以上のように因果の主張を評価する際に必要な思考技術は、ひたすら練習によって獲得するしかない。よく切れるナイフのように、使えば使うほどに磨かれる知的習慣である。

　このような思考技術を実際に活用して、因果関係の主張をするリサーチ・デザインに落としていくプロセスは第 4 章で扱う。第 4 章で学ぶ「リサーチ・デザイン」は全て因果関係の主張の評価の問題と強く関係する。本章で学んだことに留意し、社会にあふれる情報のよい消費者となり、よい研究のスタートが切れることを願う。

キーワード

- **因果のハードル得点表** 独立変数が従属変数をもたらすかどうかについて要約した証拠の表。
- **確率的関係** Xにおける増加はYが起こる蓋然性を増加させるが、その蓋然性は確かではないこと。
- **擬似** 見られたような関係ではないこと、誤り。
- **決定的関係** ある原因が起きたら、その効果が決定的に起こる関係。
- **交絡変数** 独立変数と従属変数の両方に関係し、この２者の関係を変えてしまう変数。
- **多変数** ３変数以上を含むこと。
- **二変数** ２つの変数だけを含むこと。

エクササイズ

1. 歴史の授業を思い出して、大恐慌やフランス革命、第一次世界大戦といった歴史的事件の「原因」とされるものについて考えてみよう。因果関係を確立させるための４つの条件に照らし合わせたとき、その因果関係の主張はどれくらい妥当であるか?

2. 地元紙のウェブサイト(地元紙がウェブサイトを持っていなかったら、よく見るウェブ上のニュースメディア)に行き、検索ボックスにおいて「研究、因果」とタイプしてみよう。検索結果から因果関係を主張している２つの記事を選び、プリントアウトし、その記事でなされている因果の主張を短く説明すること。

3. 以下の例において、ある研究者がXとYの間に一定の共変動があると発見したとしよう。そのXとYの関係が擬似的なものであるとする変数Zを考えつくか?
   (a) 家の火災現場に行く消防士(X)が多いほど、家財損傷の程度(Y)が大きい。
   (b) 現職議員が選挙にかけた費用(X)が多いほど、彼らの得票率(Y)は低い。
   (c) 女性の場合、コーヒーを消費する(X)ほど、うつ病のリスク(Y)は軽減する。
   (d) キューバのハバナにおいて、長老派教会の牧師たちの給料(X)が高いほど、ラムの価格(Y)は高い。

4. 以下の独立変数と従属変数のペアの起こりうる関係について、確率的関係と決定的関係について述べよ。
   (a) 個人の教育程度(X)と投票参加(Y)
   (b) 国家経済の健全さ(X)と政治革命(Y)
   (c) 候補者の身長(X)と選挙結果(Y)

5. データ、BES 2005 Subsetのコードブックを見て以下の項目について自分なりの答えを書け(データは原著のウェブサイトにある:www.cambridge.org/fpsr)。

(a)このデータから独立変数(X)と従属変数(Y)の関係について因果理論を発展させよ。それは、XとYを結び付けるもっともらしい因果メカニズムか？説明せよ。

(b)YがXをもたらす可能性はあるか？説明せよ。

(c)その理論を検証する際にコントロールしたい他の変数(Z)は何か？

6. 下記のような因果関係を表す得点表があるとする。これらの因果の主張のうち、どれが最も支持されるか？説明せよ。

(a)「ynyy」

(b)「yyyn」

(c)「?yyy」

7. 研究者Aと研究者Bが科学的な議論をしているとする。彼らの議論が以下の点に焦点を当てているとしたら、彼らは何について議論しているか？

(a)因果のハードル1

(b)因果のハードル2

(c)因果のハードル3

(d)因果のハードル4

8. 政治学の論文を1本とりあげ、以下の質問に答えよ(答えとともに引用情報を明記すること)。

(a)論文で展開されている独立変数と従属変数を結び付ける因果理論を短く説明せよ。

(b)その理論に対して、因果のハードルの得点表をつくり、得点表におけるそれぞれの回答について説明せよ。

9. 政治学における以下のありうる因果関係について考えよ。因果の4つのハードルに従って説明し、4つ目のハードルをクリアするためにコントロールが必要と思われる交絡変数(Z)をリストアップすること。

(a)ある国における、社会福祉プログラム予算の割合(X)と経済的不平等(Y)の関係

(b)問題のある国に対する国際社会の制裁の存在(X)とその国の国際社会の要求に対する遵守(Y)

第 4 章

リサーチ・デザイン

概観　因果関係を調べるにあたって、政治学ではどのようなリサーチ戦略をとるべきだろうか？一般的に、コントロールされた実験は科学的研究の基本であり、政治学でも実験政治学という分野がある。しかし、政治という研究対象の性質上、政治学では実験の代わりに、実験を模した2つのタイプの「観察」的リサーチ・デザインを用いることが多い。1つはクロスセクションな観察的研究であり、個人や国といった個々の観察対象における差異に焦点をあてる。もう1つは時系列の観察的研究であり、時間によって変化する大統領支持率といった集合量に焦点をあてる。「実験」とはどういうことで、なぜそれが有効なのであろうか？そして、どのように観察的研究は実験デザインを模すのであろうか？もっと重要なことに、概念の間に因果関係が存在するか否かを確立するにあたって、これら3つのリサーチ・デザインの利点と弱点は何か？つまり、これら3つのデザインにおいては、どのように第3章で学んだ4つの因果のハードルを越えるのか？本章では、理論をあてはめる際に全ての対象（母集団）を研究できない場合のサンプルの問題も扱う。このサンプルと母集団の問題は、以後の章においても重要となる。

4.1　比較は因果関係を確立する鍵である

　これまで述べてきたように、政治学の研究は因果関係を中心とする。そして、説明しようとする現象の大部分は複数の原因があるのに対し、理論はその複数ある原因のうちから1つのみを取り上げ、他の原因を無視する。前章までの例で見てきたように、世界は多変数で成り立つことから、2変数の関

係を見誤ることがある。例えば、人種と政治参加の関係の例では、一見して人種は政治参加率に因果関係があるように見え、白人種は非白人種よりも政治参加する傾向にあるように見えた。しかし、先述したように、この関係は誤りである可能性が大きい。

なぜか？白人種、ヒスパニック系、アフリカ系アメリカ人の3つのグループにおける参加率を単純に比較することは、むしろ複雑な結果となる。ここでの独立変数（X）である異なる人種グループは、ある重要な要因において平等ではない。つまり、異なる人種グループ（X）の人々は異なる社会経済的地位（Z）をもち、このZは人種（X）と参加の量（Y）にも関連する。2つの変数のみに注目して比較することは、このような誤りに陥りがちなのである。

比較は、科学の基本である。XとYの間の関係についての理論を評価するときに行うべきことは、XとYの間に存在する因果関係について推論するとき、その比較にいかなる他の影響（Z）をも関与させないように努めることである。

第3章で述べた因果推論のバリアは、避けられないが越えられるものである。実際にXがYをもたらしているかどうかは分からず、XがYをもたらしているという理論武装を行うに過ぎない。その理論は時として間違っていたり不完全であったりする。とすると科学や政治学において、どのようにしてXがYをもたらしているかを検証するのであろうか？ここで使われるのが**リサーチ・デザイン**である。全てのリサーチ・デザインは、いかにしてその理論が4つの因果のハードルを越えるか評価することを目指している。つまり、XがYを引き起こしているかどうかという問いに最終的に答えることを目指している。以下の2つのセクションでは、政治学でもっとも頻繁に効率よく使われる2つの戦略、**実験**と**観察的研究**について述べる[1]。

4.2　実験のリサーチ・デザイン

あなたは激戦選挙区の候補者であるとしよう。選挙費用に余裕があり、ライバル候補者に対して自分の政治活動を印象づけるTV広告、ネガティブ・キャンペーン、を行うか否か決定しようとしているとする。そこで選挙対策本部長がPR会社と契約し、選挙対策会議でその広告を見せたとする。あな

1　本書で用いる「実験」は医学における「無作為対照化試験」と同じである。

たはその広告を気に入るが、選挙スタッフたちに重要な質問をする。「その広告は有権者に効くか？」実際、あなたには２択しかない。攻撃的広告を流すか、何もしないか、である。

　ここで上記シナリオに含まれる因果の質問に注目しよう。有権者が候補者のネガティブ広告に触れること（X）はその候補者に投票する（Y）可能性に影響するかもしれないし、しないかもしれない。ここで重要なのは、因果の主張が方向性を持っていることである。つまり、広告に触れることによって有権者がその候補を選ぶ機会は増加する[2]。

　社会科学では、このような因果の主張をどのように評価するのだろうか。選挙キャンペーンに詳しい人々はおそらく、選挙陣営が一定の視聴者グループを募集し、実際に視聴者がどのようにその広告に反応するかを見る調査を考えるだろう。このアイデアは悪くない。例えば候補者のTV広告を視聴するように選ばれたグループを作り、そのグループの候補者に対する反応を集めるのはどうだろうか。しかし、このグループの作り方には問題がある。候補者の広告を視聴していない人々は候補者について何を言うだろうか？つまり、比較の基礎となる部分がないのである。

　当然のことであるが、有権者は候補者の広告の視聴に関わらず、社会経済的地位やイデオロギーや政党所属意識など実に様々な理由（Z）でその候補者に投票したり投票しなかったりすることを理解しておく必要がある。とすると、これらの他の要因（Z）の中から、どのようにして候補者の選挙広告（X）が有権者のその候補に投票する傾向（Y）を高めるという関係を確立させることができるのか？

　視聴者グループに依頼すること以外にできることはあるだろうか？より科学的なアプローチとはどのようなものだろうか？本章の導入部分で強調したように、比較することが有効な手段である。つまり、広告が候補者に投票する可能性に与える影響を特定するために、比較を用いる。

　このような状況で物理学や医学における標準的なアプローチは、実験を行うことである。「実験」という言葉は広く使われているが、その科学的な意味はしばしば誤解されている。実験は単純に量的なものではない。ラボで白

───────────────

2　ネガティブ・キャンペーンが投票行動に与える影響に関しては一定の学術研究が存在する。例えばAnsolabehere and Iyengar（1997）, Wattenberg and Brian（1999）, and Geer（2006）など。

衣を着た科学者が行うものに限定されているわけでもない。ここで実験を以下のように定義する。実験とは、「研究者が独立変数の値をコントロールし、無作為に参加者に割り当てるリサーチ・デザイン」である。

　実験の定義は2つの部分からなる。第一に、研究者が「独立変数Xの値をコントロールする」。第二に、研究者が独立変数Xの値を実験の参加者に「無作為に割り当てる」。この2点がそろって実験の完璧な定義となる。そして実験にはこれら2点以外に重要な特徴はない。

　それでは1点目、参加者が受け取る独立変数の値を研究者が「コントロールする」とはどういう意味であろうか。それは、参加者が受け取る独立変数の値が、参加者自身によって決定されたり、自然に与えられたりするものではないということを意味する。選挙におけるTV広告の例で言えば、自分自身の選択でTV広告を視聴した人々（おそらく政治オタク、選挙広告が流れている地域でケーブルニュースをしょっちゅう見ている人）を比較することはできない。研究者が、実験参加者のうちで誰がTV広告を見て、誰が見ないかを決定する必要がある。

　実験の定義の2つ目の重要な点として、研究者は独立変数の値をコントロールするのみならず、「その値を実験参加者に無作為に割り当てる必要」がある。選挙のTV広告の例で言えば、研究者はコインを投げたり乱数表を用いたりするなど、何らかのランダムな数を引くメカニズムを用いて実験参加者を**トリートメント・グループ**（選挙広告を見るグループ）と**コントロール・グループ**（選挙広告ではなく当たり障りのない広告を見るグループ、社会科学における**プラセボ**と同じ）に分ける必要がある。

練習：実験的に考えてみる

上記の実験の定義にそって分析を行うとする。収監された人々への薬物治療プログラムは、釈放後の再犯率を減少させるかどうかを調査したいとき、どのような研究になるだろうか。

　ここで重要なことは何か。トリートメント・グループに無作為に被験者を割り当てることはなぜ重要なのか？ 人々をトリートメント・グループに無作為に割り当てることにどのような科学的利点があるのか？ ここで、全ての科

学は比較が基本であること、調べたいと思う現象には多くの原因があること、を思い出して欲しい。トリートメント・グループに無作為に被験者を割り当てることによって、トリートメント・グループとコントロール・グループの比較において他の原因(Z)が影響を及ぼす可能性を排除することになる。実験参加者を募り、彼らをコイントスによって無作為に2つのグループに分けることで、2つのグループは何らかのシステマティックな理由で異なる特徴を持つという可能性を排除できる。実際、参加者が十分に多いときに、無作為に分けられたトリートメント・グループとコントロール・グループはその性質が全く同じになる。そしてこの2つのグループがコインの表裏という点以外では全く同じ性質であるならば、2つのグループにおける違いは、実験においてトリートメント・グループに割り当てられた独立変数の値によるものであると確信することができる。

違う言い方で説明する。図4.1は独立変数Xと従属変数Y、そして存在しうる交絡変数Zの関係を表したものである。実験においては、研究者はXの値を無作為に割り当てることができる。これは2つのことを意味する。第一に、Xの値が無作為に決定されることから、図4.1におけるZとXの関係は絶たれる。つまり、もしXがランダムに決まるのであれば、Xはどんな変数とも相関を持たない。(これが無作為の定義である。)そしてもし、ZとXが関係ないのであれば、ZはXとYの関係に影響することはなく、因果の4つ目のハードルをクリアすることができるのである[3]。

第二に、このロジックで因果の2つ目のハードルをクリアすることができる。実験においてXの値がランダムに決まるのであれば、YはXの原因となることはない。つまり、XとYの因果の方向は逆

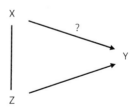

図4.1 実験はどのように因果の4つ目のハードルをクリアするか

---

[3] 図4.1においてXの値がランダムに決定することは、必ずしもZとYの関係が解消されることを意味しない。実験はZとYの関係を排除しない。しかし実験は、XとYの関係を擬似とする交絡変数としてのZを限りなく排除することができる。そのために実験を用いるのである。

にはなりえない。

　これが、実験と他のリサーチ・デザインの根本的な違いである。Xの値をランダムに決定してトリートメント・グループに割り当てることにより、実験はトリートメント・グループとコントロール・グループの比較において他の影響を排除することができる。実験開始後に何らかの刺激(トリートメントやプラセボ)が与えられる前、参加者は全く同じ状態にある。参加者はコイントスのようなランダムな決定によってグループ分けされ、このコインが表であったか裏であったかという違いのみが2つのグループの違いである。したがって、何らかの刺激(X)を受けたあとの2つのグループの違い(Y)は、その刺激(X)によるものであると言うことができる。

　具体的に論じるために、選挙キャンペーンの広告の例に戻り、広告に関連する実験を開始しよう。一定の人数のグループを集め、ランダムに2つのグループに分ける。1つのグループには新しい選挙広告を見せ、もう1つのグループには選挙に全く関係のない広告(漫画や公共広告など)を見るよう無作為に割り当てる。その後、2つのグループにおいて、投票意図に違いがあるかを観察する。人々の投票行動には多くの理由があり、この実験ではそれらを排除していない。実際、この実験はそういった原因については何ら関係がない。実験を行うことは、その選挙広告が有権者の選好にポジティブな影響を与えるか、ネガティブな影響を与えるか、もしくは全く影響がないかを決定するに過ぎない。そして、これこそが実験の真骨頂である。

　実験による結果の比較と実験によらない比較(実験によらない比較については次のセクションで扱う)を対照させよう。例えば、実験を行わずに、選挙広告を流し、選挙費用をサーベイに用い、人々に広告を見たかどうかと誰に投票する予定かを聞いたとしよう。さらにそのサーベイを実施するにあたって、その選挙が行われる地区の市民から無作為にサンプルをとったとする。もしサーベイの結果を分析し、広告を見た(X)人は見なかった人よりもその候補者に投票する傾向(Y)があるという発見を得られたとしたら、その選挙広告が人々の意見を選挙陣営に好ましい方向に変えたと言えるだろうか？答えはnoである。必ずしも言えない。なぜか？なぜなら広告を見た人々と広告を見なかった人々(独立変数Xの値のばらつき)はシステマティックに異なる可能性があるからである。そもそもTVで政治関連のニュースを多く見る人々は、TVで他の番組を見る人々よりも、より政治に関心がある。

この場合、個々人の政治への関心の程度が重要なZ変数となりうる。図4.2はこの関係を表している。政治への関心(Z)は、選挙広告の候補者に投票する可能性(Y)と非常に関係がある。したがって、政治への関心と

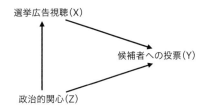

図4.2 選挙広告視聴と投票選択の関係における政治的関心の交絡的影響の可能性

いった他の要因(Z)によって影響を受けることから、選挙キャンペーンのTV広告を見た人と見なかった人を単純に比較することは、誤った結論を導く可能性が高い。人々の投票行動の結果が、広告の影響であるのか、それとももともと政治に関心がある人がその広告を見る傾向があるのか、これらの質問に対して、実験によらないリサーチ・デザインでは答えることができない。したがって、因果のハードルの4つ目を越えることができず、広告が人々の投票行動を変えたのかどうかは知ることができない。候補者を支持する実に多くの理由(Z)はまた、選挙キャンペーンのTV広告を見るか否か(X)にも影響することから、独立変数(広告視聴)が従属変数(投票選択)をもたらしていると結論づけることは非常に難しい[4]。

　実験をすることができるならば、因果があるという結論はより確かなものとなるだろう。図4.2では交絡変数(Z)と独立変数(X)は相関関係にあるが、実験ではありえない。広告を見るか否かがランダムに決まるのであれば、広告視聴と政治への関心(もしくは他の考えられる交絡変数Z)には相関がないからである。実験では、個々の参加者をランダムに選挙広告を見るグループと別の広告を見るグループに割り当てることができ、これら2つのグループの比較においては、従属変数である投票意図の他の考えられる要因に影響を受けることがない。広告視聴はランダムに決まるため、図4.2における政治への関心(Z)と広告視聴(X)の関係は消すことができる。交絡変数の定義上、政治への関心が広告視聴と相関を持たないのであれば、政治への関心は広告

---

[4] このリサーチ・デザインは因果の2つ目のハードルもクリアしていない。

視聴と投票意図の関係における交絡変数にはなりえないのである。

4.2.1 実験デザインと因果の4つのハードル

　実験について、第3章で学んだXがYをもたらすという因果を確立させるための4つのハードルを考えてみよう。実験はこの因果の4つのハードルを越える唯一の方法ではない。しかし実験はこのプロセスにおいて重要な役割を果たしうる。それぞれのハードルを順番に考えてみよう。第一に、実験を始める前にXとYの間に確からしい因果のメカニズムはあるかを確認する必要がある。この第一のハードルをクリアする難易度は、実験においても実験によらない方法においても違いはない。XとYの間に納得のいく因果のシナリオが存在するかどうかは理論によるのであって、データやリサーチ・デザインによるものではないからである。

　第二、実験においては、YがXを引き起こすということはありえない。理由は2つある。まず、Yが測定される前にXが割り当てられることから、YがXを引き起こすことは不可能である。さらに重要なことに、Xがランダムに決定するならば、Xは何によっても（Yも含めて）引き起こされることがないはずである。したがって図4.2においてYからXへという逆因果の矢印は排除することができる。

　第三、XとYの間に共変動が存在するかどうかは簡単に判別がつき、これは実験か否かといったリサーチ・デザインによるものではない（第8章で学ぶ）。それでは第四のハードルはどうか？　XとYの関係を見せかけのものとするあらゆる交絡変数Zをコントロールできているか？　実験は、この質問に対して決定的に答えを用意してくれる。実験は決して様々な他の要因（Z）がY（そしてXも）に与える影響の可能性を排除しているわけではない。実験によって得られるのは、被験者に異なるXの値を無作為に割り当てるというプロセスを通し、トリートメント・グループとコントロール・グループに対して全ての可能な要因に関して条件を同じにすることである。全ての可能な変数（Z）において、それがXに関連しようが、Yに関連しようが、両方に関連しようが全く関係なかろうが、トリートメント・グループとコントロール・グループは理論上全く同じとなる。これによって、2つのグループ間の比較においては他のZ変数から影響を受けないことになる。つまり、2つのグループともZの値に関しては同じ条件となるのである。

特筆すべきことに、他の変数(Z)の影響をコントロールできるという実験の特性は、研究者がZの存在に気づいていようといまいと、全てのZに適用できる。これを理解するために、全くの馬鹿げた例を取り上げる。今から20年後に科学者のチームが、耳の形は人々の投票行動に影響があると発見したとする。この可能性は、上記の選挙キャンペーンTV広告に関する実験から導かれる推論を脅かすだろうか？答えはNoである。なぜか？研究者は、その耳の形が投票行動に与える影響の可能性に気づいていようがいまいが、実験参加者を無作為にトリートメント・グループに割り当てることによって、耳が寝ているタイプの人々と耳が立っているタイプの人々の割合はトリートメント・グループとコントロール・グループで同じであるとみなすことができるからである。実験のリサーチ・デザインにおける鍵となる要素は、被験者を異なる独立変数Xの値に無作為に割り当てること、そしてZの存在に気づいていようがいまいが存在する全てのZ変数をコントロールすること、である。

　第3章で扱った因果関係のハードルの得点表に戻るならば、実験における得点表は「?y?y」から始まることになる。第四の質問、XとYの両方に関連して2変数の関係を見せかけのものにしている全ての交絡変数Zをコントロールしたか、に明確かつ決定的にyesと答えることのできる実験デザインは大きな利点である[5]。実験によるリサーチ・デザインの場合、因果関係を確立するための残る回答は、第一の質問、XとYを結び付けるもっともな因果のメカニズムは存在するかに対する回答と、第三の質問、XとYの間に共変動は存在するかに対する回答ということになる。第一のハードルをクリアする難度は変わらないが、第三のハードルをクリアすることはやや容易である。第8章で見るように、XとYの関係を統計的に評価すればよいからである。この場合の統計的評価はシンプルであり、とりわけ他の変数(Z)のコントロールを含む統計検証に比較して容易である。

　まとめると、実験によって、分析から導かれる因果関係の推論に非常に強い確信をもつことができる。科学的専門用語で言うと、これは**内的妥当性**と呼ばれる。もしリサーチ・デザインが因果関係に関する結論に高い信頼をも

5　結局、実験によらないデザインは、この第四の質問に対して決定的な回答を与えることができない。実験によらないデザインの場合は、考慮されずにコントロールできていないZ変数がどこかに存在する可能性があるからである。

たらすのであれば、それは高い内的妥当性をもつと言う。逆に、XがYをもたらすという結論に確信をもてないようなリサーチ・デザインは内的妥当性が低いということになる。

4.2.2 「無作為割り当て」と「ランダム・サンプリング」

ここでは、実験のプロセスの1つである「トリートメント・グループに無作為に被験者を割り当てること」と「参加する被験者をランダムに選ぶサンプリング」は異なるものであることに注意を喚起したい。この2つは、無作為もしくはランダムという同じ言葉を用いているということ以外では全く異なる作業であるが混同されやすい。トリートメント・グループとコントロール・グループに対する**無作為割り当て**は、実験に参加する被験者が独立変数Xの取りうる値について無作為に割り当てられるということである。このプロセスにおいて、どのように参加者が選ばれるかという点においては何も規定していないことに注意されたい。一方、**ランダム・サンプリング**とは、研究者がどのように研究に参加するケースを決めるかという点に関してであり、サーベイ・リサーチにおいてはランダムに選ぶ、つまり対象となる**母集団**の全てのメンバーが選ばれる確率は等しく同じであることを意味する。

対象とする母集団からランダムに参加者を選ぶことは悪いアイデアではない。実際、サンプルから得られる知見を母集団に一般化するためには、ランダム・サンプリングが必要である。しかし、ランダム・サンプリングは因果の4つのハードルをクリアすることとは関係がない。

無作為割り当てとランダム・サンプリングという2つの重要な概念を混同すると、実験による研究と実験によらない研究を混同することにもつながってしまう。実験による研究と実験によらない研究の違いは科学において重要であることから、この2つの概念の区別にも注意されたい。

4.2.3 実験の種類と擬似実験

実験は、必ずしもラボで白衣を着た科学者によって行われるわけでない。社会科学における実験では、ランダムサンプルを用いたサーベイによっても実施されることがある。サーベイ・リサーチの分野では母集団からランダムにサンプルをとる研究が多数を占めてきたが、1990年以来、**サーベイ実験**と呼ばれるものが増加しつつある。サーベイ実験では、コンピューターを用い

たサーベイにおいて何パターンか用意された質問を無作為に被験者に割り当てるインタビューを行う。このようなデザインは、トリートメント・グループに無作為に割り当てる内的妥当性と同時に、ランダムサンプルを用いる**外的妥当性**をも持つ強みがある[6]。サーベイ実験は、電話もしくはインターネット上で行われることが多い。

　実際の現場で行われる実験もある。**フィールド実験**は、被験者が普通に生活を送っている自然な状況で行われる。トリートメント・グループに無作為に割り当てるフィールド実験によって、社会科学において実験が難しいと思われてきた分野でも研究が可能となった。例えば、経済発展の効果を実験的に確かめることは難しいとされてきた。しかし、Duflo, Kremer, and Robinson (2011) は、政府による肥料補助金(X)は農業生産(Y)に影響を与えているかどうかをフィールド実験によって検証している。彼らは、ケニア西部州のある地域で、無作為に選ばれた農家にのみ肥料運搬無料化の補助金が提供され、その他の農家には提供されないという実験を行っている。

練習：フィールド実験を想像する

政治家の信念(X)は、その有権者の意見(Y)に影響を与えるだろうか？ この問いが政治学的に重要であるのは、政治家の世論形成能力に関連するからである。この問いを検証するためのフィールド実験が可能か、バリアはあるか、考えてみよう。実験の2つの定義に留意すること。その上で、この問いに対してどのようなフィールド実験が行われたかをBroockman and Butler (2017)を参照して確かめよう。

　フィールド実験は公共政策の場においても行うことができ、時として論争となる。例えば、家庭内暴力の通報を受けて警官がその容疑者を逮捕するか否かの決定(X)は以後数ヶ月にわたる同住所において繰り返される暴力発生つまり再犯発生(Y)に影響するだろうか？ Sherman and Berk (1984)はミネアポリスにおいて、通報された家庭にいる容疑者が警官の到着と同時に自動的に逮捕されるか否かについて無作為に割り当てたフィールド実験を行ってい

6　Piazza, Sniderman, And Tetlock (1990) と Sniderman and Piazza (1993)を参照。

る[7]。

　研究者によってXの値がコントロールされていないし、無作為に割り当てられてもいないことから厳密には実験とは言えない状況でも、いくつかの重要な点を踏まえれば実験に近づけることができる。**自然実験**は、自然に（偶然に）独立変数の値が無作為に割り当てられている状況を探し、実験とみなす方法である。厳密には、独立変数の値の割り当てが自然に委ねられることから、実験の定義を満たしていないが、実験とみなすことができる場合がある。例えば、ある人口におけるエスニック・グループの比率（X）はグループ内における衝突や協力（Y）に影響を与えるだろうか？　このようなリサーチ・クエスチョンを持って、Posner（2004）はなぜチェワ族とトゥンブカ族はザンビアでは同盟を組むのに、マラウイにおいては敵対するのかを調査した。これら2国における各民族の国内人口における比率の違いは無作為におきたと見なせることから[8]、この2国においてあたかもグループの大きさの違い[9]が研究者によって無作為に割り当てられたようにみなすことができ、実験として比較できるのである。

4.2.4　実験のリサーチ・デザインの欠点

　社会科学においても、実験によってXとYの因果関係を確立するためのハードルを越えることができる。しかし実験にも欠点がある。社会科学における実験の欠点の多くは、医学と物理学における実験の欠点とはやや異なる。本セクションでは実験の4つの欠点について述べる。

　第一に、社会科学においてはとりわけ、全ての独立変数（X）がコントロール可能で実験の操作に適しているというわけではない。例えば、性差が政治参加に与える影響を調べるとする。男性は女性よりも、政治献金を行い、投

7　（訳者注）ミネアポリス実験の結果、即時逮捕の再犯抑止に与える効果が明らかとなり、積極的逮捕政策への契機となった。

8　（訳者注）ザンビアとマラウイの国境は、1891年にイギリス南アフリカ会社によって管理目的のみで引かれ、その結果、チェワ族とトゥンブカ族のそれぞれ3分の2がマラウイ、チェワ族の4分の1とトゥンブカ族の3分の1がザンビアと分割されることになった（Posner 2004）。

9　（訳者注）マラウイの人口構成において、チェワ族28%、トゥンブカ族12%であり、この2族はマラウイの主要民族である。一方、ザンビアの人口構成において、チェワ族は7%、トゥンブカ族4%と少数グループである（Posner 2004）。

票に行き、選挙運動に参加するだろうか？この性差と政治参加の関係を調べるには、実験によらない研究方法がいろいろあるが、1つ言えることは、実験において被験者の性差を操作することは不可能である。実験の定義は、研究者が独立変数の値をコントロールして無作為に割り当てることであった。この性差と政治参加の関係の場合、独立変数は人間の性である。薬と偽薬の実験と異なり、被験者の性というものは全く別の問題である。実験の場に現れた人々を男性もしくは女性として無作為に割り当てることは実験者には不可能である。

　上記事例は、政治学において多く見られる状況である。政治学においては実験による研究が不可能である状況が数多く存在する。有権者の党派性(X)は争点に対する意見(Y)にどのように影響するか？市民の所得(X)は選挙献金(Y)にどのように影響するか？国家における民主化の程度(X)は自由貿易(Y)にどのように影響するか？インドにおける軍事費(X)はパキスタンにおける軍事費(Y)に、もしくはその逆に、どのように影響するか？選挙期間中の報道内容(X)は有権者の優先順位(Y)にどのように影響するか？イギリス議会の議員であること(X)は議員の富裕度(Y)にどのように影響するか？社会科学において興味深いこれらの事例において、独立変数は実験による操作に馴染まない。社会科学者は人々に支持政党や収入を割り当てることはできないし、国家に民主化の程度や軍事費を割り当てることもできないし、選挙期間中に報道内容を割り当てることもできず、候補者を議席に割り当てることもできない。これらの独立変数は自然に存在するのみで、研究者はそれらの量をコントロールすることもできなければ、被験対象(人々や国家など)に無作為に割り当てることもできないのである。それでもなお、社会科学ではこのような現象を研究することを試み、実験によらないリサーチ・デザインに向き合うこととなるのである。

練習：これらのリサーチ・クエスチョンを実験によって検証するにはどうした らよいか？

上記のリサーチ・クエスチョンのそれぞれについて、実験的手法を用いて検証するためにはどうしたらよいだろうか。(いくつかの例は無理であるが、いくつかは実験できなくもない。)

第二に、実験によるリサーチ・デザインの起こりうる欠点として挙げられるのは、外的妥当性に欠ける問題である。実験の強みとは内的妥当性の高さであると述べた。つまり、分析によって得られた因果関係の結論に対しては、交絡変数の影響を受けずに、高い確信をもてる。これに対して外的妥当性はコインの表裏である。実験によって得られた結論が、実験への参加者のみならず、より幅広い対象にも当てはまるか？という点に関しては、実験はやや弱いのである。

外的妥当性については2つのタイプがある。第一のタイプは、サンプルそのものについての外的妥当性である。実験の定義では、研究者がどのように実験に参加する人々を選ぶかに関しては一切言及していない。言い換えると、「実験は対象となる母集団のランダムサンプルを求めていない」のである。実際、実験において母集団からサンプルをランダムに抽出するという作業はめったに行われない。例えば、試薬実験では、新聞やラジオで参加者募集の広告をし、参加者に何らかの報酬を与える。明らかに、このような広告を見て反応する人々は、薬の潜在的使用者となる母集団からランダムに抽出されたサンプルではない。同様に、大学で教授がクラスから実験参加者を募るとき、その参加者はどんな母集団のランダムサンプルでもないのである[10]。この事例における参加者の集団は**便宜的なサンプル**と呼ばれ、研究者が頼んだり、強要したり、誘惑したり、なだめて参加させたグループに過ぎない。

便宜的なサンプルを用いた実験結果を、より広い集団に一般化できるかどうかは極めて不透明である。第7章で学ぶことになるが、この点は社会科学における重要な問題である。多くの実験は便宜的なサンプルを用いることから、実験によって得られた結果が異なるサンプルにおいてもあてはまるのかどうかを判断することは難しい。したがって、実験のリサーチ・デザインにおいては、科学者は**レプリケーション**(replication)というプロセスを通して、得られた結果がより広い集団にあてはまるかどうかを検証することになる。レプリケーションとは、全く同じ方法と手順を繰り返し、発見された関係が一貫しているかどうかを確認する作業である。同じ実験を異なる実験参加者

---

10 大学における心理学もしくは政治学の教室実験はほぼ18歳から22歳という年齢層であり、全世代のランダムサンプルではないばかりか、学部学生の、もしくはその大学に所属する学生のランダムサンプルですらない。そもそも心理学のクラスは、物理学や工学や哲学専攻の学生よりも、社会科学に興味のある学生で構成されている。

に繰り返し、同じパターンの結果が得られれば、実験結果はより幅広い集団にあてはまり一般化されると確信することができる。

　実験における外的妥当性の問題の第二のタイプは、より微妙でかつ重要である。それは刺激（トリートメント）の外的妥当性に関連する。選挙広告の例を用いて説明しよう。もし選挙広告が有権者の投票行動に影響を与えるという実験を行う場合、具体的に何をするか？まずは、自発的な実験参加者のサンプルを集める必要がある。（ランダムサンプルである必要はない。）次に、サンプルを無作為にトリートメント・グループとコントロール・グループに分ける。そして被験者をラボのコンピューターの前に座らせ、トリートメント・グループには選挙広告を見せ、コントロール・グループには当たり障りのない広告を見せる。そして双方のグループの参加者に投票意図を尋ね、この２つのグループ間の比較をする。ここで、これらのサンプルは選挙区の母集団を代表していないことから外的妥当性が低いことに加えて、ここで与えた刺激がいかに外的妥当であるかを考えねばならない。刺激とは変数 X である。この場合、トリートメント・グループとコントロール・グループの被験者たちをコンピューターの前に座らせて動画を見せることを意味する。このような状況は、彼らの日常の環境においてありうるだろうか？この仮説的な実験においては、個々の参加者は動画を選択できない。広告の視聴は強制されたものとなる（実験の参加に同意した上で）。家庭において、政治的広告を好まない人々は、選択可能であれば、他の番組を見たり、チャンネルを変えたり、TV を全く見なかったりするなどで、そのような広告を避けることができる。しかし、この仮説的な実験における比較においては、実験の環境と被験者のより自然な環境の決定的な違いを全く考慮しないのである。実験がどれほど人工的な環境を作り出すかによって、実験の結果がより現実の世界の文脈においても当てはまるかどうかが左右されるだろう[11]。

11　全国規模のサーベイにおける実験の外的妥当性の議論に関しては、Barabas and Jerit（2010）を参照。刺激の外的妥当性が実験結果に与える影響に関しては、Arceneaux and Johnson（2010）を参照。Morton and Williams（2010, p.264）ではこの問題を ecological validity と呼んでいる。

> **練習：刺激の外的妥当性を高めるためにはどうしたらよいか**
>
> ラボ実験では被験者にメディア視聴を強制することになるが、この問題を回避する方法はあるだろうか。この実験を違う方法で行うことはできるだろうか、考えてみよう。その上で、Arceneaux, Johnson, and Murphy (2012) の実験手法を読んでみよう。メディアが世論に与える影響についての結果にどのような違いがあるだろうか。

　第三の欠点として、実験のリサーチ・デザインは研究者に倫理的なジレンマをもたらすことがある。人間という参加者を扱うことの倫理問題は医学の実験においても生じる。例えば、がん患者の生存率において異なる治療法の実験を行うとしたら、がん患者からサンプルを募り、彼らに無作為に異なる治療法を割り当てることになる。これは通常受け入れられない医学の実験である。そのような医学的に生死に関わる状況において、ほとんどの人は主治医に相談しつつ自分自身で選択するであろうし、治療法の選択という重要な決定を乱数表などに委ねないであろう。

　社会科学の実験における倫理問題は、医学の実験ほどには頻繁にかつドラマティックに起こるわけではないが、それでも社会科学の実験でも倫理問題が起こることがある。1960年代の心理学における行動論革命の時代において、大学で行われたいくつかの著名な実験は厳しい倫理論争を巻き起こした。その一例として、心理学者の Stanley Milgram (1974) の実験がある。Milgram は、いかに個人を権威ある人物に従わせることができるかという実験を行った。実験では、実験参加者に対する虚偽の説明として、電気ショックのような負の強化が「学生」の「勉強」にどのくらい影響を与えるかをテストする実験であると説明し、「生徒」役（Milgram に雇われた人）が問題を間違えるたびに「教師」役である実験参加者は生徒に電気ショックを与えるように指示される。この実験における真の目的は、権威ある人物の指示があれば、電気ショックを与える行為を継続させるかを見ることにあった。独立変数は、したがって、Milgram がいかに自分を権威的人物と見せるかの度合である。言い換えれば、X は Milgram を「従うべき権威的人物」と見せる度合いである。例えば、ある参加者の前では、Milgram は白衣を着て現れ、自分はイェール大学の教授であると知らせた。他の参加者の前では、Milgram はもっとカ

ジュアルな服装で現れ、自身の所属大学のことには言及しなかった。そして従属変数(Y)は、教師役の実験参加者が、最大どれくらいまで(フェイクの)電気ショックを生徒役である他の参加者に与えるかであった。電気ショックを与える機械は最大で「450ボルト(XXX)」と表示された[12]。実験の結果、Milgram自身が驚いたことに、権威的人物の指示があれば、参加者の大多数が生徒役である他の参加者に極限まで電気ショックを与え続けたのである。しかしながら、今日では科学倫理審査委員会はそのような実験は倫理に反するとしている。なぜならこの実験は、実際の実験参加者に強い苦悩の感情を生みだしているからである。

練習：倫理的とは何か

次の実験で起こりうる倫理的リスクを考えよう。
オンラインの政治広告(X)が個々人の投票選択(Y)に与える影響を調査するため、Facebookにおける広告スペースを購入し、2種類の広告をランダムに分けた2つのグループに見せた。どのような倫理的問題が考えられるだろうか。

　実験のリサーチ・デザインの第四の欠点は、実験の結果を解釈するときに強調すべきところを間違えてしまうことにある。もしある実験によって、XがYをもたらすことが明らかになったとき、この結果はそのXがYのもっとも重要な原因であることを意味しない。本書で繰り返し強調してきたように、社会科学においては、いずれの従属変数も、多くの独立変数(原因)をもつ。実験によるリサーチ・デザインは、これら数多くある独立変数に対して、どの独立変数が大きな影響をもち、どの独立変数が小さな影響をもっているかというように整理するわけではない。

4.3 観察的研究

　これら実験における欠点は、政治学研究において実験は適していないことが多く、時には不可能であることを意味する。その結果、実験は政治学にお

12　(訳者注)(XXX)の意味は、450ボルトの強さを表現できないという意味である。例えば、15ボルト(軽いショック)、300ボルト(深刻なショック)、375ボルト(危険：深刻なショック)と表示されている。

いてもっともよく使われるリサーチ・デザインとはなりえていない。政治学の中でも、政治心理学は政治的意思決定における認知と感情の基礎を研究するが、そのような分野では実験は頻繁に行われる。そして、世論調査や選挙研究といった分野においても実験は頻繁に行われるようになってきた。しかし実験は、研究対象とする現象に適応不可能であることが多い。

それでは因果関係の研究はあきらめるしかないのだろうか？そんなことはない。しかし、独立変数の値をコントロールできないときに、研究者にはどのような選択肢があるのだろうか？このような場合、世の中を既に存在するものとして捉え、個々の単位（人々や政党や国家など）間の比較もしくは時系列で変化する**集合量**の比較をするしかない。これらは観察的研究と呼ばれるものの２つのタイプを表している。観察的研究は実験ではないが、実験に近づけて研究される。観察的研究と呼ばれるのは、多くの実験がコントロールされて人工的な性質を持っているのと異なり、現実をそのまま捉えて「観察」するからである。そして参加者をトリートメント・グループに無作為に割り当てることなく、因果関係を整理しようと試みる。独立変数の異なる値は既に世の中に存在することから、それらを観察し、XがYをもたらしているかどうかに関して４つの因果のハードルを通してその理論的主張を評価することになる。

ここから観察的研究の定義が導かれる。観察的研究とは、研究者が自然に存在する独立変数の値をコントロールしないリサーチ・デザインである。しかし、従属変数における変化同様に、独立変数の値にはある程度のばらつきが存在する必要がある。

観察的研究においては実験と異なってトリートメント・グループに無作為に割り当てることがないため、観察的研究では因果関係に言及することはできないという主張もある。したがって、観察的研究は時には**相関的研究**と呼ばれることもあるが、政治学の主流に従い、本書ではこの見解をとらない。確かに実験は、観察的研究よりも因果関係の確からしさの程度においてははるかに優れている。しかし観察的研究は、現在の研究において示唆される全ての考え得る従属変数の原因を注意深く考慮するならば、その独立変数が従属変数をもたらしているという主張に対してきっちりと評価することができる。

この議論が示唆するように、観察的研究は実験同様に同じ４つの因果の

ハードルに直面する。これらのハードルはどのリサーチ・デザインにおいてもクリアする必要がある。そこで、観察的研究において、どのようにしてこれらハードルをクリアできるだろうか？第一のハードル「XとYを結び付けるもっともなメカニズムは存在するか」に関しては、実験的研究においても観察的研究においても同じである。

第二のハードル「YがXをもたらしている可能性を排除できるか」に関しては、観察的研究においては厄介な問題となりうる。例えば、高い経済発展を成し遂げた国家(X)は結果としてより安定した民主体制(Y)となるか、について考えてみよう。この事例において第二のハードルを越えるのは、かなりあやふやである。なぜなら、安定した民主的政府をもつことは、経済的繁栄をもたらすという逆の因果のシナリオも十分に考えられるからである。投資家は独裁体制よりも民主体制において、より安心して投資のリスクを負うだろう。そしてこの投資はより大きな経済的繁栄をもたらすことになる。つまりXとYは互いに影響を与えうるのである。XがYをもたらすし、YもまたXをもたらすことになる。

第三のハードル「XとYの間に共変動は存在するか」をクリアすることに関しては先述したように観察的研究では至極容易である。(2変数の関係を調べる技術に関しては第8章と第9章で扱う。)しかし、実験と異なり、観察的研究においてXとYの間に共変動を見出すことができなかったとしても、第四のハードルに進むべきである。なぜなら、Z変数をコントロールしたらXとYの間に共変動が見出される可能性があるからである。

第四のハードルにおいて、実験的研究と観察的研究の顕著な違いが現れる。実験は、トリートメント・グループに無作為に割り当てることによって、XとYの間に他の要因が関与しない状況を作り出すが、このような状況は観察的研究においては存在しない。したがって、観察的研究では、独立変数の値がグループ間で異なることは他の要因による影響を受けている可能性があり、XがYをもたらすという因果の主張を弱めることになる。

観察的研究には2つのタイプの研究がある。1つ目は**クロスセクションな観察的研究**であり、ある1つの**時間単位**(一時点)において**空間単位**を横断する違いに注目する。もう1つは、**時系列な観察的研究**であり、1つの空間単位について複数の時間単位にわたる変化に注目する。さらに、これら2つの

114

複合的な研究も存在するが、本書ではシンプルにこの２つに注目する[13]。これら観察的研究の２つのタイプに進む前に、観察的データについて述べておく。

4.3.1　１個のデータ、データ、データセット

英語において「データ」という言葉はもっとも文法的に誤解されている単語の１つである。多くの人々がこの単語を単数形として用いがちであるが、実際は複数形である。もし「the data is」と表記されていたら、それは文法的に誤りである。データに関して述べるときは「the data are」が正しい。この正しい用法に慣れ、周囲にも訂正していく必要がある。

データの単数形は**datum**である。Datumの集合がデータや**データセット**となるわけである。観察的データセットを、変数とそれらが測定される空間的・時間的単位によって定義する。政治学においては様々な空間的単位で測定されたデータを用いる。例えば、サーベイ・リサーチにおいては、空間単位は個々のサーベイ回答者である。アメリカ合衆国の州政府比較研究においては、空間単位は州である。国際関係においては、空間単位は国家であることが多い。よく用いられる時間単位は、月、季節、そして年である。データセットを定義する空間的・時間的単位を**データセットの次元**と表現することもある。

データセットの２つのタイプは先述した観察的研究の２つのタイプに呼応する。例えば表4.1はクロスセクションなデータセットであり、時間単位は1972年、空間単位は国家である。これらのデータは失業率（X）が国民総生産（GNP）における国債の割合（Y）に影響するという理論の検証に使うことができる。

時系列観察研究は、１つの空間単位におけるXとYの時間的変化を測ったものを分析する。例えば表4.2は時系列データセットの例であり、空間単位はアメリカ合衆国、時間単位は月である。これらのデータはインフレーション（X）が大統領支持率（Y）を左右するという理論の検証に用いることができる。データセットの中から、研究者は独立変数（X）と従属変数（Y）を測定し

13　観察的研究の古典的説明は1963年に出版されたDonald Campbell and Julian Stanleyの*Experimental and Quasi-Experimental Designs for Research*がある。

第4章 リサーチ・デザイン　115

表4.1　クロスセクションデータの例

国	GNPに占める政府債務割合	失業率
Finland	6.6	2.6
Denmark	5.7	1.6
United States	27.5	5.6
Spain	13.9	3.2
Sweden	15.9	2.7
Belgium	45.0	2.4
Japan	11.2	1.4
New Zealand	44.6	0.5
Ireland	63.8	5.9
Italy	42.5	4.7
Portugal	6.6	2.1
Norway	28.1	1.7
Netherlands	23.6	2.1
Germany	6.7	0.9
Canada	26.8	6.3
Greece	18.4	2.1
France	8.7	2.8
Switzerland	8.2	0.0
United Kingdom	53.6	3.1
Australia	23.8	2.6

表4.2　時系列データの例

月	大統領支持率	インフレ
2002.01	83.7	1.14
2002.02	82.0	1.14
2002.03	79.8	1.48
2002.04	76.2	1.64
2002.05	76.3	1.18
2002.06	73.4	1.07
2002.07	71.6	1.46
2002.08	66.5	1.80
2002.09	67.2	1.51
2002.10	65.3	2.03
2002.11	65.5	2.20
2002.12	62.8	2.38

た値を含むデータを分析し、第三の因果のハードルがクリアできているか、つまり共変動があるかどうかを決定することができる。

4.3.2　クロスセクションな観察的研究

　クロスセクションな観察研究は、社会の現実においてセクションを横断する現象を調べる。「個々の空間的単位」、例えば市民や政治家や選挙区や国家などの間に存在する違いに着目し、それらを横断する従属変数の違いを説明することを試みる。

　例えば、ある選挙区における有権者の選好(X)とその選出議員の議会における投票行動(Y)の関係は、もしあるならば、どのようなものだろうか？クロスセクションな観察研究において、この質問に答える戦略として、様々

な選挙区における有権者の集合的選好(X)と議員の投票記録(Y)を比較することができる。そのような分析は、このXが実験操作に馴染まないことから、もちろん実験ではなく観察である。この分析は様々な研究上の制限から、議会の1会期の分析にとどまるかもしれない。

　観察的研究は実験同様に同じ4つの因果のハードルを越える必要がある。トリートメント・グループに無作為に割り当てる実験と異なり、観察的研究はしばしば4つ目のハードルにひっかかる。他の3つのハードルがクリアされたとして、Yを引き起こしてXにも関連し、したがってXとYの関係を見せかけのものにする交絡変数が存在する可能性について考えてみよう。クロスセクションな観察研究はこの重要な問題をどう乗り越えるか？多くの場合、シンプルに一連の統計的コントロールによって達成されうる。第10章から社会科学研究でもっともよく使う手段である、Yをもたらす他の原因を「コントロールする」技術、つまり重回帰モデルを学ぶ。重回帰分析によってZのような変数をコントロールすることがどのようにXとYの関係に影響するかを確認することができる。

練習：世論と政策の関係において他の変数をコントロールする

ある選挙区の有権者の政策選好(X)とその選出された議員の議会での投票行動(Y)の関係の観察的研究において、コントロールするべき交絡変数(Z)は思いつくだろうか。

4.3.3　時系列な観察的研究

　観察的研究のもう1つのタイプは時系列な観察的研究であり、1つの空間単位において時間による比較を行う。1つの時間単位(ある一時点)における個々の単位を横断する変数間の関係を調べるクロスセクションな研究と異なり、時系列な観察的研究においては1つの空間単位において時間による変化を調べる[14]。

　例えば、経済に関する報道内容(X)の変化はどのように市民の経済に対す

14　時系列観察研究における空間単位はたいてい集合体である。

る関心（Y）に影響を与えるだろうか[15]。より具体的に言うならば、メディアがインフレーションの問題により多くの時間を割くとき、市民はインフレーションにより関心を示すだろうか？逆に、メディアがインフレーションに関してあまり報道しないとき、市民のインフレーションに対する関心は消えるだろうか？これらの変数は時間によって変化する集合量として測ることができる。例えば、ある月における夜のニュースでインフレーションに関するニュースは何本あったか？この本数は毎月異なるであろうことは確かである。そして、ひと月の間に市民はどれくらいインフレーションに関心を示すだろうか（例えば、世論調査の結果など）？インフレーションが喫緊の課題であると認識する人々の割合は月ごとに異なるだろう。

　クロスセクションな観察研究同様に、時系列の観察研究もまた4番目の因果のハードルをクリアすることが困難である。インフレーションに関するニュース報道量（X）と市民のインフレーションに対する関心（Y）の双方に関連するすべての交絡変数（Z）をコントロールすることはできない。もし、市民がインフレーションに対して関心を示す他の要因を特定できるならば、分析においてその要因をコントロールする必要がある。

練習：何をコントロールすべきか？

XとYの因果関係を確かなものとするために、コントロールするべき変数Zを思いつくだろうか。つまり、Yの原因かもしれず、またXにも関係するために、XとYが擬似関係となる変数をあげることができるか。

4.3.4　観察的研究の重要な欠点

　実験のリサーチ・デザインにはいくつかの欠点があることは先述した。観察的研究にも欠点は存在するが、ここでは重大な1点にのみ言及する。上記の例が示すように、第四の因果のハードルをクリアするためには、Yに影響を与える他の原因をコントロールする必要があり、それら全ての考えられる原因をコントロールする必要がある。1つをコントロールするだけでは意味

15　Iyengar and Kinder（2010）を参照。

がないのである[16]。しかし、我々はどのようにYの原因たりうる他の全ての要因をコントロールしたかどうかを知ることができるだろうか？多くの場合、全てをコントロールしたことを知ることはできない。もちろん、できるだけ全ての可能な原因を統計的にコントロールするように努めるが、そのためには同じテーマの先行研究を注意深く吟味し、それらの他の原因に関するデータをできるだけ集める作業が必要である。しかし多くの場合、この作業を完璧にこなすことはできない。

　したがって、観察的分析は、因果関係の宣言としてはやや一時的なものと考える必要がある。実際、Yの原因についてできるだけ多くをコントロールして、我々が到達できるもっとも納得のいく結論は「XがYを引き起こす」である。実際にはこの結論は決定的であることはなく、後世の研究がこの結論を修正していくことになる。これは学生にとっても研究者にとってもフラストレーションがたまる事態である。しかし、最終的な結論を導くことが難しいという事実は逆に、Yの他の原因を特定するよう努め続けることを意味する。科学者であることの重要な点の1つは、因果関係について決定的な結論をめったにしないことである。既に発見された関係が見せかけのものとなりうる、考慮されていない変数(Z)が存在する可能性について常に意識するべきなのである。

4.4　先行研究を解剖する

　選んだ研究テーマにおいて影響のある研究を見つけたら、次にすることは自分の研究目的のためにその先行研究を解剖することである。先行研究を読むにあたっては、以下の問に答えるノートを作ることを勧める。

- リサーチ・クエスチョンやパズルは何か？
- 理論は何を述べているか？
- どのようなリサーチ・デザインか？
- 4つのハードルをどのようにクリアしているか？
- 結論は何か？

16　第10章で見るように、正確にはYに影響してXにも関連する要因のみをコントロールする必要がある。しかし実際には区別することは難しい。

第4章 リサーチ・デザイン　119

　例えば、MacKuen, Erikson, and Stimson（1992）の消費者信頼感と大統領支持率についてよく引用される論文をあげよう。この論文の要約は以下の通りである。

> MacKuen, Erikson, and Stimson（1992）は、経済変化がどのように大統領支持率に反映されるかというリサーチ・クエスチョンから出発する。通説では、インフレ率や失業率といった客観的な経済指標が支持率に影響を与えるとされるが、彼らの理論はより主観的な指標つまり消費者信頼感が支持率を上下する、というものである。この理論を検証するため、彼らは支持率に影響する多くの非経済的要因をコントロールしつつ、1954年から1988年にかけて時系列観察研究を行った。結果、消費者信頼感をコントロールすると、インフレ率と失業率は支持率に統計的な影響を与えない。支持率に影響を与えているのは消費者信頼感である。

　先行研究から系統だって情報を拾い、要約することで、私たちはその現象について何を知っていて何を知らないかを整理できるようになる。いったんこれができたら、先行研究を批判的に評価し、新しい理論を導くリサーチ・クエスチョンをもつことができるだろう。

練習：論文を要約しよう
上記の項目にしたがって、政治学のジャーナルの論文の要約を作成しよう。

4.5　まとめ

　政治学が扱う多くの現象のほぼ全てにおいて複数のリサーチ・デザインがありうる。研究プロジェクトを開始する前に、研究者は実験もしくは観察的方法のいずれを用いるかを決定する必要がある。そして、観察的研究を用いる場合、どの観察的研究のタイプを用いるかを決める必要がある。時には2つのタイプを用いることもある。
　異なるリサーチ・デザインは異なる質問の形をとる。市民はよりリベラルな政策を好むのか、もしくはより保守的な政策を好むのかというシンプルな

事例を考えてみよう。この場合、実験ではなく、クロスセクションもしくは時系列の観察的アプローチが有効である。これら2つのアプローチはそれぞれ異なる疑問の形をとる。クロスセクションなアプローチでは、なぜリベラルな政策を好む人もいれば、より保守的な政策を好む人もいるのか、という疑問になる。つまり、何が人々をリベラルにし、何が人々を保守的にするのか？このリサーチ・クエスチョンは十分に研究価値がある。一方で、時系列のアプローチでは、なぜ市民全体は時によってリベラルな政策を好んだり保守的な政策を好んだりするのか？という疑問になる。このように、アプローチの違いによって問いも異なってくる。いずれのアプローチが良いか悪いかということはないが、これらアプローチの違いは社会の現実の異なる側面に光を当てることになる。いずれのリサーチ・デザインを選ぶべきかは、どのタイプの疑問を用い、そして答えるかによるのである。

キーワード

- Datum　データの単数形。
- 外的妥当性　分析の結果がその研究の参加者や環境のみならずより幅広い文脈での母集団にも当てはまるという自信の程度。
- 観察的研究　研究者が独立変数の値についてコントロールしていない状況のリサーチ・デザイン。従属変数におけるばらつき同様に、独立変数の値はケースを横断してある程度ばらつきがある必要がある。
- 空間単位　観察対象の物理的単位。
- クロスセクションな観察研究　ある時間単位点において、空間単位を横断する違いに焦点をあてるリサーチ・デザイン。
- コントロール・グループ　実験における部分集合で、実験対象の主な因果の刺激にさらされないケースのグループ。
- サーベイ実験　サーベイの回答者に刺激となる質問や選択肢を無作為に割り当てる実験。
- 時間単位　観察対象の時間的単位。
- 時系列的観察研究　1つの空間単位において、複数の時間単位を横断する違いに焦点をあてるリサーチ・デザイン。
- 自然実験　独立変数の値がまるで研究者が無作為に割り当てたかのように自然に起こる状況での実験。
- 実験　研究者が独立変数の値をコントロールして参加者に無作為に割り当てるリサーチ・デザイン。

第4章 リサーチ・デザイン 121

- 集合体　多くの個々のケースの値をまとめることによって生み出される量。
- 消費者信頼感　一般消費者による主観的指標であり、経済の状態に対する楽観もしくは悲観。
- 相関研究　観察研究の同義語。
- データセット　データの同義語。2つ以上の観察対象について変化する値の集合。
- データセットの次元　データセットを定義する空間的・時間的単位。
- トリートメント・グループ　実験における部分集合で、実験対象の主な因果の刺激にさらされるケースのグループ。
- 内的妥当性　その研究が、独立変数が従属変数を引き起こすかどうかに関する高い確信をもたらす程度。
- フィールド実験　被験者が普通に日常生活を送るような自然な状況で行われる実験研究。
- プラセボ　実験において、コントロール・グループに与えられる当たり障りのない刺激。
- 便宜的なサンプル　対象とする母集団から無作為な方法によらずに選ばれたサンプル。
- 母集団　理論を適用するケースの全体のセット。
- 無作為割り当て　実験の参加者が、独立変数Xがとりうるいくつかの値のうちの1つに無作為に割り当てられること。
- ランダム・サンプリング　研究において個々のケースを選ぶ方法で、対象となる母集団におけるどのメンバーも同じ確率で選ばれる。
- リサーチ・デザイン　因果の主張を評価する目的で比較を行う研究者の戦略。
- レプリケーション　理論における関係が一貫した方法でも証明できるかを調べるために同じ方法で同じ手順を繰り返す科学的なプロセス。

エクササイズ

1. 次の独立変数と従属変数の関係について考えよ。それぞれのケースにおいて、研究者にとって理論を検証するために実験を行うことは現実的であるか？もし現実的であるならば、何が実験において無作為に割り当てられるかを短く説明せよ。もし非現実的であるならば、なぜそうなのかを説明せよ。
   (a) 個々人の信心深さ(X)と選挙候補者に対する選好(Y)
   (b) ネガティブな政治ニュースの視聴(X)と政治的無関心(Y)
   (c) 軍務経験(X)と外交政策に対する態度(Y)
   (d) 演説者の個人的特性(X)と説得力(Y)

2. 教育程度(X)と投票参加(Y)の関係を考えてみよう。この関係を研究するにあたって、クロスセクションな観察研究のデザインと時系列な観察研究のデザインはどのように違うか?

3. 第3章の「なぜ因果関係の研究は重要か：政治学における3つの例」において研究上の問題例を紹介した。それぞれの事例において、空間単位と時間単位を特定せよ。また、それぞれの研究は実験か、クロスセクションな観察研究か、時系列な観察研究を述べよ。

4. 表4.1はクロスセクションな観察研究を用いる理論の検証のためのデータを表している。もしこの同じ理論の検証に、時系列な観察研究を用いるとしたら、データはどのような形になるか?

5. 前述の理論を検証するための2つのデザインを比較せよ。2つの観察研究のタイプにおいて、コントロールしたいZ変数としてはどのようなものがあるか?

6. 表4.2は時系列な観察研究を用いる理論の検証のためのデータを表している。もしこの同じ理論の検証に、クロスセクションな観察研究を用いるとしたら、データはどのような形になるか?

7. 前述の理論を検証するための2つのデザインを比較せよ。2つの観察研究のタイプにおいて、コントロールしたいZ変数としてはどのようなものがあるか?

8. 大学図書館の検索システムもしくはGoogle Scholarを用いて、以下の論文を探し、用いられているリサーチ・デザインは実験か、クロスセクションな観察研究か、時系列な観察研究かを述べよ。

(a) Clarke, Harold D., William Mishler, and Paul Whiteley. 1990. "Recapturing the Falklands: Models of Conservative Popularity, 1979-84." *British Journal of Political Science* 20(1): 63-81.

(b) Gibson, James I., Gregory A. Caldeira, and Vanessa A. Baird. 1998. "On the Legitimacy of National High Courts." *American Political Science Review* 92(2): 343-458.

(c) Druckman, James N. 2001. "The Implications of Framing Effect for Citizen Competence." *Political Behavior* 23(3): 225-256.

第5章

概念を測る

概観　政治学における研究は、概念の間に因果関係が存在するかを明らかにすることであるが、実際に分析するのは変数間の統計的な関係である。したがって重要なのは、関心のあるその概念を明確に理解し、妥当で信頼できる方法で測定できているか、である。測定の重要性について論じる際には、政治学の文脈に沿って政治的寛容の概念などいくつかの例を用いる。政治的寛容と不寛容は現実の事柄であり、人々の心や頭の中に様々な程度で存在するものである。しかし、どのようにこれを測定するのだろうか？もし測定が正確ではなかったらどうなるか？

I know it when I see it.
　　　── Associate Justice of the United States Supreme Court Potter Stewart, in an attempt to
define "obscenity" in a concurring opinion in *Jacobellis v. Ohio*（1964）

These go to eleven.
　　　── Nigel Tufnel（played by Chirstopher Guest）, describing the volume knob on his
amplifier, in the movie *This Is Spinal Tap*

5.1　データを知る

　政治学において理論の役割は重要である。政治学研究では、まず、政治学的に興味深い2つの概念の間にある因果関係に着目する。この時点は、政治

についての自分自身の理論を発展させようと試みる段階である。その理論が第1章で整理した科学への道のルールに沿っているならば、理論は2変数の因果関係を説明するものであり、一般的かつシンプルなものとなっているはずである。理論はまた洗練されて巧みなものであるかもしれない。

この時点において、理論が実際に何を意味して何を意味しないかを立ち止まって考える必要がある。図1.2を見返してみよう。これまで述べてきたように、理論とは2つ以上の概念の間に考えられる因果関係についての推測にすぎない。実世界から得た証拠を評価し、経験的な証拠を用いて4つの因果のハードルをクリアするまでは、その理論は「なんとなく支持されるはず」という根拠のない結論に至ってはならない。言い換えれば、図1.2に表されているプロセスをパスするまでは理論を評価できないのである。本章では操作化(operationalization)、やや抽象的な概念のレベルから現実的な測定レベルへ変数を転換することを扱う。全ての変数をこの重要なプロセスに注意深く通したのちに初めて、仮説検証や理論の評価の段階に移ることができる。

理論は「概念の間の関係」についての記述であることは繰り返し述べた。とすると、理論検証のために証拠を探すとき、これら概念は実際に「観察」されるものではないという現実に直面することになる。政治学における多くの概念は本質的にあいまいで、直接的な方法で経験的に観察することが不可能であり、量的に測定することが非常に困難な場合もある。したがって、理論を評価する際に選ぶデータについて慎重な検討が必要となる。

これまで多くのデータの例を見てきたが、データを得るプロセスやデータを分析する方法については論じてこなかった。図1.2で言えば、今やろうとしていることは、「理論−概念レベル」から「経験−測定レベル」に移ろうとしている段階である。理論的な概念のそれぞれにおいて様々な操作化もしくは測定の戦略がある。前章で触れたように、最初の重要な決定の1つは、実験的研究を行うか観察的研究を行うかである。本章では、理論を観察的に検証する前提で進めていく。

理論検証のエクササイズとして、図1.2にならって自分自身の理論の図を作り、自分の理論を検証する理想的なセットアップはどのようなものになるか考える訓練がある。まず、クロスセクションなリサーチ・デザインか時系列なリサーチ・デザインかを決める。次に理論検証にマッチする時間的次元と空間的次元を決定する。その次に考えるのが、独立変数と従属変数の理想

的な測定方法である。

　理想的なデータについて考えるときに、多くの学生が直観的に思いつくのは、自分自身でデータを集める、しかもおそらくサーベイを実施することである[1]。研究を初めて行う場合、自分自身でデータを集めることの困難さと時間的・金銭的費用について過小評価しがちである。したがって、研究初心者の段階ではどのようなデータが存在して一般に利用可能であるかを探したほうがよい。

　現在、政治学研究においては、インターネットやその他のアクセス可能なリソースから無尽蔵にデータを得ることができる[2]。しかし、データがインターネットから容易に入手できるとしても、実施したい仮説検証にとって完全に理想的なデータがあるとは限らない。本章では、見つけたデータセットが目的に適しているかを決定するにあたって注意すべきこと、データを統計プログラムに読み込んだあとにデータについて理解すべきこと、について記す。初めに、変数の測定方法について、次に測定の問題と概念をできるだけ正確に測定することの重要性について述べる。このプロセスを通して、自分自身の仮説検証に用いる変数の測定の正しさを評価する技術のみならず、他の研究者の測定戦略について評価する技術も身に付くであろう。

　測定についてのセクションでは社会科学一般から始める。まず、同じ社会科学の中でも経済学と心理学における例を紹介し、変数の測定がそれぞれの分野でやや異なることを示す。政治学においては、変数をどのように測るかという点の違いから実に多様な変数が存在する。続くセクションでは測定の核となる概念を論じ、政治学研究からいくつかの例を紹介する。これらの核となる概念の議論を通して、数値として扱うことに違和感のない幅をもつ変数の測定に焦点をあてる。

1　サーベイはとりわけ厄介な選択である。多くの大学では、サーベイを実施するにあたって研究倫理委員会の承認を受ける必要がある。

2　見過ごされがちなリソースの1つは大学図書館である。図書館利用はアナログな方法に思えるかもしれないが、大学図書館はデータソースへのアクセス権を購入していることも多く、図書館員はインターネット・データの所在のエキスパートでもある。

5.2 社会科学における測定：人間の行動を数値化する

測定は、物理学や化学といった物理科学の分野から、経済学・政治学・心理学といった社会科学の分野まで、全ての科学分野において重要な問題である。物理科学における測定の問題は、器具や方法の問題であることが多い。物理科学者は、例えば化学反応で発生する気体の量や星の発光量などを測定するにあたって特定の測定手順を発展させてきた。これに対して、社会科学は比較的歴史が浅く、重要な概念に対して確立した測定方法があることは稀である。社会科学は本質的に予測困難な対象、つまり人間を扱っているからである。

測定の問題は全ての社会科学に存在する。全ての社会科学の分野において測定が等しく問題であるということは間違っているかもしれない。測定に関して比較的問題を感じていない分野もあれば、測定に関してコンスタントに論争になる分野もあるだろう。

経済学の例、ドル（もしくはユーロや円でもよい）を考えてみよう。もし対象とする概念が「経済生産」であるならば、例えば国内総生産(GDP)は一定の期間における労働や資産が生み出す財やサービスの総額と定義されることから、対象とする概念に一致する経験的観察として国内総生産を用いることは比較的易しい問題である[3]。このような測定は多くの研究者の間で論争とはならない。経済学者が経済生産の測定について一致しているのであれば、次の科学的プロセスのステップに進み、何が経済生産の増減をもたらすのかについて議論することになる。そしてこの議論は現在進行形である。

もちろん、経済学における全ての概念がこのように簡単に測定されるわけではない。例えば、経済学において「貧困」は大きな関心事である。なぜ貧しい人とそうでない人がいるのか？何が貧困をもたらすのか？なぜ貧困率は時間の経過とともに上下するのか？貧困は確かに現実に存在する問題であるにもかかわらず、誰が貧しくて誰が貧しくないのかを測定し数値化することはかなり厄介な問題である。アメリカ連邦政府は貧困の概念を「世帯人数、世帯主の年齢、世帯内の18歳未満の子供の数によって調整した一定の収入ラインより低い状態」と定義している[4]。一定の収入ラインは、最低限に適切に

3　例えばアメリカ連邦政府のGDPの測定方法についての詳細はhttp://www.bea.govを参照。

4　http://www.census.gov/hhes/www/poverty/poverty.htmlを参照。

活動できる消費レベルと定義されている[5]。貧困の概念はこのように定義されているが、これを経験的に観察することは難しい。例えば、アメリカ合衆国を含む多くの西欧民主主義国が、現金給付や食料配給券や健康保険補助といった一定の収入以下の市民に対して給付を行う福祉政策を実施している。このような政策はもちろん生活困窮者を援助する目的で実施されている。ここで、個人が貧困状態にあるか否かを決定するために個人の収入を測定するとしよう。この場合、政府からの給付を受給する前の収入（当初所得）を用いるべきなのか？もしくは給付後の収入（再分配所得）を測るべきなのか？給付前の収入（当初所得）を用いた場合、民間部門の経済状態を測っていることになる。一方で、給付後の収入（再分配所得）を用いた場合、福祉政策の効果や人々の実際の生活基準を測っていることになる。より具体的な例として、退職者・高齢者が増えてくる高齢化社会を考えてみよう。給付前の貧困測定方法を用いた場合は、社会保障給付が考慮されないことから、経済全体の健全さにもかかわらず、貧困率はこれから数十年にわたって急激に上昇していくだろう。これは測ろうとしている「貧困」を正確に表しているだろうか（Danziger and Gottschalk 1983）。

練習：経済学における測定問題

経済学では測定の問題はあまり生じないが、「貧困」を測ることの難しさを例として挙げた。経済学において、このような概念を測ることが難しい他の事例を思いつくだろうか。

　上記のような貧困の定義の問題はあるにせよ、経済学では貨幣のような対象の特性により、測定に関して問題が生じるケースは限定的である。これと対照にあるのが心理学である。心理学における対象は人間の行動や認知や感情であり、測定することが非常に困難な概念であふれている。例えば、「う

5　この定義における「最低限に適切」とは何か？ 1950年もしくは1985年における「最低限に適切」に適う生活が、今日でも「最低限に適切」な生活であるだろうか？これは過去と今日の貧困率を比較することの難しさを気づかせてくれる。もし「最低限に適切」な生活の基準が上がっていくなら、貧困率を時系列で比較することは注意深く扱うべきである。

つ」の概念は実際に存在するものである。うつになる人もいれば、ならない人もいる。今日はうつの人でも時間の経過によってうつではなくなることもあるし、今日うつではない人も、いつかうつになることがある。しかし、どうやってその人がうつであるかないかを判断することができるのだろうか？現在のところ、「うつ」を診断するには、指先採血検査でわかるような明確なテストがあるわけではない[6]。そもそも、なぜ「うつ」を正確に測ることが重要なのだろうか？それは測定の問題をクリアできなかったら、仮説検証の段階にも進めないし、正しく測れていない概念の効果を検証することは意味がないからである。つまり、「うつ」を適切に測定することができなかったら、臨床治療や抗うつ薬の効果を検証できないのである[7]。心理学ではこのほか「不安」といったようなつかみにくい概念を扱うし、社会心理学においては「ステレオタイプ」「偏見」といった政治でも対象となる概念を扱う。

　政治学における測定の問題は、経済学と心理学のあいだにある。政治学の中でも分野によっては測定の問題が深刻でないこともある。例えば、政治経済学では、経済と政策、経済と選挙、政策と消費者信頼感といった関係を見るので、測定の問題は経済学と同様になる。一方で、政治心理学のような分野では、頻繁に測定の問題にぶつかる。例えば、個々の市民がどのように政治に関わるかの研究は人間の態度や感情といった面に焦点をあてるため、社会心理学と同じような測定の問題がある。

　政治学において測定の問題が重要となる概念の例を以下にあげる。

- **司法積極主義**：アメリカにおいては、政策決定過程における司法の役割は常に論争の的である。連邦裁判所は重要な人権の保護者であるという見方がある一方で、裁判官が選挙によって選ばれないという理由で司法は民主主義にとっての脅威であるという見方もある。どのようにして「司法積極主義的な裁判官」であるもしくは「司法積極主義的な判決」

6　1952年以来、American Psychiatric Press Inc.は *Diagnostic and Statistical Manual of Mental Disorders* を出版し続けている。現在、うつはDSM-5において定義された以下の4つの兆候に着目して診断される：気分、引きこもりなどの行動的兆候、集中力の欠如などの認知的傾向、そして不眠症などの身体的兆候。

7　例えば、臨床におけるトークセラピーの効果は心理学者のあいだで論争となっている。詳細は Susan Gilbert の記事、"Married with Problems? Therapy May Not Help," *New York Times*, April 19, 2005を参照。

であると特定することが可能だろうか？このケースでは、そもそも「積極主義」の概念も保守とリベラルで一致していない。Stefanie Lindquist and Frank Cross（2009）は、この問題に挑戦し、積極主義には以下３つの次元があることを主張している。(1)判決が大統領や立法府に影響する範囲、(2)司法が権力を得ようとする程度、(3)裁判所が法的安定性を図る程度[8]。

練習：司法積極主義について考える

Lindquist and Cross（2009）による司法積極主義の３要素は、存在するがつかみどころのない概念を測ろうとする努力である。この３要素以外に司法積極主義をあらわす要素はあるだろうか？

- **連邦議会のリベラル度**：政治コメンテーターたちはアメリカ合衆国連邦議会の会期ごとに、現在の議会のリベラル度合い（もしくは保守度合い）を一会期前の議会と比較する。議会における記名投票の結果から、連邦議会がリベラル化しているか保守化しているか、時系列変化を知ることはできるだろうか（Poole and Rosenthal 1997）？この方法で、個々の議員が次第にリベラルになるのか保守になるのか、それとも議会全体が次第にリベラルになるのか保守になるのか、その区別がつくだろうか。また、全く同じ法案に対する投票の変化を見るわけでもないことに注意したい。

練習：議会のリベラル度を考える

Poole and Rosenthalは、議会における記名投票の結果をもとに議会のリベラル度を測った。このほかに、ある議員のリベラル度もしくは保守度を測る方法はあるだろうか。Lauderdale and Herzog（2016）がどのように測ったか調べてみよう。

8　この点に関するジャーナリストの観点からの説明として、Dahlia Lithwickの記事、"Activist, Schmactivist," *New York Times*, August 15, 2004を参照。

- **政治的正当性**：どのようにして「正当な」政府と「非正当な」政府の区別をするのだろうか？鍵となるのは「いかに市民が政府の権威を評価するか」（Weatherford 1992）である。好意的に判断する市民もいれば、否定的に評価する市民もいるだろう。正当性とは客観的に決定できるものなのだろうか？それとも本質的に市民の主観によるものなのだろうか？
- **政治的洗練性**：政治についてより知識があって政治的情報をより適切に処理する市民がいる一方で、政治的な事柄についてほとんど知らず全く気にかけない市民もいる。どのようにして、この政治的に洗練された市民と政治的に洗練されていない市民を区別できるだろうか？また、どのようにして、社会全体の政治的洗練性のレベルが時間の経過とともに増減するか把握することができるだろうか（Luskin 1987）？
- **ソーシャルキャピタル**：密な関係のネットワークをもち、比較的高いレベルの関係性で特徴づけられる結束的な社会がある一方で、高い孤立度や低い相互信頼度を特徴とする社会も存在する。この社会における他者との関係性のレベルは社会科学においてソーシャルキャピタルと呼ばれるが、異なる社会におけるソーシャルキャピタルの比較や、ある社会におけるソーシャルキャピタルの時系列的変化をみるために、どうやってソーシャルキャピタルを測定することができるだろうか（Putnam 2000）？

　このほか、セクション5.4と5.5では、政治学における2つの重要な概念、民主主義と政治的寛容をめぐる測定の論争を取り上げる。その前に、次のセクションでは概念を測る指針について述べる。

5.3　概念を測定する際の問題

　仮説検証の準備として概念を測定することの問題は以下のように要約することができる。第一に、概念は明確でなければならない。第二に、合理的な測定レベルを決める。第三に、その測定は妥当性かつ信頼性がなければならない。理論における全ての変数に関して、このプロセスを繰り返したのち、仮説検証へと進むことができる。

　残念ながら、概念を測るにあたり明確な地図というものはない。簡単に測れる変数もあれば、測ろうとするものの本質的な理由から非常にとらえにく

第5章　概念を測る　131

い変数もある。以下に見るように、多くの政治学の分野において、測定にまつわる論争がある。

5.3.1　概念の明確さ

　測定の最初のステップは、測ろうとしているその概念を明確にすることである。このステップは時には非常に困難なタスクとなることがある。理論化しようとしている概念が何を意味するのか、正確に探し出すのに非常に厳格な思考を要することもあるし、やや簡単にみえる例においても、当初の予想よりはるかに難しいことがある。

　例えば、サーベイにおいて個人の所得を測定する必要があるとしよう。これは簡単に見えるかもしれない。対象とする母集団から回答者サンプルをとったあと、回答者に「あなたの所得はどのくらいですか？」と尋ね、例えば10,000ドル（100万円）ごとの金額の幅を提示し、回答者に選んでもらうとする。この測定方法は問題がないように見えて、問題となる場合がある。19歳の大学生の例を考えてみる。彼女の両親は非常に裕福であるが、彼女自身は全く働いていない。この学生の昨年の所得は、ゼロである。確かに、ゼロという回答は質問に対する正しい回答である。しかし、ゼロは、彼女の所得の妥当な測定ではない場合がある。サーベイにおける所得の測定には、彼女の両親が一定の収入を得ており、それによって彼女は大学に通うにあたって働く必要がないという事実を反映させたい場合がある。この場合の彼女の所得は、大学の授業料を払うために週40時間働く比較的貧しい学生よりも高い状態とする測定が必要となる。したがって、シンプルに「あなたの所得はどのくらいですか」と聞く質問の代わりに「あなたを含めてあなたの世帯における他の大人たちの最新会計年度の所得総額はいくらですか？」と聞く必要があるかもしれない。この測定方法ならば、裕福な両親を持つ働いていない学生の所得を、裕福でない家庭の学生よりも上に持ってくることができる。多くの社会科学の目的に照らし、この「所得」の測定は理論的に最もよく使われている[9]。

　つまり、概念を測るベストな方法は、理論的な目的によるのである。回答者の所得のようにシンプルに測る方法がベストであるかどうかは、仮説検証

9　同じ問題は定年退職した人々の所得を測る際にも生じる。

132

において何との関係を検証するかによる。

5.3.2 信頼性

概念の測定方法は反復可能で一貫しているという意味で信頼性を必要とする。つまり、同じ測定ルールを用いて、同じケースや観察対象を測定すると全く同じ結果になるはずである。対照的に信頼性のない測定では、同じ観察対象に対して一貫していない測定結果となる。測定は信頼性があることが望ましい。

測定の信頼性を理解するのにもっとも簡単な例は体重計である。ある朝、体重計にのって150ポンド(68キロ)と表示されたとする。体重計から降りたら、表示はゼロになる。その150ポンド(68キロ)という体重計の表示がちょっと信じられず、「もう1回体重計にのったらもっといい数字になるかな？」と考えるかもしれない。これは**信頼性**のチェックである。もし体重計に再度のって、今度は146ポンド(66キロ)と表示されたら、この体重計は信頼性がない。ある時点における体重という同じケースにおいて繰り返した測定が異なる結果を示しているからである。

体重計の例を続けよう。時間経過による変化と非信頼性を混同すべきではない。もし1週間後、朝起きて再び同じ体重計にのり、150ポンドではなく157ポンド(71キロ)と表示されたとしたら、それは必ずしも体重計の信頼性がないということを意味しない(信頼性がないことまでは否定できない)。もしかしたら、7ポンド(3キロ)の増加は夕食時においてサラダの代わりにフライド・ポテトを食べた結果かもしれないし、あまり運動しなかった結果かもしれない。

練習：所得測定の信頼性

サーベイ回答者の所得を測る2つの質問「あなたの所得はどのくらいですか」「あなたを含めてあなたの世帯における他の大人たちの最新会計年度の所得総額はいくらですか？」が、信頼性のない測定となるかもしれない(それぞれの)理由を思いつくだろうか。自分で回答してみることでわかるかもしれない。

信頼性は、量的分析をするためにイベントやテキストをコード化(数値化)

するときに重要な問題となる。例えば、ある選挙における立候補者に対して好ましいもしくは好ましくない報道内容をコード化するとする。この場合、特定のコーディングのルールを定め、報道メディアに掲載される記事において、例えばその候補者に関する言及を内容にしたがって「好意的」「批判的」として数えていくとする。このコーディング作業を、学生グループが担当するとする。信頼性のあるコーディング・ルールであれば、同じ記事をどの学生がコード化しても同じ結果になる。信頼性のないコーディング・ルール、つまりルールがあいまいであると、2人の学生が同じ記事において同じルールでコーディングしても異なる結果となる[10]。同じ問題は、報道記事内容そのものではなく報道された回数を数える場合にも起きる[11]。

5.3.3 測定バイアスと信頼性

測定の問題の1つに**測定バイアス**がある。測定バイアスとは変数の値がシステマティックに過大もしくは過小に測定されることである。測定バイアスは変数の「真の値」を知りたい場合は深刻な問題となるが、理論検証の目的からはそこまで深刻な問題ではない。例えば、ある変数に対して2つの異なる測定方法のうち1つを選ばなければならないと想定しよう。測定方法Aはバイアスがあるが信頼性があり、測定方法Bはバイアスがないが信頼性がないとする。理論検証の目的からは、バイアスがあるが信頼性のある測定方法Aを選ぶべきだろう。

この問題は、第8章以降の統計的仮説検証を理解することで、より納得がいく。今のところは、仮説を検証するにあたって求めるのは2つの変数の間の一般的なパターンであることを覚えておいてほしい。例えば、仮説検証では、Xのより高い値はYのより高い値をもたらすのか、それともXのより高い値はYのより低い値をもたらすのかを確認する。もしXの測定が上方にバイアスがあったとしても（つまり一様にXの値がやや高めに測定されていたとしても）、Yとの関係においては、Xの測定にバイアスがないときと同じように一般的なパターンが見えるであろう。しかし、もしXの測定に信頼性がなかったら、その測定は何を測ったものなのかにおいて信頼性がないた

10　もちろんコーディング・ルールの信頼性は完璧であるが、コーディングする人に対する信頼性はないという可能性もある。

11　信頼性の評価には様々な手段があるが、本書の範囲を超えるので割愛する。

め、XとYの関係は不透明になる。

5.3.4　妥当性

　測定における最も重要な特徴は妥当性である。妥当な測定とは、測定するべき概念を正確に表しており、妥当ではない測定は本来意図していたものとは全く異なるものを測定していることになる。この説明は回りくどく聞こえるかもしれない。

　社会科学における厄介な測定の例として、「偏見」という概念を測る例を考えよう。「偏見」は社会心理学と政治学の研究において重要であり続けてきた。個々人のレベルでは偏見の程度は様々であり、ほとんど見えない程度から非常に高い程度まである。偏見を測ることは社会心理学の観点からは重要であり、例えば、どんな要因が一定の人々に偏見を抱かせ、他の人々に抱かせないのかのメカニズムを明らかにしようとするときに「偏見」を測ることが重要となる。政治学においては、偏見をもつことによってどのような政治的態度となるか、どのような政治行動をとるかという研究が行われる。この「偏見」はどうやって測ればよいのか？自白剤を用いないのであれば、誰が大きな偏見を抱いており、誰がちょっとした偏見を抱いており、そして誰が全く偏見をもっていないかを区別できる、偏見の量的測定はどのように行うのだろうか？ここで、サーベイの回答者に偏見を持っているか否かを次の質問のように尋ねるとしよう。「あなたと異なる人種や民族性をもつ人々について、あなたは非常に偏見を抱いている、多少の偏見を抱いている、微小な偏見を抱いている、全く偏見を持っていないですか？」この質問に対する回答は、偏見の真の程度を正確に反映しているだろうか？この回答による測定は、**妥当性**が明らかに疑わしい。

　測定の妥当性を査定する方法はいろいろあるが、残念ながら、妥当性度75％というような測定の妥当性をチェックする0から100までのシンプルなスケールがあるわけではない。その代わり、測定の妥当性をチェックするいくつか重複する方法がある。第一に、測定の**表面妥当性**である。測定の戦略にあたって最初にすることは、表面的にその測定が、測ろうとしているもの測っているか、を問うことである。これは表面妥当性という。第二に、測定の**内容妥当性**を詳細にチェックする。測ろうとしている概念は何か？その概念やその概念を定義する特徴の不可欠な要素は何か？その概念の構成に含ま

れないものを除外したか？例えば、民主主義の概念は「選挙」の要素を含む。しかし、民主主義の測定には選挙以外のものも含まれるはずである。なぜなら、民主主義国家ではない北朝鮮のような国においても選挙は実施されているからである。とすると、民主主義の妥当な測定には他にどんな要素があるべきだろうか？（この点は後のセクションで扱う。）基本的に、内容妥当性は、測定したい概念を定義する全ての決定的な要素をリストアップする厳格なプロセスである。第三に、測定の**構成妥当性**をチェックする必要がある。その測定と理論的に関連するはずの他の測定に、実際関連があるかどうかをチェックする。つまり、もし民主化と経済発展が関係するという理論があるならば、民主主義の測定は経済発展の測定と関連する必要がある。そして、その測定を用いて民主化と経済発展の理論を確認することによって、測定が妥当なものであると確認できる。ただ、このアプローチの欠点は、予想した関係が存在しない場合の対処法がない点である。例えば、民主主義の測定と経済発展の測定が関係なかった場合、それは民主主義の測定が妥当ではなかったからなのか、もしくは民主化と経済発展の理論が間違っているからなのか、もしくは両方か、これに対する決定的な回答はない。

練習：変化するメディア環境におけるニュース視聴量を測る

よくニュースを視聴する人がいる一方で、全くニュースを見ない人もいる。つい最近まで、ニュース消費量を測るときは、サーベイにおいて週に何日TVでニュースを視聴し、新聞を読んだかを尋ねていた。今日、スマートフォンにおけるニュースアプリやソーシャルメディアの登場によってメディアの状況は大きく変わった。この状況で、個々の市民がニュースを視聴する量を測る信頼性かつ妥当性のある測定方法を考えてみよう。

5.3.5 妥当性と信頼性の関係

妥当性と信頼性にどんな関係があるだろうか？妥当であるが信頼性のない測定は存在するか？信頼性はあるが妥当ではない測定はあるか？後者の質問に対しては、論争が存在する。つまり、信頼性はあるが妥当ではない測定は存在しうるという主張がある。抽象的思考ではこれは可能である。しかし、本書では、因果理論を評価する点で概念を測定することに関心がある以上、

信頼性はあるが妥当ではない測定は、因果理論を評価するにあたって好ましくない。

同様に、妥当ではあるが信頼性がない測定も理論的には可能である。しかし、この測定もまた因果理論を評価するにあたっては、仮説検証の意義がゆらぐという意味で問題である。信頼性と妥当性の関係を図5.1に示した。もし測定に信頼性がないならば、その妥当性を評価する意味はない。測定に信頼性があるのであれば、その妥当性を評価し、そして信頼性があって妥当性がある測定のみが因果理論を評価するにあたって有用である。

図5.1 信頼性、妥当性、仮説検証

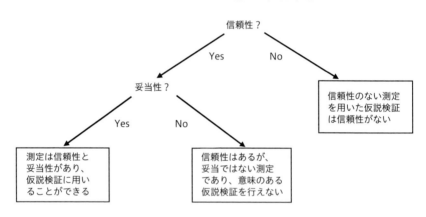

5.4 論争1：民主主義の測定

民主主義とはyesかnoか、つまり国家が民主主義であるか否かは1か0であるかのように考えたい誘惑にかられるかもしれないが、民主主義とは1か0ではなく連続的なものである[12]。つまり、政府が民主的である程度は様々である。さらに、ある国家は他の国家よりもより民主的であったり、時間の経過で1つの国家の民主度も変化したりする。

---

[12] 政治学においてもこの考えは論争の的である。民主主義を2値の概念として測るか連続体として測るかについての興味深い議論はElkins（2000）を参照。

しかし、民主主義を一方に、他方に全体主義を置いた連続的な次元を定義することは簡単ではない。Porter Stewartアメリカ連邦最高裁判事の「見れば分かる」という定義を用いたい誘惑にかられるかもしれないが、きちんと考える必要がある。まず民主主義は何を意味するのかを自問することから始める。政府をより民主的にする、もしくはより非民主的にする要素は何だろうか？政治哲学者のRobert Dahl（1971）は民主主義には「競争」と「参加」の2つの属性があるという説得力のある議論を展開した。つまりDahlによれば、民主主義は競争的選挙によってリーダーを選び、参加のルールを幅広く内包するものである。

2000年代あたりから、政治学では民主主義をシステマティックに測定する試みがある[13]。普遍的に受け入れられたわけではないが、最もよく知られているものとして、Polity IVという測定がある[14]。このプロジェクトにおいては1800年から2004年における地球上に存在したすべての国について－10（非常に独裁的）から＋10（非常に民主的）までの民主主義の年次スコアを測定している[15]。このスコアにおいて、民主主義は以下の4つで構成される。

1. 行政機関の補充が定期的にあること
2. 行政機関の補充において競争があること
3. 行政機関の補充が公開されていること
4. 最高行政官に制約があること

これらのそれぞれの次元において、それぞれの国家が特定のスケールで格付けされる。例えば、最初の基準「行政機関の補充が定期的にあること」は以下の値をとりうる。

13　これらの様々な測定についてはMunck and Verkuilen（2002）を参照。

14　Polity IVの国ごとの時系列データへのアクセスは下記より可能である。http://www.cidcm.umd.edu/inscr/polity

15　このスコアは民主主義と独裁主義の2つの異なる10点スケールで構成されている。ある国におけるある年のPolityスコアは民主主義スコアから独裁主義スコアを引いたものである。例えば、民主主義スコアにおいて10点で独裁主義スコアにおいて0点の国はPolityスコアが10となる。

- ＋3 　広く認められている団体間の定期的な競争
- ＋2 　暫定的な競争
- ＋1 　党派間もしくは制限的なパターンの競争
- 　0 　競争なし

　このスケールに従えば、民族間競争にとどまらない意味でのグループ間における定期的な選挙がある国家は、より高いスコアを得ることになる。同様の手順で他の次元においてもスコアを形成し、民主主義のスケールとなる。

図5.2　ブラジルのPolity IVスコア

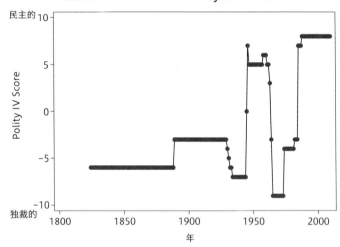

　図5.2は1824年から2010年までのブラジルのPolityスコアである[16]。スコアが高いところはブラジルがより民主的であった期間を示し、スコアが低いところはブラジルがより独裁的であった期間を示している。1822年にブラジルがポルトガルから独立宣言をして以来、ブラジルの民主的経験には大きな変化がある。ブラジルの政治史と照らし合わせると、このPolityスコアは民主主義の測定として表面妥当性があるように見える。ポルトガルから独立宣言

16　http://www.systemicpeace.org/inscr/inscr.htm

したのち、ブラジルでは皇帝による立憲君主制が敷かれた。1889年のクーデターを経て、ブラジルは共和制へと移行するが、2つの独占的州からのエリートによって厳しく支配される政治が続いた。この体制移行はPolityスコアが−6から−3へと動いているのと一致する。1930年からはクーデターと反クーデターが相次ぐ。この時期の研究によれば（例えばSkidmore 2009）、この時期の政府はより独裁的になっていった点で一致している。Polityスコアはこの動きを反映している。1945年の軍隊によるクーデター後、比較的民主的な政府となった。この体制は1960年代半ばまで続き、さらに不安定な期間を経て軍事的独裁制となる。この期間はブラジルの政治史において最も政治的に抑圧された体制であると広く認識されている。1974年には軍事政府は限定的な選挙と政治活動を容認する。1985年、ブラジルは文民の大統領を選出し、現在の民主主義体制の開始とみなされている。これらブラジル政治史における大きな動きのそれぞれはPolityスコアに反映されており、したがって、Polityスコアは表面妥当性を持つと言えよう。

　図5.2からわかるようにPolityスコアは歴史的詳細にあふれている。コーディングのルールは透明性があって明確であり、スコアとなる生の情報量は豊富にある。しかし、公平に批判するならば、PolityスコアはDahlの民主主義の定義の1つしか含んでいない。PolityスコアはDahlが「競争」と呼んだ、国家のリーダーを決定する公開された競争が存在することについて豊富な情報を内包するが、Dahlが「参加」と名付けた、市民が政治的プロセスや活動にどの程度関わるか、についての国家の程度については情報がない。この点は、この研究の時間的範囲を考えればやむをえないかもしれない。Polityスコアが始まる1800年という時代において、有権者資格に制限を設けない選挙参加がある国はほとんど存在しなかった。第二次世界大戦後にようやく普通選挙と民主的参加は世界中に急速に広がった。もし選挙権の拡大によって世界がより民主的な場所となっているのであれば、民主主義の測定はこの現実を内包するべきである。Polityスコアが概念的に民主的であることの一面（競争）のみを含み、他の面（参加）を無視していることから、この測定は内容妥当性を欠いていると言うことができる。Polity Ⅳスコアは多くの利点があるものの、概念的には民主主義を十分に描いていないのである。

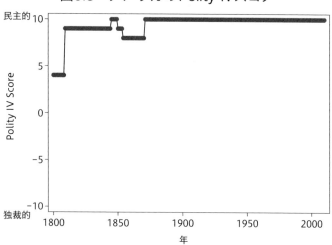

図5.3 アメリカのPolity IVスコア

　この問題は図5.3にあるようにアメリカ合衆国のPolityスコアを調べることによって明らかになる。図5.3では1800年から2010年までのスコアが示してある。共和制開始からほぼ10点のスコアが続いている。例外は南北戦争時のリンカーン大統領が人身保護令状を停止したときである。つまり合衆国は歴史的により民主的な国家であり続けていたことになるが、これは参加の次元をとらえていないPolityスコア上の話である。投票権のような民主的政治参加の例を考えてみても分かる。奴隷制はアフリカ系アメリカ人に投票権を含めて多くの制限を課していた。南部における黒人差別法は南北戦争後の1世紀近くにわたってこれらの制限を維持してきた。女性もまた1920年に米国憲法修正第19条が承認されるまで参政権を与えられなかった。これらの変化が合衆国をより民主化したわけではないと論じることは難しいが、図5.3にはこれらの変化は反映されていない。ただし、Polityスコアは意味がないというわけではなく、民主主義の鍵となる概念の1つである「参加」を測定に含めていないために内容妥当性を欠いているだけに過ぎない。

5.5　論争2：政治的寛容の測定

　ある人は非常に「寛容」である一方で、非常に「不寛容」である人も存在し、その「寛容」の程度は連続していることは理解できる。つまり、概念レ

ベルでの政治的寛容と不寛容は現実に存在するものである。より寛容な人もいれば、より不寛容な人もいる。政治学においては、この政治的寛容と不寛容が関心のあるテーマの1つである。ある人を寛容にさせ、他の人を不寛容にさせる何らかのシステマティックな要因は存在するのであろうか？

　政治的寛容を「測る」ことは簡単ではない。寛容は、コレステロールのように簡単な血液検査で判明するものではない。政治的寛容を測るためにサーベイを実施して回答者に直接「あなたは寛容ですか不寛容ですか？」と尋ねるのはあまりに馬鹿正直なアプローチである。もしこのような調査を実施したら、非常に高い「寛容」率をたたき出すだろう。なぜなら「はい、私は不寛容です」と回答する人はほとんどいないからである。自分自身に不寛容な部分があることを自覚している人でも、世論調査員を前にするとその事実を認めない傾向がある。とすると、「寛容」はどのように測ればよいのであろうか？

　1950年代、ソビエト共産主義の拡大がアメリカにとって最大の脅威であった時期において、Samuel Stouffer (1955)は一連の世論調査を実施し、人々がどのように「赤の恐怖」に反応するかを測定した。アメリカでは公立学校で教える権利、盗聴の対象からの自由などといった権利や自由が市民に意識されている。世論調査では、このような人権を、当時気味悪がられていた集団—共産主義者や社会主義者や無神論者—にも適用することを認めるかどうかを尋ねた。その結果、人々はこのような権利や自由を、特定の集団には認めたがらなかった。つまり、Stoufferはこの測定において、様々な人々が不寛容であることを発見したのである。不寛容の正確な割合はターゲットとされた集団や言及された例によって様々であるが、不寛容は確実に存在し、回答者の少なくとも70%は不寛容な回答をしている。Stoufferはまた、個人の寛容さを予測する最も大きな要因は学校教育であることも発見した。より教育を受けた人々はより寛容であり、より教育を受けていない人々はより不寛容であった。1970年代に「赤の恐怖」が他のものに代わられたとき、同様の世論調査が行われた。その結果、不寛容の程度は20年の時を経て激減しており、1つの例のみ60%以上の不寛容さを示し、その他の例では50%以下の不寛容を示した。この結果は一見、政治的不寛容が消えつつある証拠に見えるかもしれない。

　しかしながら、1970年後半においてJohn Sullivanを代表とする研究者グ

ループはStoufferの測定の妥当性とその結論に疑問をもった。Sullivan, Pierson, and Marcus（1979）は政治的寛容の概念は敵対者の存在を前提としていることを指摘した。つまり、調査回答者が積極的に共産主義者や社会主義者や無神論者に反対の立場をとっていなければ、寛容の問題も不寛容の問題も起きないのである。例えば、無神論者が公立学校で教えることに同意する無神論者は政治的に寛容と言えるか？ Sullivanたちは否と考えた。

　Sullivanたちは寛容の概念的理解により一致する新たなサーベイに基づく質問を提案した。彼らが定義したように、寛容が敵対者の存在を前提としているならば、研究者は、サーベイ回答者は誰に対して反対しているかを見つける必要がある。全ての回答者たちが特定の1つのグループを敵とみなしているという前提は避けるべきである。Sullivanたちは当時の政治における様々な団体、例えば人種差別団体、中絶反対団体と中絶賛成団体、反資本主義過激派などをリストアップし、回答者にどの団体が最も嫌いかを尋ねた。その後の質問はStoufferと同じような質問となるが、回答者自身が最も嫌いであるとした団体に限定して尋ねた点がStoufferの測定と異なる。

　その結果、2つの知見が得られた。第一に、不寛容の程度は非常に高かった。アメリカ人の66％は彼らが最も嫌う団体メンバーが集会を開くことを禁じたく思っており、71％がそのような団体の集会を政府は禁じてもよいと思っている。第二に、この新しい寛容の概念と測定においては、教育程度ではなく、ターゲットとされた団体の脅威的な性質に対する個人的な感じ方が不寛容の第一の予測要因であった。言い換えると、ターゲットとされた団体をとりわけ脅威に感じる人はより不寛容な傾向があり、最も嫌いな団体をそれほど脅威と思わない人はより寛容な傾向があった。つまり、教育は寛容に直接的な影響をもたなかった。この意味で、重要な概念を異なる方法で測定することで、原因と結果の本質的な知見も違うものとなる[17]。

　ここで、妥当な測定のもたらす結果について言及しておきたい。SullivanたちはStoufferのサーベイ質問文は不寛容が意味することを正確にとらえていないと指摘し、寛容の妥当な測定ではないと主張した。より正確に概念を反映する寛容と不寛容の測定を作り出すことによって、アメリカにおける不寛容社会の継続のみならず、寛容と不寛容を決定する要因においても異なる

17　反論としてGibson（1992）を参照。

発見をしたことになる。

5.6 測定に失敗したら？

　もし理論において鍵となる概念を測定し損ね、妥当性にも信頼性にも欠けるようなことになったら何が起こるか？図1.2に戻り、理論レベルでの抽象的な概念と現実世界で観察する変数の区別について思い出そう。現実世界で観察した変数が抽象的な概念を正確に反映していなかったら、理論の経験的支持を評価する能力にも影響する。つまり、観察した概念の測定に失敗した場合、どうやって理論が支持されていると知ることができるだろうか？　理論における抽象的概念の本質をとらえていない測定のもとに経験的分析が行われたら、その結果に対していかなる自信ももつことができないだろう。つまり、測定に失敗したら仮説検証結果は意味がないのである。その意味で、概念の測定において信頼性かつ妥当な測定をすることは非常に重要である。

5.7 結論

　概念をいかにして測定するかは重要である。これまでの事例で見てきたように、異なる測定戦略は因果関係の検証についても異なる結果をもたらしうる。そして、因果関係についての結論こそが最も重要な部分である。

　本章において宿題として残されている点は、測定は理論を欠いた状態で実施できない、という点である。研究活動の理論的目的から、我々が測ろうとしているものをどのように測るかのプロセスを公開する必要がある。例えば、貧困の測定には様々な方法があった。この概念をどのように測るかは、どのような研究目的かによる。貧困を測るプロセスにおいて、理論的目的が貧困と戦う異なる政策の効果を評価することにある場合と、理論目的が貧困であることが個人の政治的態度にどのように影響するかを研究することにある場合では、異なる測り方になるだろう。前者の場合は、給付金受給前の貧困の測定を用いるであろうし、後者の場合は、給付金受給後の測定を用いるだろう。

キーワード

- **構成妥当性** その測定と理論的に関連する他の測定と関連の程度。
- **信頼性** 同じ測定のルールを、同じケースや観察対象に適用すると全く同じ結果となる程度。
- **測定バイアス** 1つの変数の値をシステマティックに過剰もしくは過小に測定してしまうこと。
- **妥当性** 測定が測定するべき概念を正確に反映している程度。
- **内容妥当性** 測定対象の概念を定義する不可欠な要素全てを、その測定が含んでいるかという程度。
- **表面妥当性** 表面的にその測定が測定しようとしているものを測定しているか。

エクササイズ

1. アメリカ連邦政府が市民の教育をどの程度優先しているかの努力を測るとしよう。国内総生産に対する教育費予算の割合を、政府の教育への関わりを測るものとして用いるとする。妥当性に関して、この測定の利点と弱点は何か？

2. ある候補者に関する報道を測るとしよう。新聞記事においてその候補者に対する「好感」と「批判」を示す単語をコード化する一定のルールを定めたとする。これらのルールを実行するにあたって学生を雇う代わりに、文章をコード化するためにコンピューターを用い、一連の記事において言及された特定単語の頻度を数えたとする。このようなコンピューターに基づいた測定戦略に信頼性はあるか、それはなぜか？

3. 下記の概念のそれぞれにおいて、概念を測るにあたって、測定のバイアス、妥当性、信頼性の問題は存在するか、もしくはいずれにも該当しないか。説明せよ。

   (a) 大統領支持率の概念を測るにあたって、複数回にわたるサーベイ回答者に大統領の仕事ぶりを支持するか否かを尋ねたもの
   (b) 政治腐敗の概念を測るにあたって、ある国のある年における政治腐敗に関係した政治家の割合
   (c) 世界各国の民主主義の概念を測るにあたって、各国の憲法を読み、その国家が「民主的」であると主張しているかを確認する

4. 興味のある政治学のデータセットのコードブックをダウンロードせよ。

   (a) そのデータセットとそのデータが集められた目的を説明せよ。
   (b) そのデータセットの時間的空間的次元は何か？
   コードブックにおいて、興味のある変数がどのようにコーディングされているかについての詳細を読め。

（c）そのコーディングは変数を測る信頼性のある手法に見えるか？その測定の信頼性はどのように改善されるか？

（d）その変数の測定の妥当性の様々な要素を評価せよ。その測定の妥当性はどのように改善されるか？

5. 第3章におけるエクササイズ5をまだしていなかったら、すること。ここで発展させた理論にとっての独立変数と従属変数の測定について評価せよ。それぞれの測定の信頼性と妥当性の様々な面について書け。その理論を検証するにあたってこれら変数を測定するよりよい方法を思いつくか？

第6章

データを知る

概観 記述統計とグラフは、変数を記述するツールである。記述統計によって圧縮された情報を簡潔に示すことができる。本章では最もよく使われる記述統計とグラフを紹介し、どのように解釈し、どのように使うべきか、そしてその限界についてまとめる。

6.1 データを統計的に把握する

　ここまで、変数の測定を詳細に論じてきた。個々の変数の測定においては多くの思考や努力が必要である。データを集め、それらがどのように測定されたかについて慣れてきたら、次に、変数間の因果関係の検証の前に行うべきことは、個々の変数がとる値のタイプを知ることである。この変数の典型的な値はどのようなものだろうか？これらの値はどのくらい散らばっているだろうか？

　変数間の理論化された関係を検証する前に、これら変数の特性を理解することは不可欠である。つまり、変数がどのような値をとりうるのかについて学ぶ必要がある。どのようにするのか？方法の1つとして、実際に観察した値を全てリストアップする方法がある。例えば、以下にあげるのは1876年から2016年までのアメリカ大統領選挙において二大政党候補者の得票のうち、

与党候補者の得票率である[1]。48.516, 50.220, 49.846, 50.414, 48.268, 47.760, 53.171, 60.006, 54.483, 54.708, 51.682, 36.148, 58.263, 58.756, 40.851, 62.226, 54.983, 53.778, 52.319, 44.710, 57.094, 49.913, 61.203, 49.425, 61.791, 48.951, 44.842, 59.123, 53.832, 46.379, 54.737, 50.262, 51.233, 46.311, 52.010, 51.111. この例から、観察総数が多くなってくると、リストアップする方法は手に負えなくなってくる。木々にまぎれて森全体の形が見えないこともあるだろう。この理由から、記述統計とグラフを用い、膨大な量となりがちな情報をとらえ、要約し、簡単に把握できるサイズにまで単純化させるのである。

練習：典型的な値を見つける

与党候補の得票率のリストにもとづけば、この変数の典型的な値は何だろうか。

　記述統計とグラフは、因果仮説を検証する前にデータの性質を知る有用な手段である。また、論文を書くにあたっても役に立つことがある。その時々で、論文の本文中に記述統計やグラフを表示するか否か決定する必要がある。論文の本文中に載せないにしても、これら情報が論文の読者に何らかの形で公開されることは科学的に重要である[2]。

　変数を区別する方法の１つは、**測定基準**である。変数の測定基準とは、変数がとる値のタイプのことであり、次のセクションにおいて３つの異なる変数タイプについて詳述する。これら３つの変数タイプは明確な区別ができるわけではないが、記述統計にあたっては、２つの大まかな分類、カテゴリカル変数か連続変数かを認識する必要がある。本章の後半はこの**カテゴリカル変数**と**連続変数**を記述する際の戦略について述べる。

1　この測定は時系列として比較可能である。無所属候補や第三党候補も選挙に参加することがあるが、二大政党の候補者の得票のみに注目している。経済投票の理論を検証したい場合は、現職大統領への支持を測定することになる。現職大統領が出馬しない場合でも、与党は経済業績に対する責任があると考える十分な理由がある。

2　たいていの場合、その変数の特性について特記するべきことがない限り、これら情報を補遺に載せる（データそのものをオンライン公開することも多い）。

6.2 変数の測定基準

　記述統計に厳格なルールは存在しないが、最初の重要な分岐点は変数を測る基準にある。第1章において、それぞれの変数はラベルと値を持つと学んだ。ラベルは例えば「サーベイ回答者の性別」といった変数の説明であり、その値とはその変数のとりうる種類、例えば男性か女性かである。多くの統計的分析の扱いでは、変数を大きく分けて2つのタイプ、カテゴリカル変数か連続変数、に分類する必要がある。実際のところ、変数は3つのタイプに分類できるし、これらの分類にあてはまらない変数も多く存在する。以下ではそれぞれの例を用いて説明する。ここで用いる例はサーベイに基づくが、変数の測定基準の基本的方針はデータのタイプによらずに同じである。

6.2.1　カテゴリカル変数

　カテゴリカル変数とは、あるケースが他のケースとは異なるかもしくは同じ値をもち、それらを順位付けすることはできない変数である。例えば、「宗教的所属意識」とラベルされた変数の値は、「カトリック」、「ムスリム」、「無宗教」などとなるだろう。これらの値は相互に異なるが、それらを順位付けすることはできない。つまり、このようなカテゴリカル変数においては、カテゴリーを最低から最高へとランク付けすることができない。例えば、「ムスリム」という値は「無宗教」という値よりも大きいわけでもなく小さいわけでもない。その代り、同じ値をもつケースは同じであり、異なる値をもつケースは異なることが分かる。「カテゴリカル」という単語はこの変数のタイプの本質を表している。個々のケースをその値ごとにカテゴリーに分類にできるが、それら値を格付けしたり順位づけたりすることはできないのである。

6.2.2　順位変数

　カテゴリカル変数と同様に、**順位変数**はあるケースが他のケースと異なるかもしくは同じ値をもつ変数である。順位変数とカテゴリカル変数の区別は、ランク付けの有無にある。順位変数においては変数の値に関してランク付けができる。例えば、「過去の家計状態」とラベルされた変数を考えてみよう。これは個人レベルの経済投票の研究において独立変数として用いられ

ることが多い。この変数は、例えば2004年の全米選挙調査（NES2004）で回答者に次の質問を行うことで作られる。「最近の経済状況についてお聞きします。あなたと、あなたと生計をともにしている家族は、1年前に比べて暮らし向きは良くなったと思いますか、悪くなったと思いますか？」続いて、「良くなった」もしくは「悪くなった」と回答した人々に次のように尋ねる。「それはかなり良くなった（悪くなった）のでしょうか、それともある程度良くなった（悪くなった）のでしょうか？」この2つの質問から以下のようにコードできる。

1. かなり良くなった
2. ある程度良くなった
3. 変わらない
4. ある程度悪くなった
5. かなり悪くなった

この変数が順位変数であることは明確である。リストの上から下に行くにつれて、個人とその生計を共にする家族の過去1年の経済状態に対して良い評価から悪い評価へと動くことになるからである。

　もう1つの事例として、「政党所属意識」とラベルされた変数を考える。NES2004においては、各回答者に以下の質問を行っている。「一般的に、あなたはふだん自分自身を共和党、民主党、無所属、もしくはその他、のどれだとみなしていますか？[3]」そして以下のようにコードできる。

1. 共和党
2. 無所属
3. 民主党

3　アメリカにおける世論調査では回答者のほとんどが、自身をこれら3つのカテゴリー（共和党、民主党、無所属）のどれかに分類する。例えばNES2004選挙後調査においては、1,212人の回答者のうち1,128人（93.1％）が自身を共和党、民主党もしくは無所属であると回答している。したがって、ここでは「もしくはその他」のケースを無視している。また、多くの世論研究では、政党所属意識として「強い共和党」から「強い民主党」までの7つの尺度を持つ変数を用いている。これは上記の3分類からさらに、その強弱を聞いた補足質問によって形成される。

もし「無所属」の回答者が「共和党」と「民主党」の間のどこかにある価値観をもつ個人を表すならば、この「政党所属意識」は順位変数であるとみなすことができる。もし「無所属」が「共和党」と「民主党」の間にないのであれば、これはカテゴリカル変数である。

練習：この変数はカテゴリカル変数か順位変数か？

2016年全米選挙調査（NES2016）の選挙後調査（https://electionstudies.org/data-center/ 2016-time-series-study/）の質問票から変数を1つ選び、その変数がカテゴリカル変数であるか、順位変数であるか、理由とともに述べよ。

6.2.3　連続変数

　連続変数は、**等しい単位差**をもつ。これは順位変数にはない重要な特徴である。変数の値において1単位の増加が常に同じ意味を持つ場合、その変数は等しい単位差を持つ。前のセクションにおける例では、「過去の家計状態」の5つのカテゴリーをベスト状態の1から最悪状態の5まで順位付けした。しかし、この割り当てた数字に対して、普通の数字と同じような感覚をもってよいのだろうか。言い換えると、「4ある程度悪くなった」と「3変わらない」の差（4−3＝1）は「5かなり悪くなった」と「4ある程度悪くなった」の差（5−4＝1）と同じなのであろうか？「5かなり悪くなった」と「3変わらない」の差（5−3＝2）は「2ある程度よくなった」と「1かなりよくなった」の差（2−1＝1）の2倍なのだろうか？もしこれらの質問に対してyesと答えるならば、この「過去の家計状態」は連続変数である。

　「政党所属意識」は等しい単位差をもつだろうか。これはかなり疑わしい。政党所属意識の3つのカテゴリーは順位付けすることができるが、「共和党」が1という値であり、「無所属」が2という値であり、「民主党」が3という値であることに関して普通の数字と同じ感覚をもつことができない。「2無所属」と「1共和党」の差（2−1＝1）が「3民主党」と「2無所属」の差（3−2＝1）と同じであると言うことはできない。また、「3民主党」と「1共和党」の差（3−1＝2）が「2無所属」と「1共和党」の差（2−1＝1）の2倍であると言うこともできない。

　もし変数の値において1単位の増加がその変数のすべての値の変化におい

て同じことを意味するのであれば、その変数は等しい単位差をもつ。連続変数は、この等しい単位差をもつ変数である[4]。例えば、「年齢」とラベルされた変数を考えてみる。この変数における1単位の増加は常に個人の1年の加齢を意味する。これは21という値のケースや55という値のケースについても同様にあてはまる。つまり、21歳からの1年の加齢と55歳からの1年の加齢は(数学的に)同じ意味を持つ。

練習：民主主義を測るPolity IVスコアは連続変数か

第5章で、民主主義を測る指標としてPolity IVがどのように計算されているかを学んだ。このスコアを連続変数とみなすことに問題はあるだろうか、その理由とともに説明せよ。

6.2.4 変数の種類と統計分析

　これまで見てきたように、変数は必ずしもこれら3分類にあてはまるとは限らない。統計的分析の実際においては、これらの変数をカテゴリカル変数もしくは連続変数のいずれかとみなして分析する必要がある。変数によっては、これは非常に簡単な選択である一方で、非常に難しい選択となる変数もある。もし順位変数をカテゴリカル変数として扱えば、その変数の値がもつ情報を部分的に無視して分析することになる。一方で、順位変数を連続変数として分析することは、その変数は等しい単位差をもっていると想定することになる。いずれにしても、カテゴリカル変数として分析するか、連続変数として分析するか、この決定を自覚的に行う必要がある。カテゴリカル変数として分析したものを連続変数として分析し直すこともできるし(逆もまた然り)、選択次第でいかに結果が明確になるかも見ることができる。

　これらに留意した上で、カテゴリカル変数と従属変数のそれぞれにおいて変数の**ばらつき**を記述するプロセスに入る。変数のばらつきは測定されたケースがとりうる値の分布である。重要なのは、理論から仮説を導く前に、変数のそれぞれのばらつきについて知識をもち、2変数の間に共変動がある

---

[4] 　等しい単位差を持つ変数は「間隔変数」とも呼ばれる。連続変数に関してさらなる分類は、実質的に意味のあるゼロをもつかどうかという点にある。ゼロが絶対的な意味を持つ場合の変数は「比例変数」と呼ばれる。

表6.1 NES2004における
宗教的所属意識の頻度表

カテゴリー	ケース数	%
プロテスタント	672	56.14
カトリック	292	24.39
ユダヤ教	35	2.92
その他	17	1.42
なし	181	15.12
合計	1,197	99.99

か(第3章の3つ目の因果のハードル)を調べ、この2変数の関係を見せかけのものにする第三の変数が存在するかどうか(4つ目のハードル)を考えることである。すでに説明したように、記述統計とグラフは個々の変数のばらつきに関する有益な要約である。変数の分布を記述するもう1つの方法は、**中心傾向の測定(代表値)**にある。代表値とは、ある変数の分布の中心にある典型的な値を指す。

6.3 カテゴリカル変数の記述

カテゴリカル変数について知りたい情報は、データにおいてその変数がとりうる値それぞれにおける頻度である。簡単な方法は、カテゴリカル変数の値の頻度表を作り、一列目にカテゴリカル変数の値を記し、次の列にそのケースの頻度(絶対数と割合のいずれかか両方)を記すことである。表6.1は「宗教的所属意識」変数の頻度表であり、データは2004年アメリカ一般選挙期間中に実施されたNES2004を用いている。

カテゴリカル変数に関して唯一の中心傾向の測定は**最頻値**(モード)である。表6.1では分布の最頻値は「プロテスタント」である。プロテスタントのケース数はその他のどのカテ

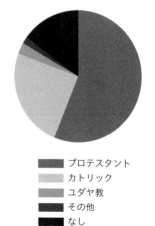

図6.1 宗教的所属意識の円グラフ、NES2004

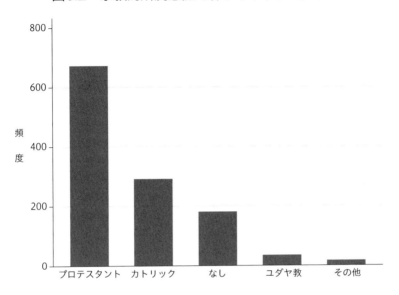

図6.2　宗教的所属意識の棒グラフ、NES2004

ゴリーの数字よりも多い。

　統計学になじみのない者が頻度データを表示する典型的な方法として、図6.1にあるような円グラフがある。円グラフは特定のカテゴリーにあてはまるケースの割合を視覚化する１つの方法である。統計学では、この円グラフの使用を好まず、その代わりに棒グラフの使用を勧める。図6.2にあるように棒グラフはカテゴリカル変数の頻度を視覚化するもう１の方法である。いずれにしても、これら２つのグラフから得られる情報の多くは、表6.1に表示された頻度と割合の列に明確かつ適切に表示されている。（したがって、頻度表で十分である。）

6.4　連続変数の記述

　連続変数の記述統計とグラフは、カテゴリカル変数に比べてはるかに複雑である。これは連続変数が、カテゴリカル変数よりも数学的に複雑であることによる。連続変数について知りたい情報は、その中心傾向と中心傾向にまつわる値の広がり、または、ばらつきである。連続変数において知りたいもう１つの情報は、**外れ値**の存在である。外れ値は変数の値が他の値に比較し

154

図6.3　Stataのsummarizeコマンドに detailオプションをつけた出力例

```
. summarize vote, detail

                              vote

         Percentiles      Smallest
 1%         36.148         36.148
 5%         40.851         40.851
10%         44.842         44.71         Obs              36
25%         48.7335        44.842        Sum of wgt.      36

50%         51.4575                      Mean             51.92569
                           Largest       Std. dev.        5.785544
75%         54.86          60.006
90%         60.006         61.203        Variance         33.47252
95%         61.791         61.791        Skewness        -.3039279
99%         62.226         62.226        Kurtosis         3.274385
```

て異様に高いか低い値をとるケースを指す。外れ値を発見したら、そのケースはありうるのか、なんらかの間違いによるものなのかを確かめる必要がある。

　たいていの統計プログラムには、連続変数の記述統計のセットを返すコマンドがある。図6.3は1876年から2016年の間のアメリカ大統領選挙における与党の二大政党における得票割合という変数に関して、Stataのsummarizeコマンドにdetailオプションを付けて出力したものである[5]。左側の統計量（左側の最初の3列）は**順序統計量**と呼ぶものであり、右側の統計量（右側の2列）は**統計モーメント**と呼ばれるものである。順序統計量も統計モーメントも連続変数のばらつきについて記述するものであるが、いくらか違った方法で記されており、したがって1つの変数のばらつきに関する全体像を得るには非常に有益である。

6.4.1　順序統計量

　順序統計量の計算は連続変数の値を最小量から最大量まで並べることから始まり、その順位において重要な分岐点を特定することになる。ケースを、

5　データはRay Fairのアメリカ選挙予測モデルによる。https://fairmodel.econ.yale.edu/

表6.2 与党得票率の値、最小値から最大値

ランク	年	量	ランク	年	量
1	1920	36.148	19	1916	51.682
2	1932	40.851	20	2012	52.010
3	1952	44.710	21	1948	52.319
4	1980	44.842	22	1900	53.171
5	2008	46.311	23	1944	53.778
6	1992	46.379	24	1988	53.832
7	1896	47.760	25	1908	54.483
8	1892	48.268	26	1912	54.708
9	1876	48.516	27	1996	54.737
10	1976	48.951	28	1940	54.963
11	1968	49.425	29	1956	57.094
12	1884	49.846	30	1924	58.263
13	1960	49.913	31	1928	58.756
14	1880	50.220	32	1984	29.123
15	2000	50.262	33	1904	60.006
16	1888	50.414	34	1964	61.203
17	2016	51.111	35	1972	61.791
18	2004	51.233	36	1936	62.226

量にしたがって並べたのちに中央にくる値は、中央値として知られている。本章において図6.3にある変数を1876年から2016年の間のアメリカ大統領選挙における与党の二大政党における獲得票割合と定義した。この変数を「与党得票率」としよう。この変数の順序統計量を計算するには、これらケースを最小観察値から最大観察値に並べる必要がある。表6.2はその並べ替えを示したものである。順序統計量として、その中心にある値は変数の**中央値**である。中央値は、ケースを最小観察値から最大観察値に並べ替えたときに、まさしく中央にくるケースの値である。もし表6.2にあるようにケースの総数が偶数である場合は、中央の2つの値の平均をとって中央値とする。(この例では、中央値を(51.233＋51.682)／2＝51.4575と計算している。)この値は、50%ランクの変数の値としても知られている。同様に、他の割合のランクにおいても同様の表現を行う。50%以外でしばしば言及されるのは25%と75%ランクであり、これらは分布の第1「四分位数」と第3「四分位数」として知られている。25%ランクと75%ランクの値の差は「四分位範囲」もしくはIQR（interquartile range）という。表6.2の例では、25%ランクの値は(48.516＋48.951)／2＝48.7335であり、75%ランクの値は(54.737＋54.983)／2＝54.8600である。したがってIQRは54.8600－48.7355＝6.1265となる。順序統計量においては変数の中央値が代表値であるが、IQRは値の**散らばり**（dispersion）もしくは広がりを表す。

　順序統計量においては最小値と最大値も観察し、外れ値の存在を確認する。外れ値は「変数の値が他の値に比較して異様に高いか低い値をとるケー

ス」である。表6.2において、最大値を見ると外れ値に該当するようなケースはないことが確認できる。確かに中央値や75%ランクの値に比較してはるかに高い値は存在するが、他の値に比べて異様に高いわけではない。75%ランクの値から最大値にかけて数値はなめらかに上がっていく程度である。表6.2における最小値のケースはこれとやや異なる。最小値と2つ目に最小の値が他の値に比べてかなり離れている。1920年の36.148という数値は外れ値の定義に該当するように見え、1932年の40.851という値もまた微妙な数値である。外れ値と思われるものを見つけた場合、まずはこれらの値が正しく測れているがどうかをチェックするべきである。外れ値はデータ入力におけるエラーの結果である場合もある。この事例においては、データセットを調べると、1920年は与党候補者が二大政党の候補者票のうち36.148%しか獲得できていないが、1920年のこの変数の値としては正しい測定であることが分かる[6]。

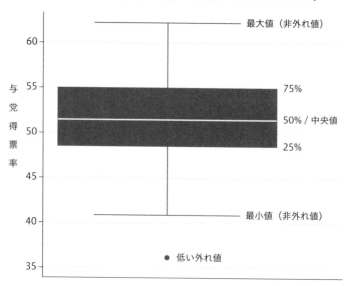

図6.4　与党得票率の箱ひげ図、1876-2016年

---

[6] なぜ1920年はそれほど低い値なのであろうか？1920年は第一次世界大戦後の初めての大統領選挙であり、経済的および政治的な混乱が続いた時期であった。1932年の選挙は大恐慌の初期の選挙であり、与党がこの選挙において苦戦したことは納得がいく。

図6.4は箱ひげ図とよばれるものであり、大統領選における与党得票率の変数の順序統計量を表している。このプロットは変数の分布を垂直方向に表示している。図6.4の箱の中心から始めると中央値（50%ランクの値）が箱の中心で細い隙間として表されていることが分かる。この箱の下端と上端はそれぞれ25%ランクの値と75%ランクの値を示している。ひげの端は、変数の最小値と最大値を表している（外れ値を除く）。どの統計プログラムも外れ値に関してルールがあり、箱ひげ図のプロットが外れ値に関してどのようなセットアップをしているかを知っておくことは重要である。これらの設定は統計プログラムの中で変更可能である。個々のケースが箱ひげ図において外れ値であるか否かの計算は比較的統一されている。その計算はIQRの計算から始める。75%ランクの値よりIQRの1.5倍大きい値を示したり、25%ランクの値よりIQRの1.5倍小さい値を示したりした場合、そのケースは外れ値であると定義される。図6.4においては外れ値を示すように設定してあり、図の下方にそのような値が１つあることが確認できる。表6.2で確認したように、この値は1920年選挙の36.148である。

6.4.2　統計モーメント

変数の統計モーメントとは、１つの変数に関して中心傾向とその値の分布を記述する統計量のセットである。最も知られている統計量は**平均値**である。変数Yに関して、平均値は次のように計算される。

$$\bar{Y} = \frac{\sum_{i=1}^{n}(Y_i)}{n}$$

$\bar{Y}$（Y-bar）はYの平均を意味し、これはYの個々のケースにおけるY（Y_i）の全ての値の総計をケースの総数であるnで割ったものである[7]。平均値はよく知られているが、平均値には２つの特徴があることはあまり知られていない。これは統計を扱う人々にとって魅力的な特徴である。第一は、**ゼロサムの特性**として知られているものである。

$$\sum_{i=1}^{n}(Y_i - \bar{Y}) = 0$$

7　このような式を理解するために、式の各部分を言語化することは役に立つ。

Yの各値であるYᵢと、Yの平均値であるȲの差の総和はゼロに等しいことを意味する。第二の平均値の特性は**最小二乗の特性**として知られている。

$$\sum_{i=1}^{n}(Y_i-\overline{Y})^2 < \sum_{i=1}^{n}(Y_i-c)^2 \ \forall c \neq \overline{Y}$$

Yの各値であるYᵢと、平均値であるȲの差の二乗の総和は、Yの各値であるYᵢとȲではない全てのとりうる値cとの差の二乗の総和よりは小さい。これら2つの特性から、平均値は変数の**期待値**とみなされることもある。例えば、もし平均値以外の情報を全く与えられずにあるケースの値をあてねばならないとき、これら平均値の2つの特性から、平均値は最良の推測となるのである。

次の変数の統計モーメントは**分散**である。分散は下記のように計算される。

$$\mathrm{var}(Y)=\mathrm{var}_Y=S_Y^2=\frac{\sum_{i=1}^{n}(Y_i-\overline{Y})^2}{n-1}$$

Yの分散は、Yの各値であるYᵢと、その平均の差を二乗した総和を、ケースの総数から1を引いたもので割ることによって得られる[8]。もしYに全く変化がなかったら、つまり全てのiにおいてYᵢ = Ȳであったら、この式はどうなるだろうか？この場合、分散はゼロになる。もし個々のケースが平均値からより大きく離れているとしたら、この計算値は増えていく。これが分散のロジックである。つまり、分散は平均値からデータがどれほど離れているかを示しているのである。より直観的な分散の測定として、**標準偏差**がある。

$$\mathrm{sd}(Y)=\mathrm{sd}_Y=S_Y=\sqrt{\mathrm{var}(Y)}=\sqrt{\frac{\sum_{i=1}^{n}(Y_i-\overline{Y})^2}{n-1}}$$

大まかに言うと、これはYの値（Yᵢ）と、Yの平均値（Ȳ）の差の平均である。式を見ただけでは一瞬分からないかもしれないが、この式の重要な点は、平均からの差を二乗し、二乗した差の総和の平方根をとっていることで、平均

8　なぜ1を引くかは、この計算を可能にする「自由度」の数を説明するための調整による。自由度については第8章で扱う。

からの差のプラスとマイナスを足し合わせることによって差が相殺されてしまうことを防いでいるのである[9]。

分散と標準偏差は、変数の平均値を中心としてケースがどのように分布しているかについての数字的な要約である[10]。分布を表すのに視覚的な方法を用いることもできる。分布の視覚化では、2次元の空間を使う。水平方向(x軸)に変数の値をおき、垂直方向(y軸)にはケースの相対的頻度をおく。変数の分布の視覚化に最も使われている方法は、図6.5にあるような**ヒストグラム**である。ヒストグラムの問題の1つは「ビン」と呼ばれる長方形のブ

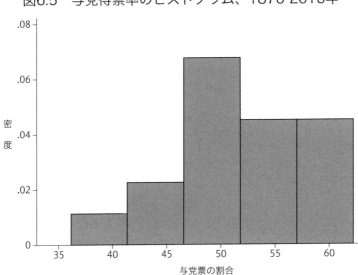

図6.5 与党得票率のヒストグラム、1876-2016年

---

9 同じ目的で、平均からの差の絶対値の平均をとる方法もある。
10 **歪度**(わいど)と**尖度**(せんど)も変数の分布について表す統計モーメントである。歪度の計算は平均値を中心とした分布が対称であるかどうかを示す。もしデータが平均値を中心として対称な分布であれば、歪度はゼロとなる。もし歪度が負の値であれば、平均値よりも低い部分により多くの値が分布していることを示し、もし歪度が正の値であれば、平均値よりも高い部分により多くの値が分布していることを示す。尖度は統計分布のとがり度合いを示す。正の尖度はよりとがっている分布を示し、つまり平均値に近い部分に多くの値が集中している。負の尖度はより平らな分布を示し、平均値から離れているケースが多いことを示している。第7章で扱う正規分布では、歪度も尖度もゼロである。

ロックをヒストグラム中にいくつ用いるかの決定が分析者（もしくは統計プログラム）に委ねられることにある。ヒストグラムにおけるブロックの数が変わると、変数の分布に対する印象も変わってくる。図6.6は図6.5に示されている同じ変数を２ブロックと10ブロックで表示したものである。同じデータから図6.6のようなグラフを作っているにもかかわらず、全く異なるグラフに見える。

図6.6　与党得票率のヒストグラム、1876-2016年、２ブロックと10ブロック

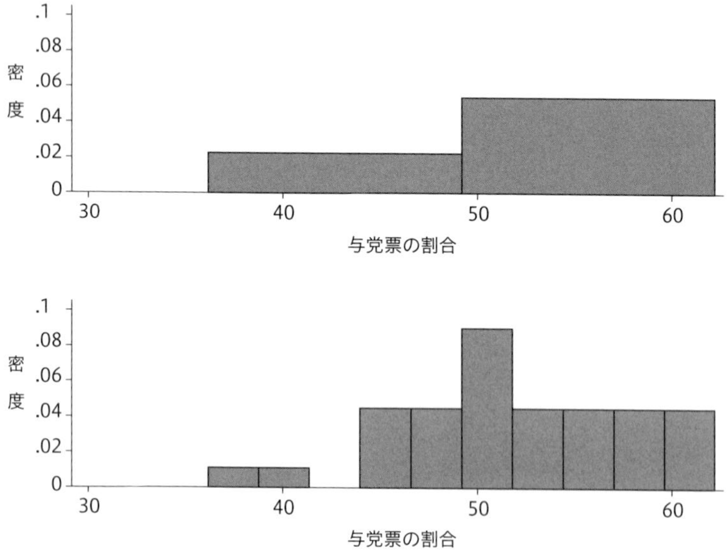

視覚化のもう１つの方法は図6.7にあるように**カーネル密度プロット**を用いる方法である。これは、変数のとりうる値の幅においてケースの密度が滑らかにつながるように計算したものである。

6.5　記述統計とグラフに対する留意

　本章の最後の３つのセクションで示した手法は、データをざっと見て１つの変数を一度で把握するのに有益である。これらの手法でデータを概観することで、データについてよりよく知ることができるし、長期的にはエラーを

図6.7 与党得票率のカーネル密度プロット、1876-2016年

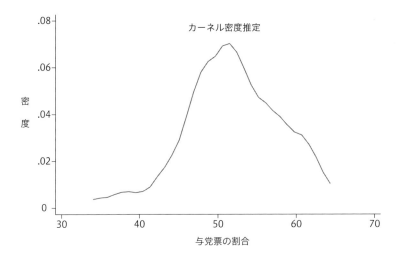

減らすであろう。しかし、1つの変数のみで因果理論を検証することはできないことを忘れてはならない。これまで述べてきたように、理論とは2つの変数間に起こりうる因果関係についての一時的な記述である。本章では1つの変数についての記述を扱っており、いまだ因果理論を適切に検証する段階に至っていないことに注意したい。

キーワード
- カーネル密度プロット　1つの変数の分布の視覚的描写で、変数がとりうる値の範囲においてケースの密度をスムースに計算したもの。
- カテゴリカル変数　あるケースが他のケースとは異なるか、もしくは同じ値をもち、それらを順位付けすることはできない変数。
- 期待値　平均値の同義語。
- 最小二乗特性　1つの変数Yの平均値に関する特性の1つで、Yの各値であるY_iと平均値であるの差の二乗の総和は、Yの各値であるY_iとではない全てのとりうる値cとの差の二乗の総和よりは小さいこと。
- 最頻値　変数の最も頻繁に表れる値。
- 散らばり　変数の値の広がりや幅。
- 順位変数　変数の値に関してランク付けができるが、その値は平等な単位差を

もたない。

- 順序統計量　連続変数の変化を記述する統計の種類であり、観測された最小値から最大値までをランク付けする。
- ゼロサム特性　1つの変数Yの平均値に関する特性の1つで、Yの各値であるYᵢとYの平均値であるの差の総和はゼロに等しいこと。
- 尖度　1つの変数の統計分布におけるとがり具合を示す統計量。
- 測定バイアス　1つの変数の値をシステマティックに過剰もしくは過小に測定してしまうこと。
- 測定基準　変数がとりうる値のタイプ。
- 中央値　ケースを最小観察値から最大観察値に並べ替えたときに、まさしく中央にくるケースの値。
- 中心傾向　ある変数について、その分布の中心となる代表的な値。
- 統計モーメント　連続変数の変化を記述するのに用いる統計の種類であり、数値計算に基づく。
- 外れ値　その変数の他の値に比べて、異常に高いもしくは異常に低い値をもつケース。
- ばらつき　測定されたケースにおいて変数がとりうる値の分布。
- ヒストグラム　1つの変数の分布の視覚的描写で、2次元の図を用い、水平方向(x軸)に変数の値を表示し、垂直方向(y軸)にケースの相対的頻度を表示する。
- 等しい単位差　変数の値において、1単位の増加がその変数のすべての値の変化において同じことを意味すること。
- 標準偏差　平均値からの変数のばらつきを示す統計量。
- 分散　平均値から変数がどのくらいばらついているかを表す統計量。
- 平均値　変数の数学的平均であり、Yの個々のケースにおけるY(Yᵢ)の全ての値の総計をケースの総数、nで割ったものに等しい。
- 連続変数　変数の値において1単位の増加が、その変数のすべての値の変化において同じことを意味するという、等しい単位差をもつ変数。
- 歪度　平均値に関して、分布が対称となることを示す統計量。

エクササイズ

1. カテゴリカル変数を集めて記述せよ。興味のあるカテゴリカル変数のデータを見つけること。それらのデータを統計ソフトウェアに読み込めるフォーマットにすること。頻度表を作り、発見したことについて述べよ。
2. 連続変数を集めて記述せよ。興味のある連続変数のデータを見つけること。それらのデータを統計ソフトウェアで読み込めるフォーマットにすること。記述

統計の表とヒストグラムかカーネル密度プロットを作成すること。これらを通して発見したことについて述べよ。

3. 表6.1において「宗教的所属意識」の変数の平均値を計算することはなぜ問題なのか？

4. 数式を言語化せよ。以下の数式が意味することを文章で述べよ。

(a) $Y = 3 \ \forall \ X_i = 2$

(b) $Y_{total} = \sum_{i=1}^{n} Y_i = n\overline{Y}$

5. 平均と標準偏差を計算せよ。表6.3は2004年から2005年の会計年度における全米50州各州における所得の中央値を表している。この分布の平均と標準偏差を計算せよ。計算過程も記すこと。

表6.3　50州における所得の中央値、2004-2005年

州	収入	州	収入
Alabama	37,502	Montana	36,202
Alaska	56,398	Nebraska	46,587
Arizona	45,279	Nevada	48,496
Arkansas	36,406	New Hampshire	57,850
California	51,312	New Jersey	60,246
Colorado	51,518	New Mexico	39,916
Connecticut	56,889	New York	49,659
Delaware	50,445	North Carolina	41,820
Florida	42,440	North Dakota	41,362
Georgia	44,140	Ohio	44,349
Hawaii	58,854	Oklahoma	39,292
Idaho	45,009	Oregon	43,262
Illinois	46,008	Pennsylvania	45,941
Indiana	43,091	Rhode Island	49,511
Iowa	45,671	South Carolina	40,107
Kansas	42,233	South Dakota	42,816
Kentucky	36,750	Tennessee	39,376
Louisiana	37,442	Texas	41,102
Maine	43,317	Utah	53,693
Maryland	59,762	Vermont	49,808
Massachusetts	54,888	Virginia	52,383
Michigan	44,801	Washington	51,119
Minnesota	56,098	West Virginia	35,467
Mississippi	34,396	Wisconsin	45,956
Missouri	43,266	Wyoming	45,817

第7章

確率と統計的推定

概観　リサーチ・クエスチョンの対象は母集団であり、研究で導かれる結論は母集団について述べられる。しかし、たいていの場合は母集団を構成する全てのケースにあたって研究を進めることは難しいので、母集団からとったサンプルデータを分析することになる。本章では、母集団の一部であるサンプルのデータ分析のみで、母集団全体についての推定をいかにして行うか基礎的な理解を目指す。まず、確率理論の基礎から始め、例として大統領支持率のプラスマイナスの誤差がどのように形成されるか、そしてどのようにしてサンプルの分析から母集団における推定へと橋渡しをするかを学ぶ。

How dare we speak of the laws of chance? Is not chance the antithesis of all law?

—— Bertrand Russell

7.1　母集団とサンプル

　第5章では、鍵となる概念をいかに測るか、第6章では1つの変数についての多くの情報を要約するためにどのように記述統計を用いるかについて学んだ。平均値や中央値といった代表値、標準偏差やIQRといったばらつきを計算することで、変数の分布の特徴をつかむことができた。例えば、合衆国の所得分布やクラスにおける中間試験の得点を表すのにこれらの統計量を用いることができる。

　ここで社会科学における2つのデータセットの決定的な違いを記したい。

第一のタイプは**母集団**に関するデータ、つまり関連する全てのケースのデータである。母集団のデータ例としてまず思いつくのは国勢調査であろう。アメリカ合衆国国勢調査の場合、アメリカ政府が10年ごとにアメリカの全人口についてのデータを集めることを試みている[1]。社会科学において、全ての母集団をとらえるデータを用いることは比較的まれである。しかし、対象とする母集団について何らかの推定を行う必要があるときがある。その時に注意したいのは、母集団を明確に定義することである。アメリカ国勢調査の場合、母集団は全てのアメリカ居住者であり、これは分かりやすい。分かりにくい例として、選挙前のサーベイ調査をあげよう。その調査における母集団は、全ての18歳以上の市民か、投票予定者か、もしくは他の定義かを決定する必要がある。

　第二のタイプのデータは**サンプル**である。サンプルは対応する母集団から抽出された部分集合のケースである。世論調査が盛んに行われている今日、「サンプル」という言葉は**ランダムサンプル**を暗示していると想定するかもしれない[2]。しかしこの想定は間違っている。確かに、サンプルはランダムに抽出される、つまり母集団のどの構成員もサンプルに選ばれる確率は等しいというやり方で抽出されているかもしれない。しかし、サンプルはランダムではない方法で抽出されることもある。例えば、実験では便宜上のサンプルをとることが多い。

　社会科学における分析の多くは母集団データではなくサンプルデータを用いて行われる。この区別は重要である。社会科学におけるデータセットの多くは母集団ではなくサンプルのデータであるが、注意したいのは、研究対象はサンプルそのものの特性ではない。サンプルを用いるのは、サンプルが母集団について知る手がかりだからである。実際に行っていることは、サンプルから知り得たことが、より広い母集団に確率的にあてはまるということの橋渡しの試みである。このプロセスは**統計的推定**と呼ばれる。1つの事柄（サンプル）において真であると知り得たことを用いて、もう1つの事柄（母集団）においても真であるだろうと推定するからである。だからこそ「推定」

1　アメリカ合衆国国勢調査局のウェブサイトはhttp://www/census.gov
2　第4章でリサーチ・デザインを扱ったとき、トリートメント・グループに無作為に割り当てる実験の考えとランダム・サンプリングは異なることを指摘した。この違いについて確認したい場合は、第4章を参照。

という言葉を用いる。つまり、統計的推定の本質は、限定的な情報から不確かな結論を導くことにある。

練習：推定と暗示

もし友達が本当の感情を全てさらけ出すことなくあなたに何かを打ち明けたら、それは「暗示した」という表現になる。友達は何らかの情報を明らかにした、しかし、あなたが結論を導くにはギャップを埋める必要がある。もし友達が何かを「暗示した」とき、そのギャップを埋めるためには、あなたは明かされていない部分を「推定する」必要がある。この流れが「統計的推定」にどのように応用できるか考えよう。

　サンプルデータを用いて母集団について学ぶというプロセスにはいくつかの含意がある。第一に、統計的推定のプロセスは、その定義上、いくらかの不確かさが存在する。この考えは比較的わかりやすい。ある特定の事柄から何らかの一般的な事柄を学ぶ際にはいつもある程度の不確かさに直面するからである。例えば、全国の有権者について何かを知りたいとき、その国の有権者の全メンバー1人1人にインタビューするわけではない。その代わり、全国の有権者からサンプルをとり、そのサンプルから母集団（全国の有権者）の特徴を把握しようとする。このとき、サンプルの抽出方法を把握し、サンプルから母集団への推定には不確かさが存在することを認識しているならば、サンプルを観察することによって、母集団について学ぶことができる。

　本章では、この統計的推定のプロセスについて論じ、サンプルデータを用いて真の対象である母集団について学ぶ際に用いる手段について説明する。このプロセスの最初のステップは、全ての統計的推定の基礎を形成する確率理論の基礎を学ぶことである。

7.2　確率理論の基礎

　例から始めよう。空っぽの枕カバーがあるとする。誰も見ていないところで慎重に、550個の青いビーズと450個の赤いビーズ、合計1000個のビーズを枕カバーに入れたとする。枕カバーをしっかりと閉じて、ビーズがまざるように振ったとする。次に友達に枕カバーの中を見ないようにして手を突っ込

んでもらい、100ビーズをとり、赤と青のビーズを数えてもらう。

　明らかに、友達は枕カバーに入っている母集団からビーズのサンプルをとったということは自覚しているだろう。枕カバーはしっかりと振られているし、友達は100個のビーズをとる際に枕カバーの中を見ていないことから、選んだ100個は母集団のランダムサンプルである。友達は枕カバーに赤と青のビーズがどれくらい入っているかは知らない。彼女が知っているのは選んだビーズのうちで赤と青のビーズの数のみである。

　次に、友達に赤と青のビーズの数を数えてもらう。例えば、46個の赤いビーズと54個の青いビーズだったとしよう。数え上げたのち、友達に以下のように尋ねる。「このビーズの数から、枕カバーに入っている全体の赤いビーズと青いビーズの割合はどのくらいか当ててみて？」友達が枕カバーにいくつの赤いビーズと青いビーズが入っているのかを確かに知りうる唯一の方法は、枕カバーの中を全部あけて1000個のビーズ全てを数えることである。しかし、友達は全く手がかりのない状態に置かれているわけではない。友達は枕カバーに入っているビーズについて情報を持っており、その情報を使って0%から100%の間の数字をランダムに選んであてずっぽうをするよりはよりよい推測ができるはずである。

　友達は、もちろん、得たサンプルから数えた通り、枕カバーの中にあるビーズの46%が赤で、54%が青であると推測するだろう。

練習：友達の立場で考える
もちろん、あなたは枕カバーの中にある青と赤のビーズの数を知っているし、友達がサンプルから推測した割合が間違っていると知っている。それでも、友達が持っている限られた情報から推測できることは何か。

　友達に答えを告げる前に、友達に100個のビーズを枕カバーに戻してもらい、1000個のビーズを再び混ぜ合わせ、友達に同じことを繰り返してもらう。枕カバーに手をつっこみ、100個のビーズをとってもらい、赤と青のビーズを数えてもらう。そして今回、友達が数えた結果は43個の赤いビーズと57個の青いビーズであった。

　ここで、友達に、先ほどの推測を訂正したいかどうか尋ねてみる。友達

は、新しい情報を用いて素早く平均を計算し、推測を44.5%の赤いビーズと55.5%の青いビーズと訂正するだろう。（友達は単純に最初のサンプルにおける赤いビーズの割合46%と2回目のサンプルにおける赤いビーズの割合43%の平均をとっただけである。）

　確率の法則は、ギャンブルのオッズ計算など多くの面で使われるが、上記の例では観察されたサンプルデータの特徴という特定の情報から、観測していない母集団の情報へと一般化するときに使われる。上記の例での観察されたサンプルとは、友達が枕カバーからとった2つの「100個のビーズのサンプル」である。これに対応する母集団は枕カバーに入っている1000個のビーズということになる。

　もちろん上記の例はいくらかの限界がある。特に、上記例においては、実際の母集団の特徴、450個の赤いビーズと550個の青いビーズの存在を我々は知っていた。実際の社会においては、母集団の真の特徴である値については比較可能な知識をもたない。これが、上記例と現実の大きな違いである。

　ここで、定義に入ろう。まず、**結果**を、ランダムに観察された結果と定義する。もし1つの結果の成就が他の結果の成就に影響しないなら、これら2つ以上の結果は**独立した結果**と言う。例えば、サイコロを2回振ったとして、これらは独立した結果である。なぜなら最初に振ったサイコロの結果は、2回目に振ったサイコロの結果に影響しないからである。最初のサイコロの結果が3であることは、2回目に振ったサイコロの結果に全く影響しない。したがって、この意味での結果は互いに独立している。

　確率はいくつかの重要な特徴をもつ。第一に、全ての結果は0から1の幅で確率を持つ。ある結果について0という値の確率は、その結果は起こりえないことを意味する。ある結果について1という値の確率は、その結果は必ず起こることを意味する。例えば、2つのサイコロを振って出た数字を足し合わせたとする。その合計が13である確率は0である。なぜなら可能な最大数は12だからである。

　第二に、全ての起こりうる結果を合計すると1に等しくなる。例えば、コインを投げたとする。表が出る確率は2分の1であり、裏が出る確率は2分の1である。表もしくは裏が出る確率は1となる。なぜなら、2分の1と2分の1の合計は1だからである。

　第三に、もし2つの結果が独立している場合（そしてこのときのみ）、両方

第7章　確率と統計的推定　169

の結果が同時に起こる確率はそれぞれの確率を掛け合わせたものに等しい。コインを3回投げたとして、3回とも裏が出る確率は2分の1かける2分の1かける2分の1で8分の1となる。（3回の結果とも独立であることに留意したい。最初に裏が出たことは、2回目に表か裏が出ることに全く影響しない。）

　もちろん、対象とする結果の多くは互いに独立ではないことが多い。このような状況では、より複雑な確率ルールが要求されるが、本書の範囲を超えるので割愛する。

　なぜ確率が科学的研究に関係するのか、とりわけ政治学に関係あるのだろうか？第一に、政治学では、母集団ではなくサンプルのデータを用いることが多い。確率のルールを知ることで、サンプルからより広い母集団へと一般化が可能となる。第二に、関連して、確率のルールは2つの関係が「統計的に有意である」かどうかを特定する鍵である（次の章で説明する）。言い換えると、確率理論を用いて、我々はサンプルにおいて観察された関係性のパターンが偶然おこったものなのかどうかを判断する。

7.3　母集団からサンプル：中心極限定理

　社会科学において、母集団データではなくそのサンプルデータに頼る理由は理解しやすい。ある選挙キャンペーンにおいて、メディアも市民も政治家も皆、どの候補者が有権者に好まれていて、どのくらい好まれているのかを知りたいとする。このような状況で国勢調査（全数調査）を実施することは現実的ではない。アメリカ合衆国の有権者人口は2億人以上であり、個々人に面接調査を行うことは不可能である。そんなことをする時間も費用もない。もし試みたとしても、1人1人に面接しているうちに意見が変わってしまう。合衆国政府が**全数調査**である国勢調査を10年ごとに行う理由はここにある[3]。

　世論調査になじみがある人は、研究者や報道機関は定期的に国民のサンプルにサーベイを実施し、これらサーベイの結果を人口全体に一般化していることは知っているだろう。しかし800人や1000人の人々にインタビューして

3　連邦政府が国勢調査を実施するのは10年に1回であるが、政府は経済活動のような国民全体の特徴を測るために頻繁にサンプルサーベイを実施している。

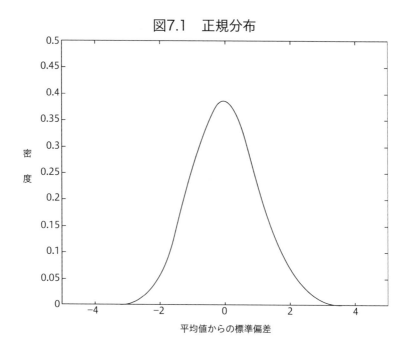

図7.1 正規分布

その結果を2億人全体の信念や意見に一般化することはやや大胆ではないかと考えるかもしれない。どのようにしてこれが可能となるのだろうか？

これに対する答えは、**中心極限定理**にある。オランダの統計学者Henk Tijms (2004) は中心極限定理を「確率理論の非公式君主」と表現している。この理論が何か、そしてどのようにして社会科学の研究に用いるのかを学ぶ前に、統計における最も有益な確率分布の1つ、**正規分布**について学ぶ必要がある。

7.3.1 正規分布

ある分布が「正規」であるという表現は、「典型的」や「好ましい」もしくは「良い」ことを意味するわけではない。「正規」ではない分布も、「逸脱」や「異質」といった変な分布であることを意味するわけでもない。また、正規分布は現実世界によく見られるわけでもない。しかし、統計の世界においては非常に有益な分布である。

正規分布は図7.1に表示されているように「釣り鐘型(bell curve)」と呼ば

図7.2 68-95-99ルール

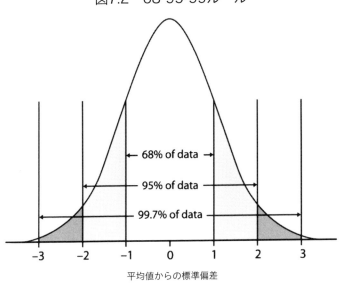

平均値からの標準偏差

れることが多い。正規分布はいくつかの特徴をもつ。第一に、この分布は平均値を中心として対称であり、最頻値、中央値、平均値がすべて同じである[4]。第二に、正規分布は平均値からの特定の距離内で曲線の下の部分に予測可能な領域をもつ。平均値から出発して左右に1標準偏差ぶん進むと、曲線の下の部分の68%をとらえることができる。左右の方向にもう1標準偏差ぶん進むと曲線の下の部分の95%をとらえることになる[5]。そして左右に3標準偏差ぶん進むと、曲線の下の部分の99%をとらえることができる。これは**68-95-99ルール**と呼ばれる。図7.2はこのルールを表している。この特徴は正規分布のみに見られる特徴であり、他の分布には当てはまらない。それでは正規分布とこの68-95-99ルールは、どのようにサンプルから母集団について学ぶプロセスと関連するのだろうか？

---

4 正規分布はその平均値と分散もしくは標準偏差によって特徴づけることができ、同時にその歪度と尖度はともにゼロである。

5 正確に95%とするには、2標準偏差ぶんではなく、1.96標準偏差ぶん進まねばならない。しかし、多くの統計的計算において1.96ではなく2を用いることは便宜上のルールとして成立している。

図7.3 サイコロを600回振ったときの頻度分布

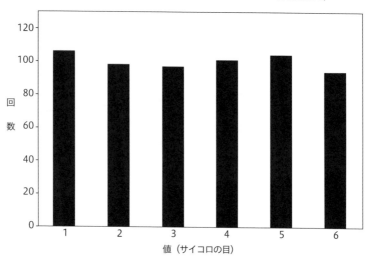

サンプルにおける実際の値の分布は**度数分布**と呼ばれ、ある変数のそれぞれの値についての頻度を表す。その変数の分布が正規であるか否かは問わない。6つの面をもつサイコロを600回振ったときの度数分布を考えてみよう。その分布は図7.3に表してある。図7.3を見てすぐに気づくことは、その度数分布は正規分布に全く似ていないことであろう[6]。このサイコロを600回振ったら、1や2があらわれる回数はどのくらいだろうか？平均して、それぞれ100回ほどであるだろう。これは図7.3に非常に近いが、近いだけであって同じではない。偶然の結果、例えば多くの1が出るかもしれないし、6があまり出ないかもしれない。

このサイコロを600回振ったサンプルから何が言えるだろうか？そしてもっと重要なことは、この600回から、6つの面を持つサイコロの母集団について何が言えるだろうか？第二の質問は推定を必要とすることから、まずは第一の質問について考えよう。第6章で学んだように、これらのサイコロのスコア平均を計算してみよう。つまり全てのスコアを足し合わせ、サイコロを投げた総数、この場合は600で割る。以下のような計算になる。

6　実際、図における分布は一様分布に近い。

$$\overline{Y} = \frac{\sum_{i=1}^{n}(Y_i)}{n}$$

$$= \frac{\sum(1 \times 106) + (2 \times 98) + (3 \times 97) + (4 \times 101) + (5 \times 104) + (6 \times 94)}{600}$$

$$= 3.47$$

平均値の計算式を用い、サイコロを600回振ったケースでは、分子に来るのは1が出た回数(ここでは106)、2が出た回数(98)、などを足したものであり、それを600で割って、3.47という結果を得る。

この分布の標準偏差は以下のように計算できる。

$$S_Y = \sqrt{\frac{\sum_{i=1}^{n}(Y_i - \overline{Y})^2}{n-1}} = \sqrt{\frac{1753.40}{599}} = 1.71$$

標準偏差の式の分子に着目すると、それぞれの観測値(1, 2, 3, 4, 5, or 6)から平均値3.47を引き、その差を二乗し、その二乗した値を600回ぶん全て足し合わせ、平方根をとる前の分子の値として1753.40を得る。これを599 (n−1)で割り、平方根をとることで標準偏差、1.71を得る。

サンプルの平均は3.47であるが、そもそも平均はいくつになると予測できただろうか? もし600回サイコロを振って、それぞれの面がきっちり100回ずつ出たとしたら、平均は3.50になるはずである。したがって、上記のサンプルによる平均はこの予測値より若干低い。実際、1が出た回数が100より多く、6が出た回数が100より少ない。したがって、このサンプルの平均が3.50より小さいのはおかしいことではない。

それではもし、もう1度サイコロを600回振ったらどうなるだろうか? その場合のサンプルの平均はいくつになるだろうか? 実際に振ってみないと分からないが、それは3.47かもしれないし、3.50よりちょっと多いかもしれないし、ちょうど3.50かもしれない。ここで、サイコロを600回振るという作業を1度や2度ではなく、無制限に何度も行ったとしよう。間違えないようにしたいのは、無制限に何回もサイコロを振るのではなく、「サイコロを600回振るという作業を無制限に何度も行う」のである。この違いには注意したい。つまり、600のサンプルを1度とるのではなく、600のサンプルを何度もとるということになる。この何度も実施した600のサンプルのそれぞれにつ

いて平均をとり（平均値が無制限にあることになる）、仮定の分布を考えてみる。これは**サンプル分布**と呼ばれる。実際には無制限にサンプルをとっているわけではなく、母集団から一度だけサンプルをとるので、このサンプル分布は仮定の分布である。

　もしこの無制限にサンプルをとるという作業を行ったら、それぞれのサンプルの平均値をとり、その分布をプロットできる。無制限にサンプルをとれば、3.50より大きい平均値もあれば、3.50よりも低い平均値もあるだろうし、ちょうど平均値が3.50になることもあるだろう。ここで鍵となる結果は、「サンプル分布は正規分布となる」である。注意したいのは図7.3にあるように度数分布は明らかに正規分布ではない。

練習：度数分布とサンプル分布

サイコロを600回振ったときの度数分布は一様分布である。6の目が出た回数が特別に多いというわけでもなければ、1の目が出た回数が特別に低いというわけでもない。しかし、サイコロを600回振るという作業を無限に繰り返し、出た目の平均をとるとして、サンプル平均が6だったり1だったりするためには何が起こる必要があるか。

　これが中心極限定理の本質である。もしランダムサンプルを無限にとって、それぞれのサンプルの平均値をプロットしたら、これらのサンプルの平均値は正規分布となる。さらに、サンプル分布の平均値は、母集団の平均値の真の値と等しくなる。サンプル分布の標準偏差は以下のように計算できる。

$$\sigma_{\bar{Y}} = \frac{S_Y}{\sqrt{n}}$$

nはサンプルサイズ（サンプルの大きさ）である。サンプル平均のサンプル分布の標準偏差、つまり**平均値の標準誤差**（シンプルに「標準誤差」と言うことが多い）はサンプルの標準偏差をサンプルサイズの平方根で割ったものに等しい。先述のサイコロの例でいえば、平均値の標準誤差は以下のようになる。

$$\sigma_{\bar{Y}} = \frac{1.71}{\sqrt{600}} = 0.07$$

　これらのサンプルから知り得たことを使って、母集団について何がわかる
だろうか？実際に600回サイコロを振ったときのサンプル平均値は3.47であ
り、その標準偏差は1.71であった。これらの数字を用いて、もし600回サイ
コロを振るという作業を無限に繰り返したら、サンプル分布の標準偏差は
0.07となる。実際に600回サイコロを振ったときに得た平均値が3.47であるか
ら、母集団の平均値について推測できるベストな近似値は3.47である[7]。しか
し、実際に600回サイコロを振って得られたこのサンプル平均値は、母集団
の平均値の真の値からちょっと高いかもしれないし、ちょっと低いかもしれ
ない。ここで思いだして欲しいのは、サンプル分布は正規分布であること、
したがって68-95-99ルールを用いることができることである。そこから母集
団の平均値について**信頼区間**を計算できる。

　どのように信頼区間を計算するのか？まず、推定値に対して信頼水準を決
める。信頼水準は0から100までどのような数字でもよいが、伝統的に社会
科学で用いられるのは95％の信頼水準である。もしこの95％信頼水準に従う
ならば、サンプル分布は正規分布であることから、サンプルの平均値3.47か
ら出発して左右に平均値の標準誤差２つぶん進むとだいたい95％の信頼水準
で母集団の平均がその範囲の分布曲線の下にくることになる。なぜ標準誤差
２つぶんなのだろうか？正規分布の曲線の下の領域の95％ほどがこの平均値
の標準誤差２つぶんの範囲に集まるからである。正確に95％としたい場合
は、平均値の標準誤差２つぶんではなく1.96ぶんをとる必要があるが、ここ
では便宜上そして社会科学の習慣的に1.96ではなく２を用いる。したがって
下記のような計算となる。

$$\bar{Y} \pm (2 \times \sigma_{\bar{Y}}) = 3.47 \pm (2 \times 0.07) = 3.47 \pm 0.14$$

この式の意味するところは、このサンプルにおいては、サイコロを振ったと
きの母集団の平均値は3.33から3.61のどこかの値になることが95％確かであ
る、ということになる。

7　サイコロの形状から、理論上は3.50になるはずだと思うかもしれない。

> **練習：95%信頼区間から99%信頼区間へ**
>
> 95%信頼水準ではなく、99%信頼水準を用いた場合、信頼区間を計算せよ。

　それではこの3.33から3.61の範囲以外に母集団の平均値がくることはありうるのだろうか？もちろんありうる。重要なのは、我々は「確からしさ」を扱っていることにある。母集団の平均値が3.33より低いことは2.5%ありうるし、母集団の平均値が3.61より高いことも2.5%ありうる。つまり5%の確率で、母集団の平均値が3.33から3.61の範囲以外である可能性がある。

　このサイコロの例を通して、データが生まれる過程の特徴（ここではサイコロがきちっとした正六面体であること）が前提として重要であることに気づくだろう。現実世界では、社会科学者はこの前提を知りえない。次のセクションではこのような場合について考えよう。

7.4　事例：大統領支持率

　2017年9月14日から18日まで、**NBC News**と *the Wall Street Journal* は900人のランダムに選ばれたアメリカ市民に政治的意見を尋ねるサーベイを実施した。数ある質問の中には下記のように、大統領の仕事ぶりを評価する質問も含まれた。

> 　一般的に、あなたはドナルド・トランプの大統領としての仕事ぶりを支持しますか、支持しませんか？

質問文は世論調査会社が半世紀にもわたって用いてきた標準的なものである[8]。2017年9月、選ばれたサンプルの43%がトランプの仕事ぶりを支持し、52%が不支持、5%が分からないと答えた[9]。

　これら世論調査を実施したメディアはもちろん、たまたまサーベイに選ばれた900人の意見に関心があるのではなく、これらサンプルが母集団全体に関して何らかの情報をもたらしてくれるという意味で関心がある。そこで、

8　大統領の名前のみ変更されている。

9　サーベイの出典 http://www.pollingreport.com/djt_job.htm （アクセス日：2017年10月15日）

第7章　確率と統計的推定　177

この900人の回答に中心極限定理を援用する。

　繰り返すと、このランダムに選ばれた900人のサンプルの特徴については確かに知ることができる。もし支持すると答えた387人の回答者を1とし、残りの513人の回答者を0とすると、サンプルの平均値($\overline{Y}$)を下記のように計算することができる[10]。

$$\overline{Y} = \frac{\sum_{i=1}^{n} Y_i}{n} = \frac{\sum (387 \times 1) + (513 \times 0)}{900} = 0.43$$

　次に、サンプルの標準偏差(S_Y)を下記のように計算する。

$$S_Y = \sqrt{\frac{\sum_{i=1}^{n} (Y_i - \overline{Y})^2}{n-1}} = \sqrt{\frac{387(1 - 0.43)^2 + 513(0 - 0.43)^2}{900 - 1}}$$

$$= \sqrt{\frac{212.27}{899}} = 0.49$$

　これらを用いて、母集団全体について何が言えるだろうか。ここで計算したサンプルの平均とは異なって、母集団の平均を確実に知ることはできない。しかしもし、600回サイコロを振った例と同じように、900人の回答者という1度のサンプルではなく、900人のサンプルを無限に繰り返してとるとしたら、中心極限定理によって、これら無限にあるサンプルの平均値は正規分布にしたがうことになる。母集団の平均値に関するベストな予測値は、サンプルの平均値である0.47であることから、平均値の標準誤差は下記のように計算できる。

$$\sigma_{\overline{Y}} = \frac{0.49}{\sqrt{900}} = 0.016$$

この標準誤差は母集団の平均に関する不確かさを意味する数字である。ここでサンプルの平均値から標準誤差2つぶんを左右にとって95%信頼区間を計

10　「分からない」と解答した5%を数学的にどう扱うかについては様々な方法がある。今回の例では、「支持する」と答えた割合に興味があるため、「不支持」と「分からない」を合計した。このように統計を用いる場合、どのように数字を処理したかについて情報開示することは、研究や論文を正当に評価してもらう上で重要である。

算すると下記のようになる。

$$\bar{Y} \pm (2 \times \sigma_{\bar{Y}}) = 0.43 \pm (2 \times 0.016) = 0.43 \pm 0.032$$

つまり信頼区間は0.398から0.462となる。意味するところは、母集団における2017年9月14日から18日のトランプの支持率は、95%の確率をもって39.8%から46.2%の区間のどこかの数字である。

　世論調査結果でしばしば見る「プラスマイナス」はこのような意味がある[11]。まとめると、母集団の平均値に関するベストの推測はサンプルの平均値に2標準誤差ぶんをプラスマイナスしたものとなる。このプラスマイナスの計算のベースはだいたい95%区間である。

7.4.1　何がサンプルで何が母集団か？

　前のセクションの事例における*NBC-Wall Street Journal*が実施した世論調査は900人のランダムサンプルを用いている。ランダムに選ぶということはつまり、ランダム・デジット・ダイヤリング（RDD、乱数発生による電話番号を用いた調査）のように、何らかの方法で母集団の全ての構成員がそれぞれ選ばれる確率は等しいことになる。ランダムサンプルを用いることは重要である。中心極限定理はランダムに抽出されたサンプルを前提とする。便宜上のサンプルを用いる場合は、中心極限定理を用いることはできず、したがってサンプル分布や信頼区間の計算もできない。

　ここから学べることは重要である。便宜上のサンプル、つまりランダムに選ばれていないサンプルでは、サンプルから母集団の橋渡しができない。このことは世論調査会社がインターネット上で世論調査を実施するときに問題となる。ある特定の人々、おそらく政治関心が高い人々、のみがインターネット調査に回答する傾向がある。このようなインターネット調査の場合、母集団について何が言えるのだろうか？サンプルが明らかに母集団からランダムに取られていない場合、このサンプルから母集団に関して言えることは何もないのである。

　関連して次の点も指摘しておきたい。大統領支持率の事例は、サーベイに

11　実際には世論調査会社は信頼区間に関して独自の調整方法をとるが、基本的なロジックは同じである。

用いられた900人のサンプルと合衆国の有権者という母集団の関係が極めて明らかであった。ところが、しばしばサンプルと母集団の関係が不透明な場合がある。例えば、ある年の国会議員の議会における記名投票を調べ、その議会メンバー（これがサンプルである）の一人一人について全ての投票情報が手に入るとする。とすると次の質問にぶつかる。ここでの母集団とはなんだろうか？これに対する決定的な答えはないし、研究者のあいだでも１つの答えに同意することはないだろう。データセットが全ての国会議員を含んでいることから、データがそもそもサンプルではなく母集団であるとの主張もあるだろう。このサンプルは、一会期中の全投票のうちの一投票というサンプルであるとの意見もあるだろうし、このサンプルは国会議員たちが一会期中に投票しうる無限の投票のうちの１サンプルであるとの主張もありえる。この国会議員の投票の例においては、何がサンプルで何が母集団なのかに関して決定的な科学的同意があるわけではない。それでも、このようなデータをサンプルとして扱うことはより注意深いアプローチを意味し、有益な使い方である。

7.4.2　スマートフォン時代におけるランダムサンプル

電話技術が発達した今日、有権者全体からサンプルをランダムに抽出することは以前より簡単になったと思うかもしれない。実際は逆である。1988年を想定しよう。1988年に世論調査会社がアメリカにおいてランダムに選んだ900世帯に電話をしてサーベイを実施する場合、ランダム・デジット・ダイヤリングを使うのが簡単な方法であった。電話会社（1988年には１つしかない）のルールでは、最初の３桁が地域コードであり（例えば212がニューヨーク市、402がネブラスカ州を意味した）、その次の３桁が家庭用か営業用かを示していた。したがって、最後の４桁をランダムに決定することによって、電話番号に関してランダムサンプルを作成することができた。当時、99％のアメリカ世帯が固定電話を持っていたことから、このサンプル抽出の対象からもれる人々はほとんどいなかった。さらに、1988年当時は発信者番号が表示されなかったことから、電話が鳴ったときに誰からかかってきたかわからないので、家にいる誰かが電話に出ることが多かったのである。つまり、ランダム・デジット・ダイヤリングと電話会社の協力によって、1988年当時は一般市民からランダムにサンプルをとることが容易であった。

そして今、世論調査会社が個々人の携帯電話に調査目的で電話をかけることは合法であるが、それら個々人の携帯電話に自動ダイヤルで電話をかけることはアメリカの法律では禁止されている。したがって、手で電話をかける必要があり、世論調査の費用と時間が大幅に増える。さらに、固定電話を持つ世帯は少なくなってきている。特に若い世帯や非白人世帯では固定電話を持たない傾向がある。さらに発信者番号の表示というシステムによって、知らない番号からかかってきた電話には出ない人が増えてきた。知らない番号からかかってきた電話に積極的に出るような人のみの世論調査回答は、有権者という母集団を代表していると言えるだろうか。

練習：2016年大統領選挙におけるランダムサンプル

報道機関は世論を正確に読むことを重視している。したがって、世論調査におけるサンプルがいかに母集団を代表しているかを説明しようとする。

　まず、Fox News の以下の動画を見て、日付が2015年11月30日であること、つまり2016年大統領選挙の投票が始まっていないことに注意しよう。

https://video.foxnews.com/v/4638558543001#sp=show-clips

　次に、2016年大統領選挙後の調査分析の動画をみてみよう。

https://video.foxnews.com/v/5203990293001?playlist_id=2127351621001#sp=show-clips

---

7.4.3　サンプルサイズの影響

　信頼区間の計算式をながめると、標準誤差が小さいほど、信頼区間が狭くなることに気づく。逆に言うと、標準誤差が大きいほど、信頼区間は広くなる。サンプルの数値から母集団の数値の推定を行うとき、もしできるだけ正確に行いたいならば、この信頼区間は広いよりも狭いほうがよい。

　信頼区間を狭くするにはどうしたらよいだろうか？平均値の標準誤差の式を再びながめると、分子が小さいもしくは分母が大きくなれば、より小さい値の標準誤差となることに気づく。分子を小さくすること、つまりサンプルの標準偏差を小さくすることは、実際には難しいことから、分母を大きくすることはできないかと考えるのが妥当である。つまり、サンプルサイズを大きくできるだろうか？

　サンプルサイズが大きいと標準誤差が小さくなり、サンプルサイズが小さ

いと標準誤差が大きくなる。このことは直観的にわかるだろう。もし大きな
サイズのサンプルであれば、母集団に関して推定を行うことは容易となるだ
ろうし、もしサンプルサイズが小さければ、母集団の推定に関して信頼性が
やや低下するだろう。

　大統領支持率の例において、もし900人のサンプルではなく、例えば2500
人のサンプルをとっていたら、標準誤差は以下のように計算できる。

$$\sigma_{\bar{Y}} = \frac{0.49}{\sqrt{2500}} = 0.010$$

900人のサンプルのときの標準誤差が0.016であったので、2500人のサンプル
をとった場合の標準誤差は3分の2以下となることが分かる。実際にこの
0.010という標準誤差を用いて、信頼区間を計算するとより狭い信頼区間を
得ることができる。しかし、信頼区間を両方向に1.2％狭くすることと、回
答者を1600人増やすことを天秤にかけると、たいていの場合、信頼区間を1％
ほど狭くすることは、回答者を2倍以上に増やすことにかける金銭的時間的
コストの割に合わない。

　逆にサンプルサイズを小さくしたらどうなるだろうか？ 900人の回答者の
代わりに、400人の回答者をランダムに選んだとしたら、標準誤差は下記の
ようになる。

$$\sigma_{\bar{Y}} = \frac{0.49}{\sqrt{400}} = 0.024$$

95％信頼区間を得るために標準誤差を2倍すると、信頼区間はプラスマイナ
ス0.048（4.8％）左右に広がることになる。

　もっと極端に、ランダムサンプルをたったの64人とすると、かなり広い信
頼区間となるだろう。この場合の標準誤差は下記のようになる。

$$\sigma_{\bar{Y}} = \frac{0.49}{\sqrt{64}} = 0.061$$

この標準誤差を95％信頼区間の計算のために2倍すると、プラスマイナス
0.122（12.2％）左右に広がることになる。この場合、母集団におけるトラン
プの支持率の推定は43％であるが、その95％信頼区間は30.8％から55.2％と

なるのである。これでは広すぎるあまりに有益な情報を得ることができない。

つまり、「サンプルサイズはどれくらい大きければよいのか？」という質問に対する答えは、「どのくらい信頼区間を狭めたいか？」という質問の回答で代えることになる。

練習：プラスマイナス１％の標準誤差

もし上記のトランプ大統領の支持率でプラスマイナス１％に誤差をおさめたい場合（信頼水準は95％のまま）、サンプルサイズはどのくらい必要だろうか？サンプルの標準偏差（$\sigma_{\bar{Y}}$）は0.49のままとして計算せよ。

7.5　次に向けて：変数間の関係を調べる

本書において、政治学研究は主に因果の説明を評価するものであり、２つ以上の変数の関係を調べることになる、と強調してきた。しかし本章で学んだことは、１つの変数についての統計的推定のプロセスであった。統計的推定のロジックを身につける必要があるのは、母集団について学ぶためにどのようにしてサンプルを用いるのかを理解する必要があるためであった。

第８章においては、２変数の仮説検定について３つの異なる方法を学ぶ。２つの変数の関係をサンプルにおいて調べ、その関係性が母集団にも存在するかという可能性を確率的に評価するという作業を行う。ロジックは本章で学んだことと同じである。本章において１つの変数で学んだことを、２変数においても適用するに過ぎない。その後、第９章においては、２変数の仮説検定に関してもう１つの方法、単回帰分析を学ぶ。

キーワード

・68-95-99ルール　正規分布の特徴の１つで、平均値から正負の方向に標準偏差の１、２、もしくは３つぶん動くと分布の曲線のそれぞれ68％、95％、99％の領域をとらえる。

・結果　ランダムに観察された結果。

・サンプル　母集団から抽出された部分集合。

第7章　確率と統計的推定　183

- サンプル分布　サンプルの平均値についての仮定的分布。
- 信頼区間　サンプルによる計算に基づいて推定した母集団の特徴的な値がとりうる確率的な記述（幅）。
- 正規分布　釣り鐘型（bell-shaped）の統計分布でその平均値と標準偏差によって決定される。
- 全数調査　母集団そのものについての調査。
- 中心極限定理　もしランダムサンプルを無制限にとってそれぞれのサンプルの平均値をプロットしたら、それらのサンプルの平均値の分布は真の母集団平均値を中心として正規分布にしたがうという統計が示す基本的な結果。
- 度数分布　サンプルの実際の頻度の分布。
- 統計的推定　サンプルについて知り得たことから母集団について確率的な記述を行うプロセス。
- 独立した結果　2つ以上の結果について、そのうちのある結果の発生が他の結果の発生に影響しないこと。
- 平均値の標準誤差　サンプルの平均値についてのサンプル分布の標準偏差。
- 母集団　関連すると考え得る全てのケースのデータ。
- ランダムサンプル　母集団の全ての構成員が選ばれる確率が全く等しいという特徴をもつサンプル。

エクササイズ

1. http://www.pollingreport.com に行き、興味のある世論調査統計を見つけよ。"full details" があるならばそれをクリックし、その項目についてのサンプルサイズを確認すること。母集団について95％と99％の信頼区間を計算し、その計算過程を示せ。ウェブサイトの表示をプリントアウトして計算結果とともに提出すること。
2. 上記と同じサーベイ項目について、もしサンプルサイズが半分だとしたら信頼区間はどのようになるだろうか？もしくはもしサンプルサイズが2倍だとしたら信頼区間はどうなるか？サンプルの標準偏差は変わらないと仮定し、計算過程を見せよ。
3. サンプルサイズが大きければ大きいほどよいか？説明せよ。
4. アメリカ合衆国大統領選挙における与党得票率を示した表6.2に戻り、その分布における平均値の標準誤差を計算せよ。そして母集団における95％信頼区間を提示せよ。計算過程も見せること。この事例において95％信頼区間が意味するところは何か？
5. 世論調査を実施するためにアメリカ合衆国の全人口から1000人の回答者を選び、

95%信頼区間を得たとする。同じ信頼区間を得るためにメーン州の人口から何人の回答者を抽出する必要があるだろうか？合衆国全体とメーン州の回答者の分布は同じものとする。

第8章

2変数の仮説検証

概観　仮説検証の準備をしてデータを集め、その後の仮説検証は実際にどうしたらよいだろうか。本章では、2つの変数の関係について統計的推定を行うための基本的かつ実践的な方法を学ぶ。また、「統計的有意」や「統計的不確実性」という言葉が何を意味して何を意味しないのかについても学ぶ。以下では2つの変数の関係を調べる3つの方法である、クロス集計、平均値の差の検定、相関係数について紹介する。(4つ目の方法である単回帰分析については第9章で扱う。)

8.1　2変数の仮説検証と因果関係

　前章まで、仮説検証の概念を紹介してきた。本章では2変数の仮説検証について3つの異なる例を用い、仮説検証の基本的なメカニズムを説明する。本章で扱う初歩的な分析は1970年代までは研究論文の主流を占めていたが、今日の研究論文において仮説検証の最初の手段として用いることは稀である[1]。なぜなら、これら初歩的な分析は、因果関係の4つのハードルのうち1つ目のハードルにしか関連しないからである。つまり、2変数の仮説検証は

---

[1]　定義上、2変数の仮説検証を行うにあたって、現実世界の状態について以下2つの前提のうち1つが成立しているとみなしている。従属変数(Y)に関係する第三の変数(Z)は存在しないという前提か、もしくは除外された変数があるならばそれらは独立変数(X)に関係していないという前提である。分析から除外された独立変数については第10章で学ぶ。今のところは、前章まで議論してきたように、実際の政治世界を分析する際にこれらの前提が成立していることは稀であることに留意したい。

「XとYは関係があるか？」という問いに答えるには役に立つが、因果関係の４つ目のハードルの質問「XとYの関係を見せかけのものとする全ての交絡変数Zをコントロールしたか？」には答えない。

本章で扱う２変数の仮説検証は、その限界にもかかわらず、統計的仮説検証のロジックを理解するための重要な基礎である。以下のセクションでは、どの２変数の仮説検証を用いるかという観点から３つの仮説検証を紹介する。本章では、前章で学んだことを実際の世界のデータに当てはめて理解する。最終的にはより適切で洗練された方法で仮説検証を行うことになるが、本章で学ぶ基本的なロジックは、より複雑な仮説検証においても同じである。言い換えると、現実世界のデータをもって仮説検証という複雑な世界を進むことになる。いったん歩き方を習得したら、より進んだ技術で走ることができるだろう。

8.2　２変数の仮説検証法を正しく選ぶ

これまでの章、とりわけ第５章から第７章で述べてきたように、仮説検証の前にするべき作業がいくつかある。２つの変数のデータを集めて仮説検証を行う前に、その従属変数と独立変数のタイプをおさえる必要がある。第６章で述べたように、変数はそのケースのとりうる値のタイプによって分類される。表8.1は２変数の仮説検証を行うにあたって考えられる４つのシナリオである。どの仮説検証の方法が適切であるかは、独立変数と従属変数の変数タイプによる。表8.1では４つのシナリオのそれぞれについて、適切な２変数の仮説検証の方法がリストアップされている。独立変数も従属変数もカテゴリカル変数である場合、仮説を検証するには**クロス集計**が適している。従属変数が連続変数で独立変数がカテゴリカル変数の場合は**平均値の差の検**

表8.1　変数のタイプと適切な２変数の仮説検証

		独立変数	
		カテゴリカル	連続
従属変数	カテゴリカル	クロス表分析（第８章）	プロビット／ロジット（第12章）
	連続	平均値の差の検定（第８章） 回帰分析の発展（第11章）	相関係数（第８章） 単回帰分析（第９章）

定もしくは回帰分析が適している(この場合の回帰分析については第11章で扱う)。独立変数が連続変数で従属変数がカテゴリカル変数の場合はたいていプロビットかロジットモデルを用いる(これらの統計モデルについては第12章で扱う)。最後に、独立変数も従属変数も連続変数の場合、本章では**相関係数**を紹介し、第9章では単回帰モデルを紹介する。

8.3 pへの道

統計的仮説検証の多くに共通する要素は「p値」である(pはprobability、確率を表している)。この値は確率なので0から1の間の数値をとる。p値は統計学において結論的なもの、つまり統計分析はp値を中心に解釈される。しかしこのp値はしばしば誤解・誤用されている。本セクションではp値の基本的なロジックについて学び、第7章の「サンプルデータから母集団の値を推定する」という作業につなげる。

8.3.1 p値のロジック

第3章で扱った因果関係を確立させる4つの原則のうち、3つ目は「XとYの間に共変動はあるか?」であった。この問いに答える、つまり独立変数Xと従属変数Yの間に関係があるかどうかを決定するためには、実際の世界のデータを用いる必要がある。表8.1に表示された仮説検証方法のそれぞれは、共通する以下のロジックを持っている。「サンプルデータにおけるXとYの実際の関係」と「もし母集団におけるXとYが関係なかった場合に予測できること」を比較する。そして、「経験的に観察された関係(サンプルにおける関係)」と、「もしその関係が(母集団において)存在しなかったら予測できること」が違うほど、「母集団におけるXとYは関係がある」ことに確信を持てることになる。サンプルから母集団を推定するこのロジックは、第7章でサンプルのデータの平均値から母集団の平均値について推定したことと同じである。

上記の論理的な作業に伴う統計量が**p値**である。p値は0から1までの値をとり、「観察した関係が偶然に生じている確率」を表す。言い方を変えると、p値は「母集団において2変数に真の関係がないときに、サンプルにおいて2つの変数の関係が観察される確率」である。したがって、p値は低いほうが良い。そしてp値が低いほど、そのp値を計算した2つの変数の間に

は何らかのシステマティックな関係が存在するという結論に確信を持てることになる。

多くの統計的技術に共通する特徴の1つに、データが多いほど、p値は低くなる、というものがある。これは第7章でサンプルサイズについて学んだことと一致する。サンプルサイズが大きいほど、サンプルが母集団をより正確に表すことに確信を持てる[2]（セクション7.4.2を参照のこと）。

8.3.2　p値の限界

p値は2つの変数が関係するか否かについて判断できる強力な指針であるが、限界がある。第一に、「p値が意味しないこと」を正しく理解する必要がある。p値のロジックは逆には使えない。言いかえると、p = 0.001は0.999の確率で何らかのシステマティックなことが起きているとは意味しない[3]。また、p値は2変数の間に関係があるということの確からしさについて教えてくれるが、その2変数の関係が因果関係であるとは教えてくれないのである。

第二に、もしp値が非常にゼロに近かったら、XとYの関係は非常に「強い」と表現したくなるかもしれない。これは必ずしも言えないのである。先述したように、p値は母集団において2変数は関係があるという自信の程度だからである。また、サンプルサイズが大きいほど、p値は小さくなる。しかし、サンプルサイズが大きいことは2変数の関係を強めるわけではない。サンプルサイズの大きさは、サンプルデータを用いて観察された関係が母集団における関係を正確に代表しているという自信の強さに関係する。第7章において、標準誤差を計算したとき、似たような関係を取り扱った。標準誤差の計算式の分母はケースの数であることから、ケースの数が大きいほど（サンプルサイズが大きいほど）標準誤差が小さくなり、母集団の推定の信頼区間がより狭くなる。

p値の限界の3つ目は、変数の測定プロセスの質を直接反映していないこ

2　逆に、サンプルサイズが小さいほど、母集団をあまり代表していない結果を得る傾向がある。

3　（訳者注）「母集団におけるXとYが関係なかった場合に、サンプルにおいて2変数の関係が観察される確率」が0.001であるとすると（母集団においてXとYは関係があることに確信を持てるが）、0.999の意味は「母集団におけるXとYが関係なかった場合に、サンプルにおいて2変数の関係が観察されない確率」である。したがって、0.999は「母集団におけるXとYは関係がある確率」ではない。

とにある。つまりp値が変数の測定の良し悪しを決めるのではなく、変数の測定の良し悪しがp値についての自信につながる。したがって、測定についてより自信があれば、そのp値についてより自信をもつだろう。もし変数の測定についてそれほど強い自信がないとしたら、そのp値についての自信は弱くなる。

最後に、p値は常に「サンプルは母集団からランダムに抽出されている」という前提に基づいていることを忘れてはならない。数学的に、これは以下のように表現される。

$$p_i = P \ \forall \ i$$

意味するところは「母集団の個々のケースがサンプルに含まれる確率(p_i)は個々のケース(i)の全てにおいてPに等しいとみなされる」である。つまり、母集団における各ケースが、サンプルに選ばれる確率は全て等しく同じである。もしこの前提が成立すれば、真にランダムなサンプルを持っていることになる。しかし、現実の世界で無作為抽出の前提が完璧に成立することはほとんどないことから、p値について評価するときはこの前提に留意することになる。つまり、真のランダムなサンプルから遠のくほど、p値に対する自信は薄まるのである。

8.3.3 p値から統計的有意へ

p値が低いほど、2変数の間に関係が存在するという自信は高まる。一般的に、この状況を「2変数の間の関係は**統計的有意**である」と表現する。この表現は権威的で決定的な響きがあるが、これは常に条件つきであることに注意したい。言いかえると、統計的有意と断言できるかどうかは他の要因に左右される。その要因の1つに、前のセクションで触れた一連の前提がある。「統計的有意」はそれらの前提のもとでのみ達成される。さらに、どのくらいのp値であれば統計的有意なのかについては、様々な基準がある。社会科学で通常用いられるp値の基準は0.05である。つまり、もしp値が0.05より小さければ、その関係は統計的に有意であると考えることになる。この基準をより厳しく0.01とする場合もあれば、より緩く0.1とする場合もある[4]。

4　最近では、p値そのものを表示し、統計的有意については読者の判断にゆだねることが多い。

XとYが統計的有意な関係にあることは必ずしもXとYの関係が強いとか因果関係があることを意味しない点は、繰り返し強調しておきたい。関係が強いかどうかを判断するには、Yの値が一定量変化することが何を意味するかについての知識が必要である。これについては第10章で詳細に扱う。因果関係があるかどうかの判断は、第3章で学んだように理論がどれほど4つの因果のハードルをクリアしているかによる。

8.3.4　p値と帰無仮説

第1章で、帰無仮説の概念を紹介した。定義は「帰無仮説とは、理論に基づく記述で、もし理論が間違っているとしたら観察されるであろう事柄についての記述」であった。したがって、理論に基づく仮説が「XとYに共変動が存在する」であれば、これに対応する帰無仮説は「XとYに共変動が存在しない」ということになる。この文脈で、p値のもう1つの解釈は、「帰無仮説を棄却できる自信のレベルを教えてくれるもの」である（p値が低いほど帰無仮説を棄却してよい）。

8.4　2変数の仮説検証の方法

本セクションでは2変数の仮説検証の3つの方法を学ぶ。それぞれの方法において、XとYの間に関係があるか否かを検証する。検証にはサンプルデータを用い、サンプルデータを用いてわかったことをもとに、母集団についての推定を行う。

8.4.1　例1：クロス集計

2変数のデータをクロス表で表すことは基本である。最近の政治学の論文においても、多変数を用いた分析への足掛かりとしてクロス表が用いられている。たいていのクロス表では、従属変数が行で表示され、独立変数が列で表示される。表を見るときに重要なのは、その表が何を伝えようとしているのかを時間をかけてじっくりと理解することである。この作業を以下の3つのプロセスに分解する。

1. 表の行と列に定義されている変数は何かを把握する。
2. 個々のセルが何を表しているかを把握する。セルに置かれている値が

実際に起こったケースの数（頻度）であることもあるし、割合（0から1）やパーセンテージ（0から100）であることもある。もし後者の場合、その割合もしくはパーセンテージの数字の分母は表全体の合計なのか、行ごとの合計もしくは列ごとの合計なのかを見極める。

3. その表に何らかのパターンがあるかどうかを観察する。

以上の3つのステップを表8.2で実践しよう。このクロス表を用いて、「労働組合に所属していることで人々はより左翼候補者への支持傾向を強める」という理論を検証する。この表のタイトルと行と列の見出しから、この表は労働組合に加入している世帯の有権者と加入していない世帯の有権者とで、2016年大統領選挙における投票を比較しようとしていることが分かる。この表の情報を用いて、労働組合に加入している世帯の有権者はより民主党大統領候補ヒラリー・クリントンに投票する傾向があるという仮説を検証する[5]。この表から、第一にすることは、列が独立変数（その個人は労働組合加入世帯か否か）であり、行が従属変数（大統領選挙の投票先）を表すと確認することである。第二に行うことは、かなり直観的である。表の脚注を読むと、「各セルの数値は列の割合」とある。これは次のステップに進むのに助かる情報である、というのは列の割合は、我々が比較したい事柄に対応しているからである。比較したいのは、労働組合加入世帯の人々の大統領選挙での投票と労働組合非加入世帯の人々の大統領選挙での投票、である。表から読み取れるパターンは明確である。労働組合加入世帯の人々は圧倒的にクリントンを

表8.2　2016年アメリカ大統領選挙における労働組合加入世帯と投票先

候補者	組合非加入世帯	組合加入世帯	行　計
クリントン	51.2	58.1	52.2
トランプ	48.8	41.9	47.8
列計	100.0	100.0	100.0

注：各セルの数値は列の割合

5　これらの2変数の測定についてはどう考えるか？第5章で学んだこととどのように整合するか？

支持しており(58.1%がクリントン、41.9%がトランプ)、労働組合非加入世帯の人々はかろうじてクリントンを支持しているに過ぎない(51.2%がクリントン、48.8%がトランプ)。独立変数(X)と従属変数(Y)という言葉を用いると、従属変数(Y＝大統領選挙での投票)の分布を独立変数(X＝労働組合加入・非加入世帯)ごとに比較していることになる。

練習：表8.2の背景にある理論を評価する

第３章で論じた因果関係の４つのハードルのうちの最初の２つについて考えよう。１つ目のハードル、その関係について納得のいく説明ができるか。表8.2の背景にある理論は、労働組合に所属していることで人々はより左翼候補者への支持傾向を強める、である。説明すると、左翼政党の候補者は労働組合が好む政策を支持する傾向があり、したがって労働組合加入世帯の有権者は左翼政党の候補者を好ましく思うはずである。この説明は、納得がいく説明だろうか。２つ目のハードル、因果が逆の可能性を排除できるだろうか。つまり、左翼政党の候補者を支持することによって、有権者は労働組合に加入する傾向が強まるという可能性はあるか？

　表8.2では、列に独立変数の値、行に従属変数の値をおいた。そして列ごとに割合を計算することで、各列を比較することが直観的に可能となる。この列と行そして割合の出し方であれば、目的とする比較を簡単にできる。また多くの読者がこのフォーマットに慣れていることから、このフォーマットに従うことを勧める。

　次の例では、「性別(X)が大統領選挙の投票先(Y)に関係する」という２変数の仮説検証を丁寧に行う。この性別と大統領選挙投票についての仮説を検証するために、2016年の全米選挙調査(2016年NES)から得たデータを用いる。このデータセットは、対象とする母集団であるアメリカの成人から無作為に抽出されたサンプルであり、今回の仮説検証に適している。表8.3はこの仮説検証のためのクロス表である。列ごとに投票先の割合をざっと見る限り、仮説の傾向「男性回答者はクリントンよりトランプへの投票が多く、女性回答者はトランプよりクリントンへの投票が多い」はあるように見える。

　１ステップ戻ろう。これら変数の測定と、もしこの２変数の間に何の関係

表8.3　2016年大統領選挙における性別と投票先

候補者	男性	女性	行計
クリントン	47.2	56.2	52.0
トランプ	58.8	43.8	48.0
列計	100.0	100.0	100.0

注：セルは列の割合

表8.4　2016年大統領選挙における性別と投票先： 仮説的シナリオ

候補者	男性	女性	行計
クリントン	？	？	52.0
トランプ	？	？	48.0
列計	100.0	100.0	100.0

注：セルは列の割合

もなかったらクロス表はどのような分布になるのかについて考えよう。表8.4は情報の一部のみを表している。つまり、サンプルのうち48.0%はドナルド・トランプに投票し、サンプルのうち52.0%はヒラリー・クリントンに投票したという情報のみを載せている。この表内部の「？」が示すように、回答者の性別による票の内訳は分からない。もし性別と2016年大統領選挙投票の間に何の関係もないのであれば、表8.4で与えられた情報からどんな結果が考えられるであろうか。言いかえれば、もし独立変数(X)と従属変数(Y)の間に何の関係もないのであれば、表8.4の「？」にはどんな数値が入るであろうか？

　もし性別と大統領選挙投票が無関係であれば、ドナルド・トランプとヒラリー・クリントンへの投票において男女で大きな違いはないはずである。表8.3から、サンプルの48.0%がトランプへ、52.0%がクリントンへ投票していることはわかっている。性別と投票に関係がないのであれば、男女間において、各候補者への投票は同比率となるはずである。言いかえると、表8.4における「？」には、表8.5のように男女で同じ割合が入る。表8.5は、「性別と大統領選挙投票は無関係である」という帰無仮説における期待値を表している。ここで、表8.4における「？」に等しく「50.0」を入れるのは間違いであ

表8.5　2016年大統領選挙における性別と投票先： 帰無仮説の期待値

候補者	男性	女性	行計
クリントン	52.0	52.0	52.0
トランプ	48.0	48.0	48.0
列計	100.0	100.0	100.0

注：セルは列の割合

表8.6　2016年大統領選挙における性別と投票先

候補者	男性	女性	行計
クリントン	?	?	1269
トランプ	?	?	1171
列計	1128	1312	2440

表8.7　2016年大統領選挙における性別と投票先： 2変数が無関係である場合の期待値

候補者	男性	女性
クリントン	(52% of 1128) 0.52 x 1128 = 585.56	(52% of 1312) 0.52 x 1312 = 682.24
トランプ	(48% of 1128) 1.48 x 1128 = 541.44	(48% of 131) 0.48 x 1312 = 629.76

ることに注意したい。なぜなら、表8.3よりトータルで回答者の52.0％がクリントンに投票したと回答している。したがって、性別と投票が関係ないのであれば、男性も女性もその52.0％がクリントンに投票すると期待することになる。

　表8.6は2016年NESから得た回答者の行と列ごとの小計を記入してある。表8.6の右端の列の数字は、表8.4の右端の列の割合に対応している。さて、表8.6から得た情報と表8.5からの期待値を合わせ、もし性別と大統領選挙投票が無関係である場合の各セルの回答者数を計算してみよう。表8.7はこれら期待値の計算を示している。表8.8は実際の回答者数である。

　最後に、表8.9において、各セルの実際に観察された回答者数(O)と独立変数と従属変数が無関係である場合に期待される数値(E)を比較する。

第8章 2変数の仮説検証　195

表8.8　2016年大統領選挙における性別と投票先

候補者	男性	女性	行計
クリントン	532	737	1269
トランプ	596	575	1171
列計	1128	1312	2440

表8.9　2016年大統領選挙における性別と投票先

候補者	男性	女性
クリントン	O = 532; E = 585.56	O = 737; E = 682.24
トランプ	O = 596; E = 541.44	O = 575; E = 629.76

注：Oは観測数、Eは2変数が無関係の場合の期待値

　表8.9から一定のパターンが読み取れる。男性において、クリントンへの投票者は、2変数が無関係である場合の期待値より低い。また、男性におけるトランプへの投票者は2変数が無関係である場合の期待値よりも高い。女性はこの逆のパターンとなる。女性はクリントンへの投票者が性別と大統領選挙投票先の関係が無関係である場合の期待値より高く、トランプへの投票者は期待値より低い。これらの男女差のパターンは、女性は男性よりも民主党候補に投票するという理論に一致する。この違いは実際に確認できたものの、この違いの大きさは理論に自信を与えるほどのものであるのかについてはまだ不明である。つまり、これらの違いが統計的に有意かどうかを知りたい。

　この問いに答えるため、**χ^2（カイ二乗）検定**を行う。χ^2検定は、Karl Pearsonが20世紀初頭に自然の影響と育児の影響の比較についての理論を検証するために発展させたものである。彼のχ^2統計量の公式は下記の通り。

$$\chi^2 = \sum \frac{(O-E)^2}{E}$$

Oは各セルの観測された数値であり、Eはもし関係がない場合の各セルの期待値である。$(O-E)^2$は表8.9より計算できる。

　上記の式中の総和記号（Σ）は表の各セルを合計することを意味する。2 ×

2の表の場合は4つのセルを合計することになる。それぞれのセルがこの式に与える影響を考えると、χ^2検定の基本となるロジックが理解できる。観測された数値(O)が、2変数が無関係の場合の期待値(E)に全く等しいならば、そのセルの値はO-E=0よりゼロと計上される。したがって、全ての観察された数値が、2変数が無関係の場合の期待値に全く等しい場合、$\chi^2=0$となる。Oの値がEの値と異なるほど、χ^2の値は大きくなる。式の右辺の分子(O-E)は二乗されるので、OとEのどんな違いもχ^2値には正の影響を与える。

表8.9の数値から、χ^2の計算を行ったものが下記である。

$$\chi^2 = \sum \frac{(O-E)^2}{E}$$

$$= \frac{(532-586.56)^2}{586.56} + \frac{(737-682.24)^2}{682.24} + \frac{(596-541.11)^2}{541.44} + \frac{(575-629.76)^2}{629.76}$$

$$= \frac{2976.8}{586.56} + \frac{2998.7}{682.24} + \frac{2976.8}{541.44} + \frac{2998.7}{629.76}$$

$$= 5.075 + 5.498 + 4.395 + 4.762$$

$$= 19.73$$

観察されたデータに基づくχ^2は19.73である。この統計量をもとに何をすればよいのだろうか？この19.73をχ^2について事前に決定された基準、**臨界値**と比較することになる。もし計算されたχ^2値がこの臨界値より大きければ、2変数は関係があるという結論になる。もし計算されたχ^2値がこの臨界値より小さければ、そのような結論にはならない。

この臨界値はどのようにして得られるのだろうか？まず、このχ^2テストにおける**自由度**(degree of freedom, df)として知られる情報が必要である[6]。この例の場合、自由度の計算はシンプルに下記の通りである。$df = (r-1)(c-1)$、rは表における行の数、cは表における列の数である。表8.9の例では、2列と2行の表なので、$df = (2-1)(2-1) = 1$となる。

χ^2の臨界値一覧(χ^2分布表)は補遺Aに載せてある。p値を標準的に0.05とするならば、自由度1のχ^2の臨界値は3.841である。計算されたχ^2値、19.73

6　次のセクションで自由度の定義を行う。

はp値が0.05となるための最小値である3.841を大きく上回っている。実際、このχ^2分布表をみると、19.79という値はp値が0.001となるための臨界値も上回っていることがわかる。

　この2変数の関係は、広く受け入れられている基準である統計的有意（すなわちp<0.05）を満たしている。この結果は仮説を支持するものであるが、性別と大統領選挙投票の因果関係についてはまだ検討していない。この点を検討するには、第3章で学んだ因果関係を確立する4つのハードルに戻る。ここまで、X（性別）とY（票）は共変動にあることは示していることから、第3のハードルはクリアできている。また政治に関する知識から、「XとYを関連づける因果のメカニズムは納得がいくものである」という第1のハードルもクリアできる。女性は男性よりも社会保障制度のセーフティネットに依存することから、クリントンのような民主党候補者により投票する傾向があるかもしれない。さらに、第2のハードル、「YがXを引き起こす可能性を排除できるか？」も基本的なロジックによってクリアできる。なぜなら、投票先を決定することでその人の性を決定することはないと自信をもって言えるからである。最後に、因果関係を確立するための最も厄介なハードルである第4のハードル「XとYの関係を擬似のものにする全ての交絡変数Zをコントロールしたか？」はどうであろうか。残念ながら、no、と回答するしかない。実際、2変数の分析において、何らかの他の変数ZがXとYの関係に影響するかどうかを知ることはできない。なぜなら、定義上、その分析においては2つの変数しか存在しないからである。したがって、今のところは、Z変数がコントロールされるまでは、この因果の主張についてのスコアは「yyyn」である。

練習：労働組合加入と投票の関係は統計的有意か？

表8.10は、表8.2のもととなる回答数である。この2変数の関係は統計的有意か？

8.4.2　例2：平均値の差の検定

　2つ目の事例は、従属変数が連続変数であり、独立変数がカテゴリカル変数である場合をとりあげる。この場合の2変数の仮説検証では、独立変数のカテゴリーそれぞれにおける従属変数の平均に違いがあるかどうかを見る。

表8.10　2016年アメリカ大統領選挙における
労働組合加入世帯と投票先

候補者	組合 非加入世帯	組合 加入世帯	行計
クリントン	1068	218	1286
トランプ	1019	157	1176
列計	2087	375	2462

注：数値は回答者数

　ここでも仮説検証の基本的なロジックにしたがう。つまり、現実世界のデータと、独立変数と従属変数の関係が無関係である場合にサンプルで期待される値を比較することになる。実際に観察されない母集団について推定するためにサンプルの平均と標準偏差を用いる。

　ここで取り上げる事例は、議会政府の研究に関する理論である。政治学において政府体制の違いがもたらす結果を研究するとき、統治体制が議会制か否かをみる。これは、民主主義国家における政府体制の分類の基本的な基準の１つである。民主主義体制において「議会制」とされるのは、立法府の下院に相当する機関（日本なら衆議院）が政府のうちで最も権力をもつ機関であり、政府の長を直接選出するときである[7]。議会制の特徴の１つとして、立法府の下院における投票によって政府を権力の座から追い出すことができる（例えば不信任決議）、というものがある。したがって、政治学ではそのように議会による投票が可能なシステムにおいて、議会政府がどのくらい存続するかを決定する要因は関心の的である。

　その要因の１つであり、議会制民主主義のなかでも重要な違いとして、政

---

[7]　リサーチデザインの重要な点として、どのケースが理論の範囲に入るかを決定するという作業がある。この事例の理論は議会制民主主義を対象としている。例えばアメリカ合衆国と英国が2007年初頭にこの記述に適しているかを考えよう。2007年のアメリカ合衆国において政府の長はジョージ・W・ブッシュ大統領であった。ブッシュは大統領選挙によって選ばれており下院によって選ばれたわけではないので、2007年初頭のアメリカ合衆国は本理論の範囲外となる。英国に関しては、2007年初頭の政府の長は女王エリザベス２世であると思うかもしれないが、英国の女王と王が英国政治において儀礼的存在であることを考えれば、当時の政府の長は首相であるトニー・ブレアであり、また彼は立法府の下院（庶民院）から選ばれている。2007年当時の下院の相対的権力を政府の他の機関と比較すれば、英国はこの事例の基準を満たし、議会制に分類される。

府与党が立法府の多数派であるかどうか（過半数を占めているかどうか）、というものがある[8]。定義上、議会内少数派政府は立法府において多数派政党をコントロールできないため、多数派野党は少数派与党を政権から追い出すことができる。したがって、多数派政権は少数派政権よりもより長く存続するという、政府の存続期間に関する理論が成り立つ。

　この理論に基づいて、仮説検証を行おう。Michael D. McDonald と Silvia M. Mendes による Governments, 1950-1995 というデータセットを用いる。彼らのデータセットは21カ国の西洋国家の政府を含む。比較のため、ここではサンプルを選挙後に形成された政府に限定する[9]。独立変数は「政府のタイプ」であり、「多数派政府」か「少数派政府」という２つのカテゴリーのうちの１つの値をとる。従属変数は「政府の存続期間」であり、それぞれの政府が政権の座にあった日数を測定するという連続変数である。この連続変数は１日から1461日（４年）という仮説的な幅をとるが、実際のデータの幅はイタリア政府が1953年に記録した31日からオランダ政府が1980年代後半から1990年代前半にかけて記録した1749日である。

　比較するデータをよりよく理解するために、第６章で紹介した連続変数の分布を見る２つのグラフをつくる。図8.1は少数派と多数派内閣の政府存続期間の箱ひげ図を示しており、図8.2は少数派と多数派内閣の政府存続期間のカーネル密度分布を示している。これら２つのグラフから、多数派内閣は少数派内閣より長く存続するように見える。

　これらグラフからわかる見た目の差が統計的に有意であるかどうかを決定するために、平均値の差の検定を行う。この検定では、２つのグラフで実際に見られたものと、政府のタイプと政府存続期間の関係が無関係である場合に期待できるであろうものとを比較する。もしこの２変数が無関係である場合、どちらのタイプの政府でも政府の存続期間は同じ分布となるはずであり、政府存続期間の平均値も少数派政府と多数派政府において同じとなるはずである。

8　議会研究の通常の定義によれば、党の構成員が１つ以上の内閣のポストを占めていれば、その政党は与党である。政権に入っていない政党は野党となる。

9　事例のもう１つの限定として、法律上、次期選挙まで最長４年の政府に限定して分析する。厳密に言えば、これらの制限を課すことはこれら基準を満たすケースのみを母集団として推論することを意味する。

図8.1　多数派と少数派内閣の政府存続期間の箱ひげ図

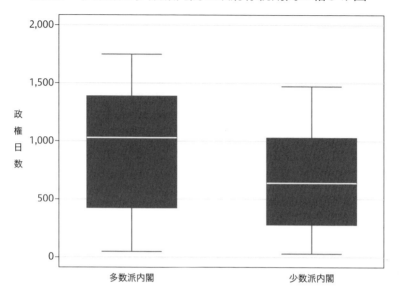

図8.2　多数派と少数派内閣の政府存続期間のカーネル密度分布

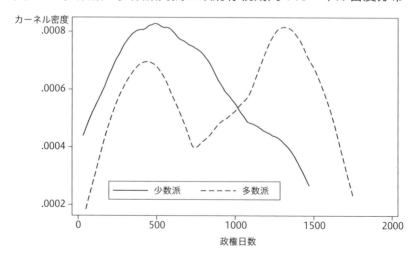

第8章 ２変数の仮説検証　201

　これら平均値が同じ分布から引き出されるという仮説を検証するために、Karl Pearsonが発展させたもう１つの検定を用いる。この統計量はt分布にしたがうため、t検定と呼ばれる。このt検定のための式は下記の通りである。

$$t = \frac{\overline{Y}_1 - \overline{Y}_2}{se(\overline{Y}_1 - \overline{Y}_2)}$$

$\overline{Y}_1$は独立変数の１つ目のカテゴリーの値における従属変数の平均であり、$\overline{Y}_2$は独立変数の２つ目のカテゴリーの値における従属変数の平均である。seは２つの平均の差の標準誤差である。この式から、独立変数の２つのカテゴリーの間で従属変数の平均値の差が大きいほど、t値がゼロから遠ざかると分かる。

　第７章で標準誤差の考え方を紹介した。標準誤差は、統計推定量についての不確かさを測定するものである。標準誤差の基本的なロジックは、値が大きいほど、正確な記述を行うことにより不確かさがある、ということになる。同様に、標準誤差が小さいほど、母集団に関して正確な記述を行うことにより大きな自信を持てる。

　平均値の差のt値の計算における分子と分母の働きを理解するために、図8.1と図8.2に戻る。２つの平均値がより離れるほど、分布がより似通うほど（標準偏差s_1とs_2によって測定）、$\overline{Y}_1$と$\overline{Y}_2$が互いに異なることにより大きな自信を持つことになる。

　表8.11は政府のタイプによって異なる政府存続期間の記述統計を表している。この表の数値から、仮説検証のためのt検定統計量を計算できる。２つの平均（$\overline{Y}_1$と$\overline{Y}_2$）の差の標準誤差、$se(\overline{Y}_1 - \overline{Y}_2)$、は下記の式から計算される。

$$se(\overline{Y}_1 - \overline{Y}_2) = \sqrt{\frac{(n_1 - 1)s_1^2 + (n_2 - 1)s_2^2}{n_1 + n_2 - 2}} \times \sqrt{\left(\frac{1}{n_1} + \frac{1}{n_2}\right)}$$

表8.11　政府のタイプと政府存続期間

政府のタイプ	観測数	平均存続期間	標準偏差
多数派	124	930.5	466.1
少数派	53	674.4	421.4
複合型	177	853.8	467.1

n_1とn_2はサンプルサイズであり、s_1^2とs_2^2はサンプルの分散である。多数派政府の政権存続日数をY_1、少数派政府の政権存続日数をY_2とすると、その標準誤差は下記のように計算される。

$$
\mathrm{se}(\overline{Y}_1 - \overline{Y}_2) = \sqrt{\frac{(124 - 1)(466.1)^2 + (53 - 1)(421.4)^2}{124 + 53 - 2}} \times \sqrt{\left(\frac{1}{124} + \frac{1}{53}\right)}
$$
$$
= 74.39
$$

標準誤差を得たので、t検定の統計量を計算する。

$$
t = \frac{\overline{Y}_1 - \overline{Y}_2}{\mathrm{se}(\overline{Y}_1 - \overline{Y}_2)} = \frac{930.5 - 674.4}{74.39} = \frac{256.1}{74.39} = 3.44
$$

　t値を計算した後、p値に進む前にはもう1つの情報、自由度(df)が必要である。自由度は、基本的に、観察されたパターンのもととなるデータ量が増加するほど、その観察されたパターンに自信を持つという考えを表している。言いかえると、サンプルサイズが大きくなるほど、対応する母集団について言えることに関してより自信をもつことになる。巻末の補遺Bはt値の臨界値表を示しており、このロジックが表されていることが分かる。この表は、χ^2表と同じ読み方をする。列はp値によって定義され、特定のp値を満たすために特定のt値を得る必要がある。t値表の行は自由度を示している。自由度の値が上がるにつれて、必要なt値は小さくなっていく。平均値の差の検定に用いるt値に関する自由度は、サンプルサイズの合計から2を引いて得られる。したがって、この事例の自由度は下記のようになる。

　　$n_1 + n_2 - 2 = 124 + 53 - 2 = 175$

自由度100の行を眺め、特定のp値を満たす最小のt値を探す[10]。p値が0.10の場合(意味するところは、もし母集団におけるXとYが無関係であるなら、サンプルにおけるこの関係はランダムであるというチャンスが10%もしくは10回に1回ある)、t値は1.29以上である必要がある。3.44は1.29より大きいので、次の列p＝0.05に進み、そこでも3.44は1.66よりも大きいことを発見す

10　ここで計算された自由度は175であるが、自由度100の行を用いてp値のだいたいの数値を得る。コンピューター・プログラムでは、正確なp値を計算できる。

る。実際、自由度100の行を最後までいっても、計算されたt値3.44はp＝0.001を満たすのに必要なt値である3.174よりも大きい。（p＝0.001とは母集団におけるXとYが無関係であるなら、サンプルにおけるこの関係はランダムであるというチャンスが0.1％もしくは1000回に1回であることを意味する。）したがって、多数派与党という地位と政府存続期間の因果関係が存在するか否かを検証するにあたっての3つ目のハードルは自信をもってクリアできる。

8.4.3 例3：相関係数

　2変数の仮説検証の最後の例は独立変数も従属変数も連続変数である場合である。経済成長とアメリカ大統領選挙の与党の得票には正の関係があるという仮説を検証する。

　第6章では1変数の分散を学び、第1章では共分散の概念を紹介した。これまでの事例、労働組合加入世帯と大統領選挙投票、性別と大統領選挙投票、そして政府のタイプと政府存続期間、といった2変数の間に共分散が存在することを確認してきた。これらの事例は少なくとも1つカテゴリカル変数を含んでいる。独立変数も従属変数もどちらも連続変数である場合、共分散を視覚的にグラフ化することができる。図8.3は与党得票率と経済成長の散布図を示している。散布図は2つの連続変数の関係をざっと見るのに適している。散布図を見るときはまず、各軸は何を表し、散布図の各点は何を表しているかを把握する。散布図においては、従属変数（この場合は与党得票率）は垂直軸で表され、独立変数（この場合は経済成長）は水平軸で表される。散布図の各点は個々のケースの2変数の値を示している。図8.3の各点は、双方のデータが存在するアメリカ大統領選挙の年の与党得票と経済成長の値となる。

　このグラフから何らかのパターンが見て取れるだろうか。理論として独立変数が従属変数を引き起こすことから、水平軸を左から右へと動くにしたがって（独立変数の値が増えていくにしたがって）、従属変数の値が増減するかを見ることになる。図8.3において左から右に動くと、垂直軸の値が増えていくパターンが見える。仮説から期待されるように、経済がよくなるにつれ（水平軸を右に行くほど）、アメリカ大統領選挙における与党得票率が高くなる（垂直軸の値が高くなる）傾向が見える。

図8.3 GDP成長率と与党得票率の散布図

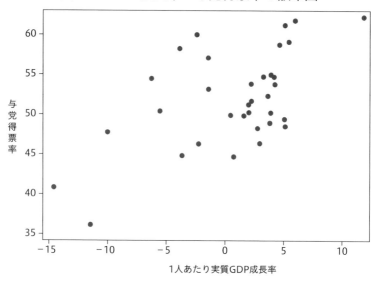

共分散は、2つの連続変数の一般的な関係(もしくは無関係)を要約する統計的方法である。2変数XとYの共分散を計算する式は下記の通りである。

$$\text{cov}_{XY} = \frac{\sum_{i=1}^{n}(X_i - \bar{X})(Y_i - \bar{Y})}{n-1}$$

この共分散の式を直観的に理解するために、Xの平均($\bar{X}$)とYの平均($\bar{Y}$)に対して個々のケースを考えてみよう。もしあるケースの独立変数の値がXの平均より大きく($X_i - \bar{X} > 0$)、従属変数の値がYの平均より大きかったら($Y_i - \bar{Y} > 0$)、この共分散の式における分子は正の値となる。もしあるケースの独立変数の値がXの平均より小さく($X_i - \bar{X} < 0$)、従属変数の値がYの平均より小さかったら($Y_i - \bar{Y} < 0$)、2つの負の値を掛け合わせると正の値となることから、共分散の式における分子は正の値となる。もしあるケースが1つの値は平均より大きく、1つの値は平均より小さい場合、正の値と負の値を掛け合わせると負の値となることから、共分散の式における分子の値は負となる。図8.4はこの関係を表示したものである。図8.3と同じ経済成長と与党得票率の散布図であるが、各変数の平均を示す線を加えてある。この

図8.4　GDP成長率と与党得票率の散布図、平均値で４分割

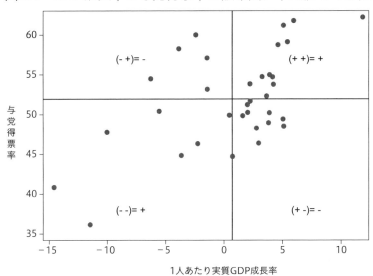

平均の線に４分割された象限において、分子の正負を表示した。もし点が右上と左下の象限に多くある場合、共分散は正の値となるだろう。一方、もし点が右下と左上の象限に多くある場合、共分散は負の値となるだろう。もし点が４象限の全てにバランスよく配置されている場合、正の値と負の値が互いに相殺されるため、共分散の計算はゼロに近くなる。２変数の共分散が正の場合、この状態は正の関係にあると述べる。２変数の共分散が負の場合、この状態は負の関係にあると述べる。

表8.12は図8.4で示したデータを用い、各年の値から共分散を計算したものである。それぞれの年において、それぞれのXと$\bar{X}$の差、そしてYと$\bar{Y}$の差を計算することから始めている。例えば1876年の場合、この年の成長率の値(X^{1876})は5.110であり、与党得票率(Y^{1876})は48.516である。この成長値は平均よりも大きく($X^{1876} - \bar{X} = 5.110 - 0.7635 = 4.3465$)、得票割合は平均より小さい($Y^{1876} - \bar{Y} = 48.516 - 51.9257 = -3.4097$)。図8.4で1876年を表す点は右下の象限にある。これら２つの平均からの差を掛け合わせると、$(X^{1876} - \bar{X})(Y^{1876} - \bar{Y}) = -14.8202$となる。

この計算を同じように全てのケース(選挙年)で繰り返していく。計算され

206

表8.12　個々の選挙年における共分散の計算（分子部分）

選挙年	経済成長率 X_i	与党得票率 Y_i	$X_i - \bar{X}$	$Y_i - \bar{Y}$	$(X_i - \bar{X})(Y_i - \bar{Y})$
1876	5.110	48.516	4.3465	-3.4097	-14.8202
1880	3.879	50.220	3.1155	-1.7057	-5.3141
1884	1.589	49.846	0.8255	-2.0797	-1.7168
1888	-5.553	50.414	-6.3165	-1.5117	9.5486
1892	2.763	48.268	1.9995	-3.6577	-7.3136
1896	-10.024	47.760	-10.7875	-4.1657	44.9374
1900	-1.425	53.171	-2.1885	1.2453	-2.7254
1904	-2.421	60.006	-3.1845	8.0803	-25.7317
1908	-6.281	54.483	-7.0445	2.5573	-18.0149
1912	4.164	54.708	3.4005	2.7823	9.4612
1916	2.229	51.682	1.4655	-0.2437	-0.3571
1920	-11.463	36.148	-12.2265	-15.7777	192.9060
1924	-3.872	58.263	-4.6355	6.3373	-29.3766
1928	4.623	58.756	3.8595	6.8303	26.3616
1932	-14.350	40.851	-15.1135	-11.0747	167.3774
1936	11.682	62.226	10.9185	10.3003	112.4639
1940	3.913	54.983	3.1495	3.0573	9.6290
1944	4.122	53.778	3.3585	1.8523	6.2210
1948	3.214	52.319	2.4505	0.3933	0.9638
1952	0.997	44.710	0.2335	-7.2157	-1.6849
1956	-1.252	57.094	-2.0155	5.1683	-10.4167
1960	0.674	49.913	-0.0895	-2.0127	0.1801
1964	5.030	61.203	4.2665	9.2773	39.5816
1968	5.045	49.425	4.2815	-2.5007	-10.7067
1972	5.834	61.791	5.0705	9.8653	50.0220
1976	3.817	48.951	3.0535	-2.9747	-9.0832
1980	-3.583	44.842	-4.3465	-7.0837	30.7893
1984	5.550	59.123	4.7865	7.1973	34.4499
1988	2.403	53.832	1.6395	1.9063	3.1254
1992	3.035	46.379	2.2715	-5.5467	-12.5993
1996	3.315	54.737	2.5515	2.8113	7.1730
2000	2.031	50.262	1.2675	-1.6637	-2.1087
2004	2.086	51.233	1.3225	-0.6927	-0.9161
2008	-1.787	46.311	-2.5505	-5.6147	14.3203
2012	1.422	52.010	0.6585	0.0843	0.0555
2016	0.970	51.111	0.2065	-0.8147	-0.1682

$\bar{X} = 0.7635$　$\bar{Y} = 51.9257$

$\Sigma(X_i - \bar{X})(Y_i - \bar{Y})$
$= 606.5127$

第8章　2変数の仮説検証　207

表8.13　共分散：経済成長率と与党得票率、1880-2016年

	与党得票率	経済成長率
与党得票率	33.4725	
経済成長率	17.3289	27.7346

た値が負の場合、XとYの全体の関係は負である傾向をすすめ、計算された値が正の場合はXとYの全体の関係が正である傾向をすすめることになる。表8.12における36年全ての計算を総和すると606.5127となり、個々に計算された値のうち正の値が負の値よりもはるかに大きかったことを示している。この総和を35つまり(n − 1)で割ると、サンプルの共分散として17.3289を得る。このことから、2変数の関係は正の関係にあることがわかるが、この関係がもし母集団において独立変数と従属変数が全く関係なかったときに期待されることとは異なると言う点においてどれほど自信があるのかについては分からない。そこでKarl Pearsonが発展させた3つ目のテスト、Pearsonの相関係数を計算しよう。Pearson's rとしても知られるこの係数は下記の式によって得られる。

$$r = \frac{\mathrm{cov}_{XY}}{\sqrt{\mathrm{var}_X\,\mathrm{var}_Y}}$$

　表8.13は共分散の表である。共分散表において、対角線上にあるセル（左上から右下のセル）は行と列とも同じ変数のセルである。この場合のセルの値は、その変数の分散そのものである。対角線上にないセルはペアとなる変数の共分散を示している。共分散表において、対角線上より右上にあるセルはしばしば空白となる。これは、これらのセルが対角線上より左下にあるセルと同じだからである。例えば、表8.13において経済成長率と与党得票率の共分散は、与党得票率と経済成長率の共分散と同じことであり、したがって右上のセルは空白となっている。
　表8.13の数値を用いて、相関係数を計算できる。

$$r = \frac{COV_{XY}}{\sqrt{var_X\, var_Y}}$$

$$= \frac{17.3289}{\sqrt{33.4725 \times 27.7346}}$$

$$= \frac{17.3289}{\sqrt{928.3463985}}$$

$$= \frac{17.3289}{30.468777}$$

$$= 0.56874288$$

相関係数について重要な点はいくつかある。もし散布図において全ての点が正の傾きで一直線上に並べば、相関係数は1となる。もし散布図において全ての点が負の傾きの一直線上に並べば、相関係数は－1となる。これ以外では、相関係数の値は＋1から－1のどこかにある。この相関係数の標準化は共分散の計算をはるかに改善したものである。さらに、相関係数のt値を下記のように計算できる。

$$t_r = \frac{r\sqrt{n-2}}{\sqrt{1-r^2}}$$

$n-2$は自由度であり、nはケースの数である。この例では、自由度は$36-2=34$となる。

この事例においては下記のように計算できる。

$$t_r = \frac{r\sqrt{n-2}}{\sqrt{1-r^2}}$$

$$= \frac{0.56874288\ \sqrt{36-2}}{\sqrt{1-(0.56874288)^2}}$$

$$= \frac{0.56874288 \times 5.830951}{\sqrt{1-(0.3234684\ )}}$$

$$= \frac{3.31631}{\sqrt{0.67653153}}$$

$$= \frac{3.31631}{0.82251536}$$

$$= 4.03191$$

第8章 2変数の仮説検証　209

自由度34（n − 2 = 36 − 2）であることから、補遺Bにもどってt分布表を確認する。自由度30の行をながめ、計算されたt値4.03はp値＝0.001のt値の臨界値（3.385）よりも大きいことが分かる。このことから、この2変数の関係が偶然によるものであるという可能性は0.001より小さい、もしくは1000回に1回より小さい。コンピューター・プログラムを用いて相関係数を推定するときは、より正確なp値、0.0003を得る。したがって、経済成長率と与党得票率に共分散が存在することから、この理論は因果関係の3つ目のハードルをクリアできたことに自信を持てるのである[11]。

8.5　まとめ

本章では2変数の仮説検証を行う3つの方法、クロス集計、平均値の差の検定、相関係数を紹介した。おかれた状況によってどの方法が最も適しているかは独立変数と従属変数の測定方法による。表8.1はこの判断の助けとなろう。

本書で扱う2変数の仮説検証のうち、最後の方法である単回帰分析についてはまだ触れなかった。単回帰分析は次章のトピックであり、第10章で扱う重回帰分析を理解する手助けともなる。

キーワード

- χ²検定　2つのカテゴリカル変数の関係の統計的検定。
- Pearson's r　最もよく使われている相関係数。
- p値　その関係が偶然によるものであるという確率。
- クロス集計　2つのカテゴリカル変数に適している2変数分析のタイプ。
- 共分散　2つの連続変数の関係の一般的なパターンを要約した非標準化統計量。
- 自由度　特定の推定を行うときに必要な最小の情報数を越えて必要な情報数。
- 相関係数　2つ連続変数の線的関係の測定。
- 統計的有意な関係　観察されたデータにもとづく2変数の関係が偶然によるものではなく、したがって母集団においても存在するという結論。
- 平均値の差の検定　独立変数がカテゴリカル変数で従属変数が連続変数である

11　第1のハードルについては、これまでの章で経済投票の理論について論じたように、クリアできるだろう。第2のハードルについては、それぞれの変数を測定した時点を考えればクリアできる。経済成長は与党得票よりも前に測定されているため、YがXを引き起こすと想定することは難しい。

ときに適している2変数の仮説検証の方法。

• 臨界値　統計的検定における所与の基準、例えば計算された値が臨界値よりも大きければ2変数の間には関係があると結論し、計算された値が臨界値より小さければそのような結論にはならない。

エクササイズ

1. 以下のリサーチ・クエスチョンは2変数の仮説検証のうちどの方法が適しているか。

   (a) 女性であることが低い給料をもたらすという理論を検証したいとき。

   (b) 州別の大卒者の割合は投票率と正の関係にあるという理論を検証したいとき。

   (c) 高い収入を得ている者ほど投票する傾向にあるという理論を検証したいとき。

2. 以下の記述は正しいか間違っているか説明せよ。

   (a) コンピューター・プログラムによるp値は0.000なので、私の理論は証明された。

   (b) コンピューター・プログラムによるp値は0.02なので、非常に強い関係を発見したことになる。

   (c) コンピューター・プログラムによるp値は0.07なので、この関係は偶然によるものであるということになる。

   (d) コンピューター・プログラムによるp値は0.50なので、この関係がシステマティックである可能性は50%しかない。

3. 図8.5を見て、以下の説明をせよ。従属変数は何か？独立変数は何か（複数ある）？この表から政治について何が分かるか？

4. 図8.5におけるこの表はなぜ混乱するのか？

5. 以下の世論調査結果の仮説的議論の情報からクロス集計を行え。「民主党予備選投票予定者のうちから800人の回答者に対してサーベイを実施した。これらの回答者のうち、45%がオバマを好ましく思っており、55%がクリントンを好ましく思っていた。回答者を年齢の中央値である40で二分すると、明らかな違いが見られた。サンプル回答者のうち若い世代は72.2%がオバマを指名したく、年上の世代は68.2%がクリントンを好ましく思っていた。」

6. エクササイズ5の例で、年齢が民主党指名の選好に関連するという理論を検証せよ。

7. 合衆国の多くの人々が、1972年のウォーターゲート事件がアメリカ市民の現職政治家に対する見方を大きく変えたと思っている。表8.14のデータを用いて、再選率の平均はウォーターゲート事件の前後で同じであるという帰無仮説に対して平均値の差の検定をせよ。選挙と事件のタイミングから1972年は事件前とコードすること。この仮説検証を下院と上院のそれぞれで行うこと。計算過程

第8章 2変数の仮説検証 211

を全て見せること。

8. BES2005 Subsetというデータセットを用いて、LabourVote（Y）とIraqWarAoorivalDich（X）という変数の値の組み合わせを示す表を作成せよ。これら2変数の記述を読み、この表から2005年の英国政治について分かることを書け。これら2変数についてχ^2検定を行い、この表から2005年の英国政治について分かることを書け。

9. BES2005 Subsetというデータセットを用いて、BlairFeelings（Y）の値がIrawWarApprovalDich（X）の値によって異なるという仮説を検証せよ。これら2変数の記述を読み、この表から2005年の英国政治について分かることを書け。

10. BES2005 Subsetというデータセットを用いて、BlairFeelings（Y）とSelfLR（X）の値の散布図を描け。相関係数を計算し、これら2変数が互いに関係するという仮説に対するp値を得よ。これら2変数の記述を読み、この表から2005年の英国政治について分かることを書け。

図8.5　この表のどこが間違っているか？

MORAL VALUES – THE TRANSATLANTIC GULF

Q How often do you go to church?

	BRITAIN				US	
	All Voters	Labour voters	Tory voters	Lib Dem voters	Bush voters	Kerry voters
More than weekly	2%	2%	3%	1%	63%	35%
Weekly	10%	10%	13%	7%	58%	41%
Monthly	5%	6%	4%	6%	50%	50%
A few times a year	36%	36%	38%	40%	44%	55%
Never	47%	46%	43%	44%	34%	64%

Q Which of the following is closest to your view of what the law should say about abortion?

	All Voters	Labour voters	Tory voters	Lib Dem voters	Bush voters	Kerry voters
Always legal: absolute right to choose	38%	45%	34%	46%	24%	74%
Mostly legal: some restrictions	36%	35%	40%	32%	37%	62%
Mostly illegal: only in exceptional circumstances	19%	14%	18%	17%	72%	27%
Always illegal	4%	4%	3%	3%	77%	22%

Q Which of the following is closest to your view of what the law should be towards same-sex couples?

	All Voters	Labour voters	Tory voters	Lib Dem voters	Bush voters	Kerry voters
Legal right to marry	28%	33%	18%	31%	22%	77%
Legally civil union but not marriage	37%	37%	39%	47%	51%	48%
No legal recognition of same sex couples	29%	23%	39%	20%	69%	30%

Sources: for British figures, Populus poll for *The Times* (Nov 5-7); for American figures, exit polls conducted by National Election Poll (Nov 2)

表8.14 アメリカにおける現職議員再選率、1964-2006年

選挙年	下院	上院	選挙年	下院	上院
1964	87	85	1986	98	75
1966	88	88	1988	98	85
1968	97	71	1990	96	96
1970	85	77	1992	88	83
1972	97	74	1994	90	92
1974	88	85	1996	94	91
1976	96	64	1998	98	90
1978	94	60	2000	98	79
1980	91	55	2002	96	86
1982	90	93	2004	98	96
1984	95	90	2006	94	79

第9章

単回帰分析

概観　回帰モデルは社会科学の幅広い分野でデータ分析によく用いられている。本章は、散布図に線をひくことから始め、さらに推定を行い、相関係数から2変数の回帰モデルへと移る。また、適合度の測定と回帰モデルの仮説検証と統計的有意性についても論じる。本章を通して、重要な概念を文章や数式、そして図によって説明する。最後に、回帰モデルの仮定と推定における最低限の数学的要件について触れる。

9.1　2変数の回帰分析

　第8章で2変数の仮説検証の3つの方法を学んだ。本章では4つ目の方法として、2変数の回帰分析を扱う。これは第10章で扱う重回帰モデルへの重要な第一歩である。重回帰モデルは、独立変数(X)と従属変数(Y)の関係を測定するときに他の変数(Z)をコントロールすることができる。この重回帰モデルを学ぶ前に、2変数の回帰モデルを深く理解することは必須となる。以下では、2変数の回帰モデルの概観と、散布図に線をひくことから始める。そしてひいた線の不確かさとこの不確かさの様々な測定を用いて母集団の推定を行う。本章の最後は、回帰モデルの仮定についてとモデル推定における最低限の数学的要件についてまとめる。

9.2　線をひく：母集団⇔サンプル

　2変数の回帰分析の基本的考えは、散布図に最適な線を引くことである。

この線は傾きとy切片で定義され、現実の統計的モデルとして役に立つ。この意味で、2変数の回帰分析は第8章で学んだ3つの仮説検証の技術とは大きく異なる。それら3つの技術は仮説検証を可能にするが、統計的モデルを生みだすわけではない。数学の授業で以下のような式を学んだのを覚えているだろうか。

$$Y = mX + b$$

bはy切片に相当し、mは傾きに相当する。傾きmは、Xにおける1単位の増加に対応するYの上昇(もしmが負ならYの下降)である。これらbとmの2つの要素を線の**パラメーター**と呼ぶ[1]。中学か高校の数学の授業でmとbの値を与えられ、直線のグラフを描くことを求められたことを覚えているだろうか。線に関するこれら2つのパラメーターが既知であれば、Xの値のどの範囲においても線を引くことができる[2]。

2変数の回帰モデルでは、y切片のパラメーターをギリシャ文字のアルファ（α）で表し、傾きのパラメーターをギリシャ文字のベータ(β)で表す[3]。これまで議論したように、Yは従属変数で、Xは独立変数である。対象とする母集団についての理論は**母集団の回帰モデル**として表現される。

$$Y_i = \alpha + \beta X_i + \mu_i$$

このモデルにおいて、μ_iという項が1つ追加されたことに注意したい。この項は数学の授業で目にしなかったであろう。この項は従属変数の**確率的**もしくはランダムな部分である。この項が追加されているのは、全てのデータポイントが完璧に一直線上に並ぶことはないと期待するからである。このことは、これまでの章で学んできた政治現象に関する因果理論の確率的性質(決定的に対して)に直接対応する。つまるところ、我々は人間の行動を含む過程を説明しようとしているのであり、人間は複雑であることから、その行動の測定において一定のランダムなノイズが必然的に含まれる。したがっ

1　「パラメーター」という言葉はより数学的な意味では「境界」と同義である。線の記述において、パラメーター（この場合mとb）は固定されるが、変数(この場合xとy)は変化する。

2　もし数学の授業を覚えていなければ、読み進める前に本章のエクササイズ1に取り組むとよいだろう。

3　パラメーターは回帰分析のテキストによって多少異なる表し方をする。

て、従属変数Y_iの値は、システマティックな部分である$\alpha + \beta X_i$と、確率的な部分であるμ_iと考える。

これまで見てきたように、母集団のデータを扱うことは滅多にない。その代わり、母集団に関する推定を行うにあたってサンプルデータを用いる。2変数の回帰分析では、**サンプルの回帰モデル**からの情報を用いて母集団の回帰モデルについて推定を行う。これら2つのモデルを区別するために、サンプルの回帰モデルのパラメーターにハット（^）をおく。ハットがあることから$\hat{\alpha}$と$\hat{\beta}$は**パラメーター推定**であると分かる。これらの項は観察されない母集団のパラメーターαとβの最適な推定量である。したがって、サンプルの回帰モデルの式は下記の通りになる。

$$Y_i = \hat{\alpha} + \hat{\beta} X_i + \hat{\mu}_i$$

サンプルの回帰モデルでは、αとβとμ_iはハットがあるが、Y_iとX_iにはないことに注意したい。Y_iとX_iは母集団に存在するケースの値であり、たまたまサンプルに含まれているに過ぎないからである。したがって、Y_iとX_iは観測によって測定されるものであって、推定されるものではない。これらの測定された値を用いて、αとβとμ_iの値を推定する。線を定義する値は、推定されたYのシステマティックな部分である。それぞれのX_iの値に対して、$\hat{\alpha}$と$\hat{\beta}$を用いてY_iとの期待値$\hat{Y}_i$を計算する。

$$\hat{Y}_i = \hat{\alpha} + \hat{\beta} X_i$$

上記の式は期待値の観点から以下のようにも書ける。

$$E(Y|X_i) - \hat{Y}_i = \hat{\alpha} + \hat{\beta} X_i$$

意味するところは、X_iに対するYの期待値（もしくは$\hat{Y}_i$）は2変数の回帰直線の式と等しい。次に、それぞれのY_iについて考える。Y_iは推定されたシステマティックな部分である$\hat{Y}_i$をもち、推定された確率的部分$\hat{\mu}_i$を持つことから、Y_iは以下のように表現できる。

$$Y_i = \hat{Y}_i + \hat{\mu}_i$$

上式を$\hat{\mu}_i$について書き換えると、推定された確率的部分についてより理解できる。

$$\hat{\mu}_i = Y_i - \hat{Y}_i$$

この式から、推定された確率的部分（$\hat{\mu}_i$）は従属変数の実際の値（Y_i）と2変数の回帰モデルから計算される従属変数の期待値（$\hat{Y}_i$）の差に等しいとわかる。この推定された確率的部分の別の名前を**残差**という。残差とは言葉通り、残ったものであり、$\hat{\mu}_i$は$\hat{Y}_i = \hat{\alpha} + \hat{\beta}X_i$によって定義された線を引いた後の$Y_i$の残り部分を示す。$\hat{\mu}_i$のもう1つの呼び方は、$\hat{\mu}_i = Y_i - \hat{Y}_i$から導かれることから、**サンプル誤差項**というものである。$\hat{\mu}_i$はμ_iの推定値であることから、これに呼応したμ_iの呼び方として**母集団誤差項**がある。

9.3 どの線がもっとも適しているか？回帰直線の推定

図9.1の散布図を例にしよう。ここでするべきことは、独立変数Xと従属変数Yの関係を表す直線をひくことである。「直線」とは傾きが1つであり、その傾きは図の左から右に動くにつれて変化しないものを言う。例えば、図9.2の散布図にひいてある線を考えてみる。この線は確かに、傾きが一定という基準を満たしている。実際、この直線は$Y_i = 51 - 0.6X_i$であるが、図9.2をみるとこの直線からかなり外れている点も多くあることに気づく。直線から離れている点は左下と右上に存在している。これは第8章で見たように、経済成長と与党得票率の関係が正の関係であることと呼応している。

それでは、どうやって線をひくか？できるだけ散布図の点に近くなるような線をひきたい。このデータは左下から右上へというパターンが見られるため、傾きは正であろう。図9.3では、経済成長と与党得票率の散布図に3つの正の傾きのラインをひいた。それぞれの線について、対応するパラメーター式を表示してある。それでは、どのようにして、どの線がX_iとY_iの値の散布図データに最適であると決定するのだろうか？従属変数を説明することに興味があることから、Y_iと対応する$\hat{Y}_i$の垂直距離である残差の値$\hat{\mu}_i$はできるだけ小さい方がよい。しかし、この垂直距離は正の値にも負の値にもなりうるため、この残差の値を単純に合計して、それぞれの線とデータの適合度を得る、ということはできない[4]。

4　残差の総和を最小にすればよいと思うかもしれない。しかし残差の総和を最小にする線とはX軸に平行な平坦な線である。このような線はXとYの関係を説明する助けとはならない。

図9.1 GDP成長率と与党得票率の散布図

図9.2 GDP成長率と与党得票率の散布図、負の傾きの直線

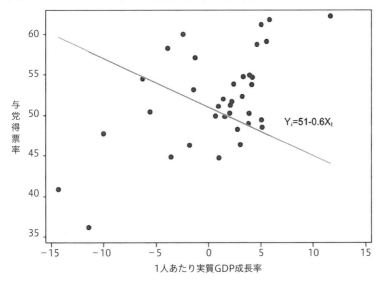

$Y_i = 51 - 0.6 X_i$

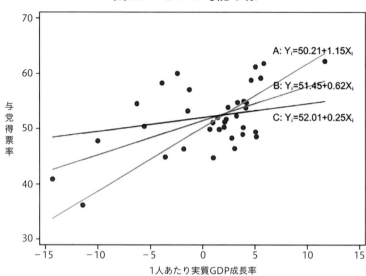

図9.3 3つの可能な線

したがって、正の残差と負の残差が互いに相殺することなく、それぞれの線の適合度を評価する方法が必要となる。1つの可能性として、残差の絶対値の総和がある。

$$\sum_{i=1}^{n} |\hat{\mu}_i|$$

もう1つの可能性として、それぞれの残差を二乗した値の総和がある。

$$\sum_{i=1}^{n} \hat{\mu}_i^2$$

いずれの方法にしても、残差の総和が最小となる線を選びたい。表9.1は図9.3にある3つの線についてこの計算を行ったものである。

絶対値の総和と二乗した値の総和のいずれの計算においても、線Bの計算値が小さいことから、線Aと線Cよりもあてはまりがよいことが分かる。絶対値の計算は二乗した値の計算と同じく有効であるが、統計学では後者を好む傾向にある。したがって、残差の二乗の総和 $\sum_{i=1}^{n} \hat{\mu}_i^2$ を最小にする線が最

表9.1　３つの異なる線の残差の総和の測定

線	パラメーター式	$\sum_{i=1}^{n}|\hat{\mu}_i|$	$\sum_{i=1}^{n}\hat{\mu}_i^2$
A	$Y_i = 50.21 + 1.15X_i$	150.18	1085.58
B	$Y_i = 51.45 + 0.62X_i$	139.17	792.60
C	$Y_i = 52.01 + 0.25X_i$	148.22	931.68

適ということになる。この回帰モデルのパラメーターを推定する技術は**通常最小二乗**(Ordinary Least-Squares, OLS)回帰と呼ばれる。２変数のOLS回帰において、この基準を満たす線のパラメーター推定の式は下記のようになる[5]。

$$\hat{\beta} = \frac{\sum_{i=1}^{n}(X_i - \overline{X})(Y_i - \overline{Y})}{\sum_{i=1}^{n}(X_i - \overline{X})^2}$$

$$\hat{\alpha} = \overline{Y} - \hat{\beta}\overline{X}$$

　$\hat{\beta}$の式を見ると、分子はXとYの共分散の計算の分子と同じである。したがって、図9.3に示されるように、各項がこの式に与える影響のロジックは同じである。$\hat{\beta}$の分母はX_iの値とXの平均値($\overline{X}$)の差の二乗の総和である。したがって、XとYの共分散が一定ならば、Xがより広がっているほど、推定される回帰直線の傾きは緩やかになる。

　OLS回帰の数学的特徴の１つとして、パラメーター推定による線はXとYのサンプル平均の値を通る。この特徴によって$\hat{\alpha}$の推定は簡単になる。Xの平均値とYの平均値で定義された点から始め、線をひくために推定された傾き($\hat{\beta}$)を用いれば、YがゼロのときのXの値が$\hat{\alpha}$となる。図9.4はOLS回帰直線を散布図にひいたものである。図から、OLS回帰直線は、Xの平均値の線とYの平均値の線が交わる点を通ることが分かる。

　第8章の表8.12にあるデータを用いて、$\hat{\alpha} = 51.45$、$\hat{\beta} = 0.62$と計算でき、サンプルの回帰直線式はY=51.45+0.62Xと書ける。これが政治について意味することを考えるならば、まずYが二大政党のうちの与党の得票率であり、

5　OLSパラメーター推定の式は二乗した残差の総和をゼロとし、$\hat{\beta}$と$\hat{\alpha}$の値について微分したものによって得られる。

図9.4 OLS回帰直線と平均値によって4分割された散布図

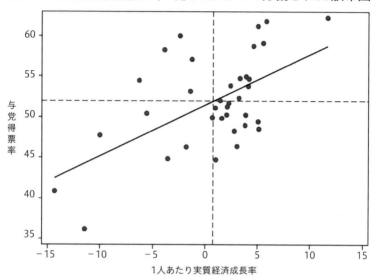

　Xが1人あたりGDP実質成長率であることを思い出そう。もし成長率がゼロならば、現職政党の得票は二大政党の得票のうち51.45%になると期待できる。もし成長率がゼロでなければ、その成長率に0.62をかけて51.45から加減し、投票割合の最適な推量を得る。図9.4のサンプル回帰直線にそって右や左に動くことは成長率の値が増加もしくは減少することを意味する。右へ動くにしろ、左に動くにしろ、それに対応して与党得票率の期待値について上昇もしくは下降となる。推定された傾きパラメーターは、Xが1単位増えたときに、どれだけYが変化するかの期待値を意味することになる。言いかえれば、独立変数である経済成長における1単位の増加は、従属変数である与党得票率において0.62の増加を導くと期待できる[6]。

　図9.4では、回帰直線の上にも下にも点がある。したがって、このモデルは現実世界に完全に適しているわけではない。次のセクションでは、サンプ

---

[6] 結果を述べる際に、独立変数と従属変数を逆にしないように確かめること。これらの結果を、例えば「アメリカ経済の成長率において0.62ポイント変化するごとに、大統領選挙での与党の得票率が平均して1%増えることが期待できる」という解釈は正しくない。これら記述の違いを理解すること。

第9章 単回帰分析　221

図9.5　単回帰モデル：
　　　　与党得票率＝$\alpha + \beta \times$経済成長率、のStata結果

. reg 与党得票率 経済成長率

Source	SS	df	MS			
				Number of obs	=	36
				F(1, 34)	=	16.26
Model	378.957648	1	378.957648	Prob > F	=	0.0003
Residual	792.580681	34	23.3111965	R-squared	=	0.3235
				Adj R-squared	=	0.3036
Total	1171.53833	35	33.4725237	Root MSE	=	4.8282

与党得票率	Coefficient	Std. err.	t	P>|t|	[95% conf. interval]	
経済成長率	.624814	.1549664	4.03	0.000	.3098843	.9397437
_cons	51.44865	.8133462	63.26	0.000	49.79573	53.10157

ルの回帰モデルにともなう不確かさについてできる一連の推定を学ぶ。

9.4　OLS回帰直線についての不確かさを測る

　第7章と第8章で学んだように、サンプルデータから母集団について推論するとき、様々な程度の不確かさを伴う第8章では、この不確かさを表すためにp値の役割を学んだ。OLS回帰モデルにおいては、不確かさを測るためにいくつかの方法がある。そのうち、まずXとYの総合的な適合度について、次に個々のパラメーターについての不確かさを論じる。個々のパラメーターについての不確かさは仮説検証に用いられる。ここでは、経済投票の理論を検証するために、アメリカ大統領選挙のデータを用いた回帰直線の適合度の例を取り上げる。このモデルのStataによる数値的結果は、図9.5の通りである。これら数値的結果は3つの部分で成り立つ。左上の表は、モデルの差異の測定である。右上にリストされている統計量のセットはモデル全体についての要約された統計量のセットである。図9.5の下部に表示されているのが、モデルのパラメーター推定についての統計量の表である。従属変数の名前はこの表の上部に「与党得票率」と表示されている。その下に独立変数の名前として「経済成長率」がある。_consはconstant（y切片の別称）の略であり、$\hat{\alpha}$でもある。この表において右に動くと、次の列にあるCoefficientは係数であり、パラメーター推定の別の呼び方である。この列において$\hat{\beta}$と$\hat{\alpha}$

の値を見ることができ、それぞれ小数点第2位でまるめると0.62と51.45である[7]。

9.4.1 適合度：平均二乗誤差の平方根

　回帰モデルと従属変数の全体的なあてはまりを測るものは適合度と呼ばれる。これらの適合度のうちでもっとも直観的なものの1つに（名前は直観的ではないが）、**平均二乗誤差の平方根**（root Mean-Squared Error, root MSE）がある。この統計量は回帰モデルの標準誤差とも言われ、従属変数の測定においてモデルの平均的な正確さを表す。図9.5の右上リストにRoot MSEとあるこの統計量は以下のように計算される。

$$\text{root MSE} = \sqrt{\frac{\sum_{i=1}^{n} \widehat{\mu}_i^2}{n}}$$

二乗したのちに平方根をとることは、正の残差（回帰直線より上にある Y_i の点）もあれば負の残差（回帰直線より下にある Y_i の点）もあるという事実を調整するためである。この点を理解すれば、この統計量は基本的にデータの点と回帰直線の距離の平均であることが分かる。

　図9.5に表示の結果から、与党得票率に関する2変数のモデルのroot MSEは4.83である。この値は図9.5の右上の結果の6行目にある。これは、平均して、このモデルは二大政党票のうち与党の得票率の予測において4.83ポイントずれていることを示す。root MSEの単位は、常に従属変数が測定された単位と同じである。この特定の値が割合（%）である理由は、従属変数が得票割合（%）だからである。

練習：root MSEを理解する

なぜroot MSEは「良い」のか。自分の理解を書こう。

---

[7]　少数点第何位まで表示するかは従属変数の値によって決まる。この例では、従属変数が得票割合であるため、小数点第2位までとした。政治学では、たいてい選挙結果を小数点第2位までで表示する。

図9.6　XとYの分散と共分散のベン図

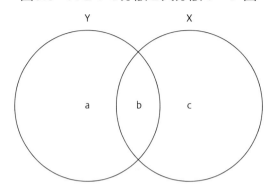

9.4.2　適合度：R²統計量

　モデルの適合度を示すよく使われる指標のもう１つは、**R二乗統計量**である（R²と表記されることが多い）。R²統計量はゼロから１の間の値をとり、従属変数のばらつきがモデルによって説明される割合を示す。R²統計量の基本的な考え方は、図9.6に示される。これはXとYのそれぞれの分散とXとYの共分散を表現したベン図である。この図において、それぞれの変数の分散は円で示されている。円が大きいほど、分散が大きい。図9.6においてはYの分散はaとbの部分で成り立っており、Xの分散はbとcの部分で成り立っている。領域aはYの分散のうち、Xの分散と関係ない部分である。領域bはXとYの共分散を表す。２変数の回帰モデルにおいて、領域aはYの残差もしくは確率的分散である。R²統計量はYの全体の分散（領域aと領域bを足したもの）のうちの領域bの部分に等しい。したがって、領域aの値が小さいほどそして領域bの値が大きいほど、R²統計量は大きくなる。Yの全体分散（図9.6における領域aと領域b）の式は以下の通りであり、二乗総和（Total Sum of Squared, TSS）と呼ばれる。

$$TSS = \sum_{i=1}^{n}(Y_i - \bar{Y})^2$$

Yにおける残差、つまりXによって説明されない領域aの部分は残差の二乗

総和（Residual Sum of Squares, RSS）と呼ばれ、下記の式で表される。

$$\text{RSS} = \sum_{i=1}^{n} \widehat{\mu}_i^2$$

以上のTSSとRSSを計算したのち、R^2統計量は以下の式で得られる。

$$R^2 = 1 - \frac{\text{RSS}}{\text{TSS}}$$

TSSのうちRSSではない部分はモデルの二乗総和（Model Sum of Squares, MSS）と呼ばれ、下記の式で得られる。

$$\text{MSS} = \sum_{i=1}^{n} \left(\widehat{Y}_i - \overline{Y}\right)^2$$

この式からR^2は以下のようにも計算できる。

$$R^2 = \frac{\text{MSS}}{\text{TSS}}$$

　図9.5の数値的結果から、与党得票率に関する2変数の回帰モデルにおけるR^2統計量は0.324である。この数字は図9.5の右上のリストの4行目にある。意味するところは、このモデルは従属変数のばらつきの32%を説明する、ということになる。また、図9.5の左上の表のSSという見出しの列の下にMSS、RSS、TSSの値も示されている。

練習：R^2統計量を理解する
なぜR^2は「よい」か？自分の理解を書こう。

9.4.3　よい適合度か？

　これらモデルの適合度に関して出てくる質問は、root MSEやR^2の「良い」もしくは「悪い」値とは何か？であろう。この質問は簡単に答えられる質問

ではない。そのモデルで何をしようとしているかにもよるからである。もし選挙結果を予測しようとしているならば、4.83%の誤差をもって結果を予測するのは、良いとは言えない。多くの大統領選挙結果は接戦にあり、4.83%というのは大量の票を意味する。実際、36選挙のうちの21の選挙において得票差は4.83%より小さく、選挙サンプルの2分の1以上がこのモデルでは予測できない。一方で、R^2を見れば、1876年から2016年の与党得票率のばらつきを経済というたった1つの変数で32%も説明できているという言い方もできる。それぞれの選挙において異なるキャンペーン戦略や、候補者のパーソナリティ、スキャンダル、戦争、そしてこのシンプルなモデルでは表しきれない様々な要因を考えると、この32%はむしろ印象的である。実際、この結果から、アメリカ政治について「経済」が非常に重要であること、を示唆できるのである。

9.4.4　サンプルの回帰モデルの各項についての不確かさ

このサブセクションでは多くの数式が出てくる。たとえて言うなら、多くの数式が出てきたとしても、森の輪郭に集中し、多くの木々の詳細にとらわれないことが重要である。各数式を暗記するのではなく、この数式の何が全体量を大きくもしくは小さくするのかに集中してほしい。

OLS回帰モデルの不確かさの決定的部分は、サンプルの回帰モデルから推定される母集団のパラメーター値の推定にある。第7章で学んだ母集団の値についてサンプルの値から推定したロジックを、同じように、サンプルの回帰モデルにおける個々のパラメーターにも用いることができる。

母集団のパラメーターのそれぞれについて不確かさの計算を決定する推定量の1つは、母集団の確率的部分μ_iの推定された分散である。この分散σ^2は観察されず、サンプル回帰モデルのパラメーターが推定されたのちの残差$\hat{\mu}_i$から推定される。

$$\hat{\sigma}^2 = \frac{\sum_{i=1}^{n} \hat{\mu}_i^2}{n-2}$$

上式を見ると、この推定量の大きさを決定する2つの部分がある。第一に個々の残差（$\hat{\mu}_i$）である。この値は、$\hat{\mu}_i = Y_i - \hat{Y}_i$と計算され、観察された$Y_i$と回帰直線の垂直的距離を表している。この値が大きいほど、個々のケース

は回帰直線から離れていることになる。第二はn、つまりサンプルサイズである。サンプルサイズが大きいほど、推定値の分散は小さくなる。以上が$\widehat{\sigma}^2$についてである。

$\widehat{\sigma}^2$を推定したのち、傾きのパラメーター推定($\widehat{\beta}$)の分散と標準誤差は以下の式によって推定される。

$$\mathrm{var}(\widehat{\beta}) = \frac{\widehat{\sigma}^2}{\sum_{i=1}^{n}(X_i - \overline{X})^2}$$

$$\mathrm{se}(\widehat{\beta}) = \sqrt{\mathrm{var}(\widehat{\beta})} = \frac{\widehat{\sigma}}{\sqrt{\sum_{i=1}^{n}(X_i - \overline{X})^2}}$$

これら2式とも、量を決定する2つの部分に分けられる。2式とも分子にの$\widehat{\sigma}$値がある。したがって、この値が大きいほど、傾きのパラメーターの分散と標準誤差は大きくなる。これは当然である、というのはデータの点が回帰直線から離れるほど、傾きの値について自信をなくすからである。この2式の分母に注目すると、$\sum_{i=1}^{n}(X_i - \overline{X})^2$という部分があり、これは$X_i$のその平均$\overline{X}$に対する分散の測定を表している。この分散が大きいほど、傾きのパラメーター推定の分散と標準誤差は小さくなる。これは重要な特徴であり、現実世界においてXに分散があるほどXとYの関係についてより正確に推定することができることを意味する。

切片のパラメーターの推定($\widehat{\alpha}$)の分散と標準誤差は以下の式によって推定される。

$$\mathrm{var}(\widehat{\alpha}) = \frac{\widehat{\sigma}^2 \sum_{i=1}^{n} X_i^2}{n \sum_{i=1}^{n}(X_i - \overline{X})^2}$$

$$\mathrm{se}(\widehat{\alpha}) = \sqrt{\mathrm{var}(\widehat{\alpha})} = \sqrt{\frac{\widehat{\sigma}^2 \sum_{i=1}^{n} X_i^2}{n \sum_{i=1}^{n}(X_i - \overline{X})^2}}$$

これらの式の構成は、X_iの値の二乗の総和が分子にあることから、やや複雑である。しかし、分母は、X_iの値のその平均($\overline{X}$)に対する分散の測定とそれにケース数のnをかけたものを含んでいる。したがって、同じロジックを用いると、$\widehat{\mu}_i$の値が大きいほど、切片のパラメーターの推定の分散と標

準誤差は大きくなる。また、X_iの値のその平均($\overline{X}$)に対する分散が大きいほど、切片のパラメーターの推定の分散と標準誤差は小さくなる。

　これらの式であまり目立たないが真実である点は、サンプルサイズが大きいほど標準誤差が小さくなるという事実である[8]。第7章で平均の標準誤差を計算したときにサンプルサイズの効果について学んだ。これと同じ効果が働いている。つまり、他の条件を一定にすれば、より大きなサンプルサイズは推定された回帰係数の標準誤差を小さくするのである。

9.4.5　パラメーター推定についての信頼区間

　第7章で、サンプルのデータを用いて観察されない母集団平均の信頼区間を推定するときに、推定中心極限定理と正規分布を使うことを学んだ。同じロジックで、サンプルの回帰モデルの結果を使って、母集団の回帰モデルの観察されないパラメーターの信頼区間を推定する。信頼区間を推定する式は下記の通りである。

$$\hat{\beta} \pm [\, t \times se(\hat{\beta})\,]$$
$$\hat{\alpha} \pm [\, t \times se(\hat{\alpha})\,]$$

tの値は補遺Bのt分布表から決定される。例えば、もし95%の信頼区間を計算したいとしたら、0.025の列を見ていくことになる[9]。t分布表において適切な列を決めたら、自由度の数によって行を選ぶ。tテストの自由度は観察数(n)から推定するパラメーターの数(k)を引いたものに等しい。図9.5で提示された回帰モデルの場合、$n=36$、$k=2$であり、したがって自由度は34となる。0.025の列を下がっていき、30の行のところで、$t=2.042$という値を得る。しかし自由度は34であるので、分布の両側に0.025を残すt値は2.032である[10]。したがって95%信頼区間は以下のようになる。

$$\hat{\beta} \pm [\, t \times se(\hat{\beta})\,] = 0.624814 \pm (2.032 \times 0.1549664) = 0.31 \quad \text{to} \quad 0.94$$
$$\hat{\alpha} \pm [\, t \times se(\hat{\alpha})\,] = 51.44865 \pm (2.032 \times 0.8133462) = 49.80 \quad \text{to} \quad 53.10$$

8　分子に$\hat{\sigma}$を含み、その$\hat{\sigma}$は分母にサンプルサイズnを含んでいるからである。

9　信頼区間を学んだ第7章に戻ると、95%信頼区間は分布の両側に合計5%を残すことを意味する。分布は両端があることから、0.025の列を用いる。

10　tの正確な値は統計パッケージによって自動で計算される。tの正確な値を出すオンラインツールとしては、https://www.danielsoper.com/statcalc/calculator.aspx?id=10を参照。

これらの値は図9.5の下部の表の右側に表示されている。

OLS回帰における仮説検証の伝統的なアプローチは、帰無仮説と**対立仮説**をたて、この２つの仮説を比較することである。傾きと切片のパラメーターのいずれについても仮説検証をすることができるが、たいていは傾きのパラメーターについて、とりわけ、母集団の傾きのパラメーターがゼロであるという仮説を検証することになる。この仮説検証のロジックは、第８章で学んだ２変数の仮説検証のロジックに近い。まず、サンプルから傾きのパラメーターを観察する。これは母集団の傾きの推定量である。そして、パラメーター推定の値、その信頼区間、サンプルサイズから、もし真のしかし観察されない母集団の傾きがゼロに等しいならば、観察することになるはずのサンプルの傾きの可能性について評価するのである。もしその可能性が非常に高いのであれば、母集団の傾きはゼロに等しいと結論づける。

傾きの値がゼロであることに注目する理由は、回帰直線の式を考えてみれば分かるだろう。傾きはXの値における１単位の増加から導かれるYの変化である。もしこの変化がゼロに等しいのであれば、XとYの間には共分散が存在せず、因果関係の第３のハードルをクリアできない。

これらの検証は両側もしくは片側検定となる。たいていの統計プログラムはパラメーターがゼロに等しくないという仮説検証を両側において行う。しかしながら、政治学においては片側検定が適しているものもあり、これは方向性仮説検定とも言われる。以下では図9.5の回帰モデルの例を用いて、両方のタイプの仮説検証について述べる。

9.4.6　両側仮説検定

OLS回帰モデルのパラメーターについての統計的仮説検証のもっともよくある形は、傾きのパラメーターがゼロに等しいという両側仮説検定である。これは以下のように表現される。

H_0:　$\beta = 0$

H_1:　$\beta \neq 0$

H_0は帰無仮説であり、H_1は対立仮説である。この２つの対となる仮説は母集団の回帰モデルの傾きのパラメーターについてである。これら２つの仮説のどちらが支持されるかを検証するために、**t値**を計算する。βは帰無仮説

で特定される値(この場合H_0: $\beta = 0$なのでゼロ)に等しく、β^*と表記される。

$$t_{n-k} = \frac{\widehat{\beta} - \beta^*}{se(\widehat{\beta})}$$

図9.5の2変数の回帰モデルの傾きのパラメーターを用いると、下記のように計算できる。

$$t_{34} = \frac{\widehat{\beta} - \beta^*}{se(\widehat{\beta})} = \frac{0.624814 - 0}{0.1549664} = 4.03$$

これまでの章で学んだように、このt値は極めて大きい。社会科学における統計的有意の典型的基準は、p値が0.05より小さいとき、であった。補遺Bの自由度30の行を見ると、p値が0.05より小さくなるためには、t値は2.042以上である必要がある(もし自由度34の正確な値ならば2.032)。上で計算されたt値はこの基準を上回っている[11]。実際、補遺Bの自由度30の行を右まで見てみると、このt値はp値が0.002以下であるために必要なt値をも上回っている(0.001の列をみると求められるt値は自由度30のときに3.385である)。したがって、H_0が支持される可能性は著しく低く、H_1における自信は増える。図9.5の下表において、t値と仮説検証に対する結果のp値が「経済成長率」の行の第4列と第5列に表示されている。報告されたp値は0.000であるが、このことは必ずしも帰無仮説があてはまる確率が正確にゼロであることを意味しない。この値は非常に小さいので、小数点第3位でまるめたときにゼロになっただけである。

全く同じロジックをy切片のパラメーターについての仮説検証に用いることができる。t値の式は下記の通り。

$$t_{n-k} = \frac{\widehat{\alpha} - \alpha^*}{se(\widehat{\alpha})}$$

図9.5において、以下の帰無仮説と対立仮説の計算をみることができる。

---

11 両側仮説検定であるので、p<0.05の基準をみるためには、0.025の列を見る。両側にそれぞれ0.025を残すためである。

H_0: $\alpha = 0$

H_1: $\alpha \neq 0$

計算されたt値は63.26と高い。これは実世界の量を考えると納得がいく。y切片は、独立変数Xがゼロであるときの従属変数Yの期待値である。このモデルでは、経済成長がゼロに等しいときの与党得票率の期待値を意味する。経済がどんなに縮小していようとも、常に与党に投票する頑固な支持者は存在するだろう。したがって、帰無仮説H_0：$\alpha = 0$が棄却されることは納得がいく。

　おそらくもっとも興味のある帰無仮説は、経済成長がゼロのときに与党がなお50%の得票を得るかどうかかもしれない。この場合、以下のように表される。

H_0: $\alpha = 50$

H_1: $\alpha \neq 50$

対応するt値の計算は以下である。

$$t_{34} = \frac{\widehat{\alpha} - \alpha^*}{se(\widehat{\alpha})} = \frac{51.44865 - 50}{0.81334624} = 1.78$$

補遺Bの自由度30の行をみると、このt値はp<0.05の値である2.042（0.025の列）より小さく、p<0.10の値である1.697（0.05の列）よりは大きい。より詳細なt値の計算を行うと、この仮説検証のp値は0.08である。したがって、この結果はグレーゾーンである。切片が50ではないことには自信をもてるが、帰無仮説(H_0：$\alpha = 50$)を棄却できるのは統計的有意レベルが0.10のときであり、広く使われている基準である0.05のときではない。しかし、この切片が50という点について再考してみよう。対立仮説(H_1：$\alpha \neq 50$)の検証が目的であるものの、そもそも、もし経済成長がゼロだったとしたら与党が「勝つ」かどうかに興味があったのではなかろうか。この質問に移る前に、信頼区間と両側仮説検定の関係について説明する。

9.4.7　信頼区間と両側仮説検定の関係
　これまでの３つのサブセクションで、信頼区間と仮説検証を、サンプルの

回帰モデルから母集団の回帰モデルのパラメーターを推定する2つの方法として紹介した。これら推定の2つの方法は、数学的に相互に関連している。なぜなら2つともt分布表に依存しているからである。この2つの関係は、以下のようである。もし95%信頼区間がある値を含んでいなかったら、母集団のパラメーターがその値に等しいという帰無仮説（両側仮説検定）は0.05より小さいp値をもつ。これは、両側仮説検定のセクションで扱った3つの仮説検証のそれぞれにおいて確認できる。

- 傾きのパラメーターの95%信頼区間が0を含んでいないことから、$\beta = 0$という仮説検証のp値は0.05より小さい。
- 切片のパラメーターの95%信頼区間が0を含んでいなことから、$\alpha = 0$という仮説検証のp値は0.05より小さい。
- 切片のパラメーターの95%信頼区間が50を含んでいることから、$\alpha = 50$という仮説検証のp値は0.05より大きい。

9.4.8 片側仮説検定

　前のセクションで指摘したように、OLS回帰モデルのパラメーターに関する統計的仮説検証の最もよくある形は、傾きのパラメーターがゼロであるという両側仮説検定である。これはもっとも一般的な検証であるというのはたまたまかもしれない。多くの統計コンピューター・プログラムはデフォルトとして両側検定の仮説検証の結果を報告する。現実には、多くの政治学の仮説はパラメーターが正か負のいずれかであり、パラメーターがゼロではないという仮説のみではない。この前者のケースを、**方向性仮説**という。例えば、経済投票の理論の事例で傾きのパラメーターについての仮説を考えてみよう。理論は経済の状態がよければ、与党候補者への投票割合は高くなる、というものである。言いかえると、経済成長率と与党得票率に正の関係がある、つまりβがゼロより大きいと期待することである。

　この理論が方向性仮説を導くならば、以下のように表現される。

H_0： $\beta \leq 0$
H_1： $\beta > 0$

H_0は帰無仮説でH_1は対立仮説である。両側検定と同じように、これら2つ

の対となる仮説は母集団の回帰モデルの傾きのパラメーターの観点から描かれる。これら２つの仮説のどちらが支持されるかを検証するために、βが帰無仮説で特定された値β^*（この場合H_0: $\beta \leq 0$なので、ゼロ）と等しくなるような t 値を計算する[12]。

$$t_{n-k} = \frac{\widehat{\beta} - \beta^*}{se(\widehat{\beta})}$$

図9.5の２変数の回帰モデルの傾きのパラメーターの計算は下記のようになる。

$$t_{34} = \frac{\widehat{\beta} - \beta^*}{se(\widehat{\beta})} = \frac{0.624814 - 0}{0.1549664} = 4.03$$

これらの計算はすでに見慣れただろうか？答えはYesであろう。なぜなら、この t 値は、このパラメーターの両側検定として t 値が計算されたのと全く同じ方法で計算されている。違いは、補遺Bの t 分布表をどのように用いて仮説検証に適した p 値を満たすかにある。今回は片側検定であるため、$p < 0.05$となるような t 値を得るには0.025ではなく0.05の列をみる。言いかえると、片側検定の統計的有意を満たすには、自由度30の t 値は1.697（正確には自由度34に対して1.691）が必要である。両側検定の場合は、2.047（2.032）の t 値が必要であった。

次に、切片とその値が50である場合の仮説検証を、両側検定ではなく片側検定として行ってみよう。

H_0: $\alpha \leq 50$

H_1: $\alpha > 50$

計算すると以下の t 値を得る。

$$t_{34} = \frac{\widehat{\alpha} - \alpha^*}{se(\widehat{\alpha})} = \frac{51.44865 - 50}{0.81334624} = 1.78$$

12　帰無仮説H_0: $\beta \leq 0$で0を選ぶのは、これが帰無仮説にとっての基準値であるからである。この帰無仮説において、0は閾値でありβがゼロ以下の値であるという証拠は帰無仮説の支持を意味する。

自由度34において、片側検定のp値は0.04である。この例は片側検定か両側検定かという仮説検証の形が大きな違いを生むケースである。なぜなら、多くの研究者が0.05を統計的有意の基準として用いるからである。

　以上の例とt値分布表から、方向性仮説を検証するときは、帰無仮説を棄却しやすくなると分かる。政治学研究における奇妙な点の1つであるが、方向性仮説を検証するにもかかわらず、両側仮説検定の結果を報告する研究者がしばしば見られる。回帰分析の結果をどのように表示するかについては第10章で詳細を述べる。

9.5　前提、もっと前提、最低限の数学的要件

　もし前提が水であるなら、今すぐ傘が必要である。回帰モデルを推定するときは必ず、観察されない母集団のモデルについての一連の前提を暗黙のうちに行っている。このセクションでは、これらの前提を母集団の確率的部分についての前提とモデル特定の前提に分けて説明する。さらに、回帰モデルが推定されるにあたって必要ないくつかの最低限の数学的要件が存在する。この最終セクションでは、これらの前提と要件を列挙し、経済成長率が与党得票率に与える影響についての2変数の回帰モデルの例に適用して説明する。

9.5.1　母集団の確率的部分の前提

　母集団の確率的部分 μ_i に関する最も重要な前提は、その分布にあり、以下のように要約される。

$$\mu_i \sim N(0, \sigma^2)$$

これは、μ_i は平均がゼロで分散が σ^2 である正規分布に従う（~N）ことを意味する[13]。このコンパクトな数学的記述は、回帰モデルを推定するときの母集団の確率的部分にまつわる5つの前提のうちの3つを含んでいる。以下、それぞれについて記述する。

13　厳密には、OLSモデルのパラメーターを推定するにあたってこれら全ての前提が必要なわけではない。ここではOLSモデルから得られる結果を解釈するためにこれら全ての前提をもうける。

μ_iは正規分布にしたがう

μ_iが正規分布にしたがうという前提によって、サンプルの回帰モデルから母集団の回帰モデルについて確率的な推論を行うためにt分布表を用いることができる。この前提の主な根拠は、第7章で扱った中心極限定理である。

$E(\mu_i) = 0$：ゼロバイアス

μ_iが平均もしくはμ_iの期待値がゼロであるという前提は、ゼロバイアスの前提として知られる。逆に、$E(\mu_i) \neq 0$というケースが何を意味するか考えてみよう。言いかえると、このケースは、回帰モデルが的外れであると期待することを意味する。もしこのようなケースがあるなら、本質的にYの原因について理論的な洞察を無視していることになる。このμ_iはランダムでなければならない。もし、$E(\mu_i) \neq 0$ならば、この項に何らかのランダムではない部分が存在することになる。重要なのは、μ_iの全ての値がゼロであると期待しているわけではない。ケースのいくつかは回帰直線より上にあったり、下にあったりすることは図でも確認した。しかしこの前提の意味は、個々のμ_iの値の最適な推量もしくは期待値はゼロである。

本章の例でいうならば、この前提は、経済成長を独立変数としたとき、回帰モデルがどの選挙においても与党の得票率の値を過大に予測したり過小に予測したりするという特定のケースをもっていないということを意味する。一方で、これらの回帰直線に関して、この前提を満たすことはできない。例えば、与党の得票増加が経済成長によるものではなく、戦争中であることによる効果が大きいとしよう。この状況では、この前提を満たすことができない。この問題の解決は、モデルに各選挙時に戦争中であったか否かという独立変数をもう1つ加えること、である。このような潜在的なバイアスを全てコントロールしたのち、この前提が満たされるということができる。独立変数を追加することに関しては第10章で扱う。

μ_iの分散はσ^2：等分散性

μ_iがσ^2に等しい分散を持っているという前提は直観的に理解できる。しかし、この分散に関する表記（σ^2）には、iの添え字がなく、母集団の全てのケースにおける分散が同じであることを意味する。この状態を表す言葉は、

等分散性といい、誤差の分散が一様であることを意味する。もしこの前提が満たされない場合は、μ_iの分散σ_i^2はであるとし、不等分散性と呼び、誤差の分散が一様ではないことを意味する。不等分散性があるとき、回帰モデルは母集団の一部分のみにより適合する。これは、信頼区間を推定したり仮説検証を行ったりするさいに潜在的な問題となる。

　本章の例でいえば、全体のうちで特定のいくつかの選挙の予測がより困難な状態であるなら、そのモデルにおいて等分散性の前提は成り立っていないことになる。この場合、モデルは不等分散性である。例えば、テレビで放映された政治討論の直後に実施された選挙が、経済業績のみが独立変数のモデルにおいては予測困難である場合などであり得る。このような場合に等分散性の前提は妥当ではない。

自己相関なし

　自己相関がないという前提も行う。自己相関は２つ以上のケースの確率的部分がシステマティックに互いに相関しているときにおこる。これは、これらの項目が確率的もしくはランダムであるという考えの基本に明らかに反している。数式として、この前提は以下のように表せる。

$$\text{cov}_{\mu_i, \mu_j} = 0 \;\forall\; i \neq j$$

この式は、全てのjと一致しないiにおいて（どの異なる２つの組み合わせにおいても）母集団の誤差項μ_iとμ_jの共分散がゼロに等しいことを意味する。

　自己相関が頻繁に見られるのは、時系列データを用いた回帰モデルにおいてである。第４章で学んだように、時系列データは特定の空間単位において時間をこえて変化する変数を測定したものである。本章の例では、経済成長と与党得票をアメリカにおいて４年ごとに測定している。もし隣り合った選挙年のペアの誤差項が相関していた場合、自己相関となる。

Xの値は誤差なく測定される

　このXの値は誤差なく測定されるという前提は、母集団の確率的部分に関する前提のリストには場違いな印象を与えるかもしれない。しかしこの前提はサンプルの回帰モデルから母集団の回帰モデルについて行う推論をシンプルにする。Xが誤差なく測定されると前提することで、回帰直線のいかなる

変動も、確率的な部分であるμ_iに帰属することができ、Xの測定問題ではないことが前提とできるのである。言い方を換えれば、もしXも確率的な部分をもっていたら、Yをモデルする前にXをモデルする必要があり、それは事態を複雑にする。

現実世界のデータで推定するいずれの回帰モデルにおいても、この前提には戸惑うだろう。本章の例でいえば、1876年から2016年まで一人当たり実質GDPの割合変化の厳密に正しい測定をもっていることが前提となる。しかしこの測定をちょっと考えると、測定においてあらゆる誤差の可能性を思いつく。政府が関与しにくい不法な経済活動についてはどうなるのか？この指標は一人当たりであることから、分母である人口の計算はどのくらい正しいのであろうか？

この前提の明らかな問題にもかかわらず、OLSモデルを推定するたびにこれを前提としている。より複雑な統計的技術に入り込まない限り、この前提は必要な前提であって、モデルから分かることについての自信を評価するさいに留意しておく前提としよう。

第5章で、概念を測定することを学んだときに、もし変数を間違って測定したら現実世界について間違った因果推論をしてしまうかもしれないため、測定は重要であると論じた。この前提は、その第5章から学んだレッスンを明確にしている。

9.5.2 モデル特定の前提

モデル特定の様々な前提は、1つの前提に要約できる。つまり、正しいモデル特定を行っている、という前提である。この前提が満たされない可能性のある方法について、以下2つの前提を説明する。

因果変数を除外してはならない；関係ない変数を含めてはならない

この前提は、XとYの関係の2変数の回帰モデルを特定するとき、Yを引き起こす他の変数Zは存在してはならない、という意味である[14]。これはまた、XがYを引き起こすことを意味する。つまり、特定したサンプルの回帰

14　例外として、Yに関係するZ変数があり、このZ変数はXとμ_iには関係しないという特別なケースがある。この場合、Zをモデルから除外してもXとYの関係について十分な推定が可能である。第10章で詳細を述べる。

モデルはまさしく母集団の回帰モデルであることを別の表現で言いかえたに過ぎない。

本章の例で見てきたように、理論上、従属変数に因果的に関係するいくつかの他の変数を思いつくことがある。この前提を満たすには、このような変数を全てモデルに含める必要がある。複数の独立変数を含むモデルは第10章であつかう。

パラメーターの直線性

パラメーターの直線性の前提は、XとYの関係について母集団のパラメーターβは変化しないという点を言いかえたものである。つまり、XとYの関係は全てのXの値について同じである。

本章の事例を用いるなら、一人当たり実質GDP変化が1単位増加することの影響は常に同じということを前提としている。したがって-10から-9への変化は1から2への変化と全く同じ効果を持つことになる。この前提をゆるめる方法について第11章で扱う。

9.5.3　最低限の数学的要件

2変数の回帰モデルでは、パラメーターを推定する前にサンプルデータについて満たすべき2つの最低限の要件がある。重回帰モデルでは、これらの要件が増える。

Xは一定ではなく変化する

もしXが変化しなかったらサンプルデータの散布図はどのようになるだろうか。X軸のある点にYの値が積み重ねられていくだろう。このような散布図で点を通るように引く直線は、Y軸に平行な直線になる。回帰モデルの目的は従属変数Yを説明することにある。しかしこのような場合では、どのYの値も1つのXの値に対応するしかない。したがって、OLS回帰モデルを推定するためにはXの値に何らかのばらつきが必要である。

$n > k$

回帰モデルを推定するためには、ケースの数(n)は推定するパラメーターの数(k)より大きくなければならない。2変数の回帰モデルを推定するとき

には、2つのパラメーター（αとβ）があることから、少なくとも3つのケースが必要である。

9.5.4 これら全ての前提はどうやって成り立つか？

回帰モデルを推定する数学的要件は厳しすぎるわけではない。しかし、どのようにして回帰モデルを実施するときにこれらの前提を満たすことができるだろうか？第1章のモデルと地図の喩えに戻ろう。上記の前提全てを満たすことはおそらく不可能である。一方で、我々は複雑な現実を簡素化することを試みている。簡素化するために、現実世界について多くの非現実的な前提を課すのである。モデル推定にあたっては、本章で述べた前提が存在するという事実を忘れてはならない。次章では、これらの前提のうち2変数の回帰モデルではもっとも非現実的な前提を、第2の変数Zをコントロールすることによってゆるめる。

キーワード

- R^2統計量　適合度の指標の1つで、0から1の間の値をとり、従属変数のばらつきがモデルによって説明される割合。
- t値　推定されたパラメーターと推定された標準誤差の比。
- 確率的　ランダム。
- 残差　母集団の誤差項に同じ。
- サンプルの回帰モデル　母集団の回帰モデルのサンプルに基づく推定。
- サンプルの誤差項　サンプルの回帰モデルにおける残差についてのサンプルに基づいた推定。
- 対立仮説　理論に基づいた、帰無仮説に対立する期待。
- 通常最小二乗　OLSとも言われ、サンプルの回帰モデルを計算する最もよく使われている方法。
- 統計モデル　少なくとも1つの独立変数と従属変数の関係についての数学的表現。
- パラメーター　境界の同義語で、より数学的な表現。統計学においては、観察されない母集団の特徴の値。
- パラメーター推定　母集団の特徴についてサンプルに基づいて計算すること。
- 平均二乗誤差の平方根　適合度の計算の1つで、サンプルの誤差項を二乗し、その総和をとり、ケース数で割り、平方根をかけたもの。
- 方向性仮説　期待される関係は正もしくは負であるという対立仮説。

第9章　単回帰分析　**239**

- 母集団の回帰モデル　少なくとも1つの独立変数と従属変数の間の線形関係についての理論的設計。
- 母集団の誤差項　母集団の回帰モデルにおける従属変数のモデルに従った期待値と実測された従属変数の値の差。

エクササイズ

1. X軸とY軸を10×10の罫線の中心に描く。XとYの直線が交わる点は原点であり、XとYの値がいずれも0である点として定義される。以下の直線を、Xの値が-5から5の範囲において描き、対応する回帰式を書け。
   - a. y切片$= 2$、　　傾き$= 2$
   - b. y切片$= -2$、傾き$= 2$
   - c. y切片$= 0$、　　傾き$= -1$
   - d. y切片$= 2$、　　傾き$= -2$

2. 次の数学的表記を2変数のサンプル回帰モデルの1つの項として表せ。
   - a. $\hat{\alpha} + \hat{\beta} X_i + \hat{\mu}_i$
   - b. $Y_i + E(Y|X_i)$
   - c. $\hat{\beta} X_i + \hat{\mu}_i - Y_i$

3. 原著のウェブサイト（www.cambridge.org/fpsr）から入手可能なstata_data.dtaのデータセットを用い、アメリカの各州とコロンビア特別区における一人当たり収入（データセットではpcinc）を従属変数に、州民の大卒者割合（データセットではpctba）を独立変数として、2変数の回帰モデルを推定した。推定された式は下記の通り。
   - a. $pcinc_i = 11519.78 + 1028.96 pctba_i$
   - b. 州の教育程度が平均的収入レベルに与える影響についてパラメーター推定を解釈せよ。

4. エクササイズ3のデータセットでは、イリノイ州のpctbaの値は29.9である。イリノイ州の一人当たり収入をモデルから予測せよ。

5. エクササイズ3のモデルにおいて傾きのパラメーターの推定された標準誤差は95.7である。このパラメーター推定について95%信頼区間を計算せよ。計算過程も見せること。推定された関係について何がわかるだろうか？

6. pctbaパラメーターはゼロではないという仮説を検証せよ。計算過程も見せること。推定された関係について何がわかるだろうか？

7. pctbaパラメーターはゼロより大きいという仮説を検証せよ。計算過程も見せること。推定された関係について何がわかるだろうか？

8. エクササイズ3のモデルでR^2統計量は0.70、root MSEは3773.8である。これらの

240

数字からモデルについて何がわかるか？

9. stata_data.dtaのデータセットを用い、エクササイズ３のモデルとは異なる２変数の回帰モデルを推定して結果を解釈せよ。

10.エクササイズ９でどのような前提を行ったか考察せよ。どの前提が満たしやすく、満たしにくいか？説明せよ。

11.第８章のエクササイズ10で、２つの連続変数の関係について相関係数を計算した。この同じ２変数について２変数の回帰モデルを推定せよ。結果の表を作り、その表から2005年の英国政治について何がわかるかを書け。

第10章

重回帰分析：基礎

概観　これまでの章で仮説検証と統計的有意について学んできたが、因果関係を確立する４つのハードルをクリアできていない。第８章と第９章で学んだ技術はＸとＹという２変数の分析であった。しかし、Ｘが本当にＹをもたらしているかどうかを十分に検証するには、Ｙを引き起こす可能性のある他の要因をコントロールしなくてはならず、前章まではこの点に触れてこなかった。本章では、２変数の回帰モデルの拡張である重回帰モデルがどのようにして他の変数をコントロールするかについて学ぶ。重回帰モデルを学び、リサーチ・デザインの鍵となるポイントに結び付ける。また、従属変数の重要な要因が省かれたときに起きる重回帰モデルの問題についても学ぶ。この点は第３章と第４章で学んだ基本的原則に関連する。最後に、政治学の先行研究の例を使い、重回帰モデルを用いて因果関係の検証を行う。

10.1　多変量な現実をモデル化する

　本書の最初から、現実の社会におけるほぼ全ての現象は複数の原因を持つことを強調してきた。しかし、理論の多くはシンプルに２つの変数で表現される。

　第４章で、社会科学研究のリサーチ・デザインにおいて現実世界を扱う方法について学んだ。もし実験を行うことができるならば、実験参加者をトリートメントグループに無作為に割り当てるプロセスによって自動的に、理論に含まれない他の可能な原因をコントロールすることができる。

しかし、政治学の研究で多数を占める観察的研究は、従属変数を引き起こす可能性のある他の要因を自動的にコントロールしない。したがって、統計的にコントロールする必要がある。他の変数をコントロールするために社会科学者がよく用いる方法が、重回帰モデルである。重回帰モデルにおける計算式は、第9章で学んだ2変数の回帰モデルにおける数学的表現の拡張である。

本書では、他の要因を「コントロールする」必要性について強調してきた。Z変数を「統計的にコントロールする」内容に入る前に、この「統計的なコントロール」と「実験のコントロール」について区別しておきたい。実験におけるコントロールは、独立変数におけるXの値をコントロールしてランダムに割り当てることであった[1]。どちらの考えも「コントロール」であり、統計的コントロールと実験におけるコントロールを混同するかもしれない。どちらかと言えば、実験におけるコントロールの方がはるかに強いコントロール方法である。実際、実験におけるコントロールは因果関係を科学的に調査するにあたっての絶対的な基準でもある。これに対して、統計的コントロールはやや不完全なコントロール方法であり、実験におけるコントロールに比べてやや弱い。この点は、後ほどまた触れるが、さしあたってこの違いには留意してほしい。

10.2 母集団の回帰関数

第9章で学んだ母集団の回帰モデルは下記の通りである。

母集団の単回帰モデル：$Y_i = \alpha + \beta X_i + \mu_i$

もう1つ、Yのシステマティックな原因（Z）を付け加えると以下のようになる。

母集団の重回帰モデル：$Y_i = \alpha + \beta_1 X_i + \beta_2 Z_i + \mu_i$

3変数のモデルでは傾きの係数が2つあるが、その解釈は2変数の回帰モデルの係数解釈と1点を除いて同じである。変数Xの前にある係数（単回帰モ

1　第4章で、実験を構成する定義の2条件は(1)実験実施者が、被験者が受けるXの値をコントロールすること(2)Xは被験者にランダムに割り当てられること、であった。

デルの場合はβ、重回帰モデルの場合はβ_1)はXのYに与える影響を表している。重回帰モデルの場合のβ_1の解釈は、「Zの効果を一定にしたとき」のXのYに与える影響である。この違いは重要である。次のセクションでこれらの違いについて学ぶ。

10.3　単回帰から重回帰へ

第9章で学んだサンプルにおける2変数の回帰直線の数式は下記の通りであった。

$$Y_i = \hat{\alpha} + \hat{\beta} X_i + \hat{\mu}_i$$

推定された係数$\hat{\beta}$は、平均して、Xの1単位の増加にともなってYの変化はどれくらいであるかを示している。これがXのYに与える影響である。第9章で学んだように、2変数のモデルにおける$\hat{\beta}$の式は、下記の通りである。

$$\hat{\beta} = \frac{\sum_{i=1}^{n}(X_i - \overline{X})(Y_i - \overline{Y})}{\sum_{i=1}^{n}(X_i - \overline{X})^2}$$

第3の変数Zの効果をコントロールすることが目的である以上、この回帰式は目的を果たしているだろうか？ 2次元(XとY)の散布図では「線」についての式であるなら、3つ目の次元を加えることは「面」についての式になる。その面についての式は下記のようになる。

$$Y_i = \alpha + \beta_1 X_i + \beta_2 Z_i$$

この式は一見シンプルに見えるかもしれない。面を示す式はシンプルに、線の式に$\beta_2 Z_i$の項を加えたにすぎない[2]。

　しかし、数式の意味するところがどのように変わったのかに注目しよう。線についての2変数の式では、β係数には添えてある数字がなかった。なぜなら2変数の場合は、βは1つであるからである。Yの変化を説明する独立変数がXとZの2つある場合、2つの異なる係数βをもつことになり、したがって添え字を用いてβ_1とβ_2と表示する。これによって、これら2つの効果

2　付け加えた独立変数Zの添え字は全て、独立変数Zが1つではなくて複数存在することを一般化している。ここでは簡素化のために2つの独立変数のケースを用いている。

の値が互いに異なることが明確になる[3]。

　ここで本章の重要なメッセージを述べる。前式において係数β_1はXのYに与える影響以上のことを意味している。つまり、重回帰式ではβ_1は「Zの影響をコントロールした上でのXのYに与える影響」を表している。同じように、係数β_2は「Xの影響をコントロールした上でのZのYに与える影響」を表している。これは、観察的研究において第3章で学んだ因果のハードルの4つ目をクリアできる鍵である。

　それでは、係数β_1は実際どのようにしてZをコントロールしているのだろうか？ β_1はこの式においてZとは関連しておらず、明らかにXに関連している。重回帰式におけるβ_1は第9章で学んだ2変数の回帰式のβとは異なる。つまり、2変数の回帰式におけるβの値はXのYに与える影響を示しているが、これはZの影響をコントロールした上でのXのYに与える影響を意味する重回帰式のβ_1の値とは異なることを意味する。

　しかしどのようにβ_1はZの影響をコントロールするのか？ここで、XとZには相関があるとしよう。因果的に関係があるのではなく、また強い関係があるわけではないものとする。XとZはシンプルに互いに関係がある、つまりXとZの共分散はゼロではない、とする。この上で、このXとZの関係を2変数の回帰モデルと同じように示してみる。

$$X_i = \hat{\alpha}' + \hat{\beta}'Z_i + \hat{e}_i$$

表し方の違いに注意したい。パラメーター$\hat{\alpha}$と$\hat{\beta}$の代わりに、推定されたパラメーター$\hat{\alpha}'$と$\hat{\beta}'$を用いている。これによって、$\hat{\alpha}'$と$\hat{\beta}'$の値は前式での$\hat{\alpha}$と$\hat{\beta}$とは異なるとわかる。また残差は前式では$\hat{\mu}_i$と表現したが、ここでは$\hat{e}_i$と表現している。

　ここでXを予測するためにZを用いるならば、Zに基づくXの期待値（$\hat{X}$）はシンプルに下記の通りである。

$$\hat{X}_i = \hat{\alpha}' + \hat{\beta}'Z_i$$

3　多くの回帰分析のテキストではβ_1とβ_2を区別すると同時に、独立変数もX_1、X_2などと表示することがある。本章では、独立変数と従属変数の関係を検証するにあたって他の変数をコントロールするという概念を強調するために、X、Y、Zという記号を用いる。

これは前の式に似ているが、誤差項がない。なぜなら誤差は平均してゼロと期待されるからである。ここで前の式にこの式の左辺を代入すると、下記のようになる。

$$X_i = \hat{X}_i + \hat{e}_i$$

誤差項について書き換えると以下の通り。

$$\hat{e}_i = X_i - \hat{X}_i$$

これら$\hat{e}_i$は第8章で学んだXとYの2変数回帰モデルの残差に相当する。したがって、解釈も同じである。つまり$\hat{e}_i$はXのばらつきのうちでZが説明できない部分である。(Zが説明できる部分は予測された部分、$\hat{X}_i$である。)

ここまで、ZとXの関係について、XのばらつきについてZが説明できる部分($\hat{X}_i$)とZが説明できない部分($\hat{e}_i$)の2つに分けた。

このZとXの関係について行ってきたことを、同じようにZとYの関係についてもできる。プロセスはほとんど同じであるが、表記が若干異なる。YをZの関数としてモデルすると以下のようになる。

$$Y_i = \hat{\alpha}* + \hat{\beta}*Z_i + \hat{v}_i$$

推定された傾きは$\hat{\beta}*$であり、誤差項は$\hat{v}_i$である。

ZとXで行ったのと同じように、Zを用いてYを予測するならば、Zに基づいたYの期待値($\hat{Y}*$)はシンプルに下記のようになる。

$$\hat{Y}_i^* = \hat{\alpha}* + \hat{\beta}*Z_i$$

同じように、この式も、前式に誤差項を除いたものとなる。なぜなら残差はゼロであると期待されるからである。そしてまた、左辺を代入することで、以下の式を得る。

$$Y_i = \hat{Y}_i^* + \hat{v}_i$$

誤差項について書き換えると、以下の通り。

$$\hat{v}_i = Y_i - \hat{Y}_i^*$$

これら$\hat{v}_i$は、$\hat{e}_i$と全く同じように解釈される。つまり、これはYのばらつき

のうちでZが説明できない部分を表している。(Zが説明できるYの部分は期待値であり、$\hat{Y}_i^*$である。)

ここまで、ZとYの関係について、YのばらつきについてZが説明できる部分とZが説明できない部分の2つに分けた。

まとめると、XをZで説明し、残差($\hat{e}_i$)を出した。同様に、YをZで説明し、残差($\hat{v}_i$)を出した。ここで、従属変数がY、独立変数がXとZの3変数の回帰モデルに戻ろう。

$$Y_i = \hat{\alpha} + \hat{\beta}_1 Z_i + \hat{\beta}_2 Z_i + \hat{\mu}_i$$

Zをコントロールした上でのXのYに与える影響を示すの式$\hat{\beta}_1$は下記の通りである。

$$\hat{\beta}_1 = \frac{\sum_{i=1}^n \hat{e}_i \hat{v}_i}{\sum_{i=1}^n \hat{e}_i^2}$$

ここにこれまでの式から$\hat{e}_i$と$\hat{v}_i$を代入する。

$$\hat{\beta}_1 = \frac{\sum_{i=1}^n (X_i - \hat{X}_i)(Y_i - \hat{Y}_i^*)}{\sum_{i=1}^n (X_i - \hat{X}_i)^2}$$

この式をよく注意して見よう。ハットがついている部分は、Zを用いた2変数の回帰式(ZとXの回帰式、そしてZとYの回帰式)から得ている。ここで、Zをコントロールした上でのXのYに与える影響の式として鍵であるのは、この$\hat{e}_i$と$\hat{v}_i$であり、Zが説明できないXとYのそれぞれのばらつきの部分である。これこそが、重回帰モデルにおいて、XのYに与える影響を表すパラメーターβ_1がZの影響をコントロールできることを意味している。なぜか？なぜなら、β_1の構成において、Zが説明できない部分つまり$\hat{e}_i$と$\hat{v}_i$しか含んでいないからである。

このβ_1の式とβを推定する2変数の式とを比較すると明らかになる。XとYの2変数の式の分子にある$(X_i - \overline{X})$と$(Y_i - \overline{Y})$を用いる代わりに、Zをコントロールする重回帰式では分子に$(X_i - \hat{X}_i)$と$(Y_i - \hat{Y}_i^*)$を用いている。ハットの部分はZによるXの期待値とZによるYの期待値である。

βを推定する2変数の式とβ_1を推定する重回帰式の比較においていくつか注意することがある。XとYの2変数の回帰における$\hat{\beta}$と、Zをコントロー

ルした上でのXとYの3変数の回帰における$\hat{\beta}_1$は、異なるものである。実際、数学理論上は可能であるものの、これら2つの値が全く一致することは非常にまれである[4]。

β_2を推定する式についても同様に、Xの影響をコントロールした上でZのYに与える影響を表している。これらのプロセスは同時に起こる。

本書を通してこれまで十分にZをコントロールすることの重要性を説明してきたが、上記の通り、それがどのように行われるかについて説明した。第3章以来、因果の4つのハードルのうちの4番目のハードルは課題であったが、ここでいかにしてクリアできるかがつかめてきただろう。

しかし、楽観的になってはならない。第一に、3変数の回帰モデルはそれ以上の数の変数の回帰モデルに一般化できるが、β_1を推定する式はその回帰式に含まれる変数Zの影響のみをコントロールするに過ぎない。つまり、モデルに含まれないその他の変数についてはコントロールできないのである。それでは、回帰モデルにYを引き起こす可能性のある要因を含めそこねたら、どうなるだろうか？非常によくない。この点については本章の後半で述べる。

第二に、本章の最初で述べたように、統計的コントロールとは第4章で扱った実験でのコントロールほど強い操作ではない。重回帰分析における統計的コントロールは、XYZに共通する分散の量に基づく説明に近い。回帰分析におけるZをコントロールすることの意味は、Zと他の2変数との間の共変量を特定し、取り除き、そしてZによってシェアされたばらつきを除いた後のXとYの残された関係を見る、というプロセスになる。このプロセスもコントロールの一種であるが、実験において被験者にXの値をランダムに割り当てるほどのコントロール度合いではない。第4章で述べたように、実験におけるコントロールの確かさは、実験者がXの値が生み出されるプロセスをまさしく知っていることによる。（このプロセスはシンプルにランダムである以上の何者でもない。）一方、観察的研究における統計的コントロールでは、Xのデータが生み出されたプロセスを把握していない。したがって、実験におけるコントロールがない研究においては、参加者は自らXの値を選

4　単回帰と重回帰におけるパラメーターβの推定が全く同じになる2つの場合については本章で後述する。

ぶかもしれないし、Xの値の割り当てられ方に何らかの複雑な因果的プロセスがあるかもしれない。さらに、因果のプロセスが、コントロールし損ねたZ変数やY変数によって汚染されている可能性もある(この場合、結果には否定的にならざるを得ない)。しかしこれらは全て科学的プロセスによくあることである。どんな研究においても、常に、コントロールされていないZ変数は存在するだろう。したがって、結果は常にオープンにしておき、さらなる検証を受けるべきである。

10.4 重回帰の解釈

重回帰モデルの係数を理解するために、第9章の例である前年のアメリカ経済成長率がアメリカ大統領結果に与える影響に戻ろう(図9.5を参照)。推定したモデルは、与党得票率 = α + (β×経済成長率)であり、推定された係数 $\hat{\alpha}$ = 51.45で $\hat{\beta}$ = 0.62であった。本事例の目的から、1876年の選挙結果を省く必要があり、その結果、推定値は少し変化し、$\hat{\alpha}$ = 51.61と $\hat{\beta}$ = 0.65となる[5]。これらの結果は表10.1の列Aにある。

表10.1 アメリカ大統領選挙の3つの回帰モデル

	A	B	C
経済成長率	0.65*		0.58*
	(0.15)		(0.15)
好景気期間		0.87*	0.63*
		(0.32)	(0.28)
切片	51.61*	47.63*	48.47*
	(0.81)	(1.87)	(1.58)
R^2	0.35	0.18	0.44
観測数	35	35	35

注:従属変数は2大政党のうち現職政党候補の得票割合
カッコ内は標準誤差
*$p<0.05$、両側t検定

---

5 1876年を省いた理由は、この例に付け加えたい新しい変数「好景気期間」の1876年のデータが参照元のFairのデータに含まれていないからである。同じデータで異なるモデルの比較をするときは同じケースをそろえることが非常に重要である。

表10.1の列Aにおいて、アメリカ経済年次成長率のパラメーター推定（経済成長率の行、0.65）、その推定された傾きの標準誤差である0.15が表示されている。切片の行では、推定された回帰のy切片である51.61、そしてその標準誤差である0.81が示されている。これらパラメーターは両方とも統計的有意であり、それはアスタリスク（*）で表示され、表の脚注に説明がある。

2変数の回帰モデルにおける傾きの係数の解釈は、独立変数の1単位の増加ごとに従属変数においてβぶんの変化を期待するというものであった。この例では、$\hat{\beta} = 0.65$なので、アメリカ経済成長率の1％の増加によって、大統領選挙における与党得票率の平均0.65％の増加を期待するということになる。

しかし本書を通して警告してきたことを思い出して欲しい。2変数の分析の解釈でもって因果関係の証拠とすることは尚早である。表10.1の列Aにおいて、より高い経済成長率がより高い与党得票率をもたらすとは言っていない。確かに、列Aの証拠は因果関係の説明に一致するが、これは証明したことにはならない。なぜなら選挙結果に影響を与える可能性のある要因についてコントロールしていないからである。前年の経済成長に加えて、大統領選挙の与党得票率に影響する要因は他にもあることは確かだろう。実際、他の経済的要因も同じように大統領選挙の結果に影響を与えるかもしれないのである[6]。

経済成長の変数は過去1年の経済成長を説明しているという事実を考えてみよう。もしかしたら、有権者は長期的な経済成長について現政権を評価しているかもしれない。とりわけ、大統領選挙は4年ごとであり、最初3年間の経済成長が標準以下でありながら4年目に経済成長を成し遂げた政権を有権者が評価するという説明は必ずしも頷けるものではない。また、ここではたった1つの測定である成長率を用いており、有権者が4年目の経済成長率のみに注目しているとやや非現実的な前提を行っている。

表10.1の列Bは、もう1つの2変数の回帰モデルを行った結果である。従属変数は同じ与党得票率であり、独立変数には大統領選挙の時期まで高い経済成長が続いた期間（四半期でカウント）「好景気期間」を用いている[7]。「好

---

6 もちろん非経済的要因として例えば外交政策の成否に関連する変数も考えられる。

7 具体的には、選挙期間中である最後の四半期を除く15四半期（3年9カ月）のうち、一人当たり実質経済成長率が3.2％を越えた四半期の数である。

景気期間」の行を見ると、パラメーター推定は0.87であり、よい経済ニュースが続いた四半期が1つ増えるごとに、与党得票率が平均して0.87%の上昇を期待できることがわかる。この係数は統計的に有意である。

それぞれの2変数の回帰モデルはそれぞれの独立変数と与党得票率の関係を示している。しかし列Aと列Bのパラメーター推定のいずれも他の独立変数をコントロールしていない。列Cは経済成長率と好景気期間の両方の与党得票率に与える影響を同時に推定したものである。

列Cを列Aと列Bとで比較してみよう。好景気期間の行では、推定されたパラメーターは、$\hat{\beta} = 0.63$であり、「(前年の)経済成長率の影響をコントロールした上で」、高い経済成長率が続いた四半期数が1つ増えるごとに与党は0.63%の得票率の上積みを期待できる。この新たに付け加えられた表現に注意したい。重回帰の係数は常にある独立変数の1単位の増加が従属変数に与える影響であるが、それは「モデルに含まれるその他の独立変数の全ての影響をコントロールした上での」影響である。したがって、前年の経済成長率をコントロールすると、高い経済成長率の続いた期間が長いほど、次期選挙における与党の得票率は高くなる、という解釈になる。

ここで、重回帰モデルの重要な点として、変数「好景気期間」を含めたことで変数「経済成長率」の推定された影響が列Aの0.65から列Cの0.58にどのようにして変化したのかに注目したい。列Cの影響が列Aの影響と異なるのは、列Cでは「好景気期間の影響がコントロールされている」からである。つまり、長期的な経済成長の影響がコントロールされた場合、短期的な経済成長の影響はやや減少することになる。この経済成長率の影響はそれでもなお強く、統計的に有意であるが、長期的な経済成長の影響が考慮された場合はやや穏やかになる[8]。またR²統計量にも注目したい。列Aでは0.35であるが列Cでは0.44である。これは変数「好景気期間」を加えたことで従属変数のばらつきを説明する割合が9%増えたことを意味する[9]。

---

[8]　同様に列Bの単回帰における好景気期間の影響と列Cの重回帰における好景気期間の影響を比較すると、重回帰においては好景気期間の影響は25%ほど減少している。

[9]　独立変数によってR²統計量の変化を報告するには注意が必要である。この例で言えば、もしモデルAを先に推定し、次にCを推定した場合、経済成長率が従属変数の35%を、好景気期間が新たに増えた10%を説明していると考えてしまうかもしれない。しかしモデルBとモデルCの順に推定すると、今度は経済成長率が従属変数の新たに増えた26%を、好景気期間が18%を説明していると考えるだろう。実際、これらの解釈は両方

第 10 章　重回帰分析：基礎　**251**

　他の要因をコントロールすることを強調してきたが、これは大げさではない。確かに、表10.1の３つの列を比較することで、短期的経済成長率が与党得票率に影響を与えるかについての解釈に違いは生じない。しかし、この点は長期的経済成長（好景気期間）の影響を検証するまでは分からない点である。本章の後半で、従属変数の新しい要因をコントロールすることで因果関係の解釈が大きく変わる例を紹介する。表10.1に関連して１点明確にしておきたい。表10.1ではもう１つの変数をコントロールしたが、従属変数の全ての可能な要因をコントロールしたというにはほど遠い。したがって、これらの結果を因果の証拠として解釈するには注意が必要である。実際、回帰モデルに独立変数を増やしていくほど、思いつく全ての可能な要因をコントロールすることになる。この点に関しては、第１章の科学的研究の道筋に戻るべきである。つまり新しい証拠を常に考える必要がある。他の独立変数をコントロールするという方法で得られる新しい証拠は、ある独立変数が従属変数に因果的に関係しているかどうかについての推論を変えるかもしれない。

10.5　どの効果が「最大」か？

　表10.1の分析で、列Cにある経済成長の係数（0.58）と好景気期間の係数（0.63）を比較し、好景気期間の効果のほうが経済成長の効果より大きいと結論づけてしまうかもしれない。しかしこの誘惑は以下の重要な理由によって退けるべきである。２つの独立変数は異なる測定方法によって測定されており、したがって単純な数値比較は間違っている。短期的経済成長（経済成長率）は、経済が縮小している時期のマイナスの数字から経済成長率が5％を越える時期まであり、長期的経済成長（好景気期間）は高い経済成長が続く四半期の数（データセットでは0から10）であることから、この２つは異なる測定方法でとられている。したがって、係数を比較することはできない。

　表10.1の係数はそれぞれの変数の性質に依存しているため、これらの係数

とも間違っている。R^2はモデルにおける従属変数の適合度をみる統計量である。したがって、モデルCのR^2について言えることは、経済成長率と好景気期間と切片が総合して従属変数のばらつきのうちの44％を説明しているということになる。モデルに独立変数を加えたり減らしたりすることでモデルのR^2の増減は分かるが、R^2の値の変化がその特定の独立変数のみの効果であると言うことはできない。図10.1では、この説明が直観的に示されている。この図においてR^2は$(f+d+b)/(a+f+d+b)$となる。領域dの存在によって、個々の独立変数がR^2に寄与する効果を分割できないことがわかるだろう。

は**非標準化係数**と呼ばれる。通常は比較できないが、この測定方法の違いを除き、比較可能にするシンプルな方法がある。そのような係数は、標準化された測定方法に基づくため、**標準化係数**と呼ばれる。この計算方法は、非標準化係数を用いて、独立変数と従属変数の双方の測定方法を取り払うこと、つまり標準偏差を用いることで行う。

$$\hat{\beta}_{Std} = \hat{\beta}\frac{S_X}{S_Y}$$

$\hat{\beta}_{std}$は標準化された回帰係数、$\hat{\beta}$は非標準化係数（表10.1の数値）、S_XとS_YはそれぞれXとYの標準偏差である。標準化係数の解釈は、当然ながら異なってくる。非標準化係数がXの1単位の増加にともなうYの変化であるのに対し、標準化係数はXの1標準偏差ぶんの増加にともなうYの標準偏差ぶんの変化を表す。全てのパラメーター推定が同じ単位、つまり標準偏差でそろうことで、これらは比較可能となる。

　表10.1の列Cの非標準化係数で計算すると以下のような結果となる。まず、経済成長率についてはセクション6.4.2で計算した標準偏差を用いて下記のように計算する。

$$\hat{\beta}_{Std} = 0.58 \left(\frac{5.50}{6.02}\right) = 0.53$$

次に好景気期間については下記の通り。

$$\hat{\beta}_{Std} = 0.63 \left(\frac{2.95}{6.02}\right) = 0.31$$

これらの係数の解釈は以下のようになる。好景気期間の効果をコントロールした上で、経済成長率の1標準偏差ぶんの増加によって、与党得票率は平均して0.53標準偏差ぶんの増加が期待される。そして、経済成長率の効果をコントロールした上で、好景気期間の1標準偏差ぶんの増加によって、与党の得票割合は平均して0.31標準偏差ぶんの増加が期待される。非標準化係数をみたときには、好景気期間の効果のほうが経済成長率の効果よりも大きいと思えた。しかし、標準化係数によって、これは逆であることがわかる。経済

成長率の推定される効果は、好景気期間の効果の170%以上である[10]。

練習：標準化係数を解釈する

もし、$\hat{\beta}_{std} = -0.31$であるとすると、好景気期間の影響はどのように解釈されるか。

10.6 統計的有意と実質的有意

どの効果が最大であるかについて学んだことに関連して、以下の一見シンプルな問いを考えてみよう。表10.1の列Cにある効果は「大きい」だろうか？これに対して、こう答えてしまうかもしれない――もちろん、2つの係数は両方とも統計的有意であるので、効果は大きい。

このロジックは間違っている。第7章で学んだことを思い出して欲しい。サンプルの大きさは平均の標準誤差の大きさに影響を与える。また第9章では、サンプルの大きさはまた、回帰係数の標準誤差の大きさに影響を与えることを学んだ。つまり、たとえ係数の推定によって関係の強さが一定であったとしても、サンプルの大きさが少しでも増加すると、これらの係数の統計的有意に影響を与えるのである。なぜならば、統計的有意は標準誤差が分母にあるt値によって定義されるからである。サンプルサイズが大きくなるほど、標準誤差は小さくなり、したがって統計的有意な関係がより見られるようになる[11]。また、補遺Bからも明らかなように、自由度が大きくなるほど、統計的有意は達成しやすい。

サンプルの大きさを自由に大きくすることで統計的有意を発見すること

---

10 標準化係数を用いることに関して反論もある（King 1986）。技術的に言うと、標準偏差はサンプルによって異なる可能性があるため、標準化係数の結果を特定のサンプルに依存させることになるからである。また、より広い観点から、異なる独立変数の1単位もしくは1標準偏差分の変化は、変数が測定された方法を無視し、実質的に異なる意味をもつと言う主張もある。したがって、理論的にはどの効果が最大かを探ることはあまり意味がないかもしれない。

11 サンプルサイズを大きくすることは常に可能であるわけではない。可能であるとしてもサンプルサイズを大きくするにはコストが伴う。サンプルサイズを大きくできるような研究は、非常に高コストであるが、大規模なサーベイ研究である。

は、効果が大きくなることを意味しないことに注意してほしい。このような標準誤差の変化は傾きの係数そのものの性質には全く影響しないのである。

　そうすると、ある変数の他の変数に対する効果が「大きい」とはどのように判断するべきなのだろうか？ 1つの方法としては、標準化係数を用いる方法がある。XとYそれぞれの分散を同じ測定法で求めることで、効果がどのくらい大きいかについて判断できることになる。これはとくに、独立変数XとZもしくは従属変数Y、もしくは全てが通常では見られないもしくは人工的な測定基準で測定されているときに有用である。

　回帰分析における変数の測定基準が直観的でよく使われている基準である場合、その効果が大きいか小さいかの判断は解釈の問題でもある。例えば、第11章では失業率(X)の変化が大統領支持率(Y)に与える影響についての例をとりあげる。傾きの係数が、例えば−1.51である場合、モデルにおける他の要因をコントロールした上で、失業率が1ポイント上昇するごとに、支持率は1.51ポイント下降すると期待できる、とシンプルに解釈できる。この効果は大きいのか、小さいのか、それともゆるやかなのか？ここで何らかの判断がなされるとしても、XとY両方の測定基準はよく見慣れたものであり、政治に初歩的な知識がある人であれば失業率が何を意味し、支持率が何を意味するかの説明を必要としないだろう。この推定の統計的有意とは別に（ここでは統計的有意には触れてこなかったことに注意してほしい）、この種の議論は係数の推定の**実質的有意**を判断する試みである。実質的有意は統計的有意よりも判断が難しい。なぜなら、判断にあたって何の数学的公式もないからである。その代わり、実質的有意は統計的有意な関係が大きいのか小さいのかについて現実世界の影響という観点からなされる判断である。

　時折、統計的有意ではない「大きな」パラメーター推定を見るだろう。そのような結果を統計的有意として捉えたく思うが、それは統計的有意ではない。この点は、特定の結果が統計的有意であることの意味を考えると分かるだろう。第9章で学んだように、多くのケースで、母集団のパラメーターがゼロに等しいという帰無仮説を検証している。そのようなケースでは、どんなに大きいパラメーター推定だとしても、統計的有意でなければ、統計的にゼロと区別できないことを意味する。したがって、パラメーター推定が実質的に有意なのは、同時に統計的有意であるときのみである。

10.7 Zをコントロールできなかった場合

　従属変数Yの他の可能な要因の効果をコントロールすることは正しい因果推論をするのに不可欠である。それでは、回帰モデルからZを省くことはXがYを引き起こすか否かの推論に影響を与えるのだろうか？省くZはXではなく、またZはYでもない。とするとなぜZを省くことが問題なのか？

　以下のX、Y、Zを含む3変数の回帰モデルを考えてみよう。

$$Y_i = \alpha + \beta_1 X_i + \beta_2 Z_i + \mu_i$$

さしあたって、これは現実世界を正しくモデルしていると想定しよう。つまりYのシステマティックな要因はXとZのみであり、ある程度Yはランダムな誤差項 μ に影響されているとする。

　この正しいモデルを推定する代わりに、Zの効果を推定できなかったとしよう。つまり、下記のように推定する。

$$Y_i = \alpha + \beta_1^* X_i + \mu_i^*$$

正しい3変数の式にある β_1 の値と上記の β^* の値は多くの場合一致しない。（後述するように例外もある。）さらに、これは警告フラッグが立つのに十分であるが、この3変数のモデルが正しいモデルであり、つまりデータから得た β_1 の推定された値が真の母集団の値に等しいとし、また β_1 と β^* は等しくないとするならば、推定された β^* の値は問題がある。この問題は、統計的に**バイアス**と呼ばれ、サンプルから得たパラメーター推定の期待値が真の値である母集団のパラメーターに等しくないことを意味する。回帰モデルに特定の変数を含まないことによる結果のバイアスは、**欠落変数バイアス**と呼ばれる。

　欠落変数バイアスの性質についてより具体的に見よう。真の3変数のモデルを推定する代わりに、まちがった2変数のモデルを推定するとしたら、傾き β^* の式は以下のようになる。

$$\hat{\beta}_1^* = \frac{\sum_{i=1}^{n}(X_i - \overline{X})(Y_i - \overline{Y})}{\sum_{i=1}^{n}(X_i - \overline{X})^2}$$

これはシンプルにXのYに対する影響の単回帰式である。（もちろん、これ

は2変数のモデルであり、ZもXもYに影響するという事実に反している。)
しかし、モデルにはZが含まれるべきであることと、第9章で回帰直線はそれぞれの変数の平均値を通ることを学んだことから、以下の式は真であることがわかる。

$$(Y_i - \overline{Y}) = \beta_1 (X_i - \overline{X}) + \beta_2 (Z_i - \overline{Z}) + (\mu_i - \overline{\mu})$$

この平面はそれぞれの変数の平均を通っているために、上記式が成り立つ。

　前の式の左辺$(Y_i - \overline{Y})$は、傾き$\widehat{\beta}_1^*$の分子の一部と一致することに気づくだろうか。したがって、前の式の右辺をの式の分子に代入する。

　結果の数値は代数のスキルを越えるほどではないが、煩雑であるので、ここでは過程を示さない。かけたりひいたりしたのち、$\widehat{\beta}_1^*$の式は以下のようになる。

$$E\left(\widehat{\beta}_1^*\right) = \beta_1 + \beta_2 \frac{\sum_{i=1}^{n}(X_i - \overline{X})(Z_i - \overline{Z})}{\sum_{i=1}^{n}(X_i - \overline{X})^2}$$

この式は複雑に見えるかもしれないが、非常に重要なメッセージを含んでいる。XのYに対する推定された効果$\widehat{\beta}_1^*$は、ZのYに対する効果を含んでいないがZの効果を考慮した真のβ_1と、その他の部分(「＋」サイン以降の部分)から成り立っている。このその他の部分は、正確にはバイアスである。このバイアスは、モデルに含まれるべき変数Zが省かれた結果生じていることから、この種のバイアスは欠落変数バイアスなのである。

　明らかにZを含まずに推定した$\widehat{\beta}_1^*$の期待値は、Zを式に含めて推定した真のβ_1と等しくなったほうがよい。もしくは、前の式の「＋」サイン以降の部分がゼロであるならば、そうなってほしい。どうしたらそのような状況になるだろうか[12]。第一に、$\beta_2 = 0$であれば、$\widehat{\beta}_1^* = \beta_1$となる。第二に、式の最後の部分

$$\frac{\sum_{i=1}^{n}(X_i - \overline{X})(Z_i - \overline{Z})}{\sum_{i=1}^{n}(X_i - \overline{X})^2}$$

がゼロであれば、$\widehat{\beta}_1^* = \beta_1$となる。この式はなんだろうか？これはまさにZと

12　数学的にゼロにするには、1つもしくは双方の部分がゼロである必要がある。

Xの2変数の回帰式の係数のパラメーターである。

　これら2つの状況のうち、最初のケースにおけるバイアス項は、Yに与えるZの効果つまりパラメーター β_2 がゼロであるときのみ、ゼロになる。ということは、もし従属変数に全く影響を与えない独立変数であれば、回帰式からその独立変数を省いてもよいことになる。第二のケースはやや興味深い。独立変数Zが他の独立変数Xに全く影響を与えないならば、独立変数Zを回帰式から除いてもよいことになる。もちろん、このケースでZを除いた場合、ZがどのようにYに影響を与えるのかについて理解に困ることになる。しかし、少なくともZとXが全くの無関係である限り、Zを省くことはXのYに与える効果の推定には全く影響しない[13]。

　この第二のケースは実際には生じにくい。したがって、もしZがYに影響し、ZとXが関係あり、さらにモデルからZを省いたら、バイアス項はゼロにはならない。つまるところ、Zを省くことはXのYに対する効果を誤って推定することになるのである。

　この結果は多くの実用的含意をもっている。最も重要なのは、たとえZとYの関係に理論的に興味がないとしても、理論追求の目的でXの効果をバイアスなく推定するためには、統計的にZをコントロールしなければならないという事実である。

　納得いかないかもしれないが、事実である。もしモデルに含まれていた独立変数Zを省いた回帰モデルを推定したら、Zの効果は推定しようとしている独立変数Xのパラメーター推定に入り込み、XのYに対する効果の推定を汚染することになる。

　前の式はまた、バイアスが大きくなるであろう場合と小さくなるであろう場合についても示唆している。バイアスの項の構成、

$$\beta_2 \text{ と } \frac{\sum_{i=1}^{n}(X_i-\overline{X})(Z_i-\overline{Z})}{\sum_{i=1}^{n}(X_i-\overline{X})^2}$$

のいずれかもしくはどちらもゼロに近い場合、そのバイアスは小さくなる傾向がある(なぜならバイアス項は双方によって構成されるからである)。もし両方とも大きい場合、バイアスもまた大きくなる傾向にある。

13　回帰モデルからZを省くことは R^2 統計量を下げることにもなる。

図10.1　X、Y、Zが相関するベン図

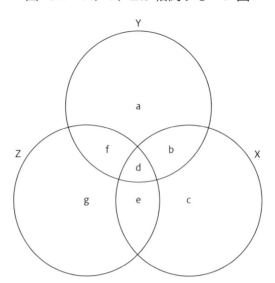

　さらに、この式はまたバイアスの方向についても示唆している。ここまで言ってきたことは、係数$\hat{\beta}_1^*$はバイアスがかかっている、つまり真の値に等しくない、である。等しくないというのは、大きすぎるのか、それとも小さすぎるのか？もしβ_2の値とXとZの相関の正負についての読みがあたったら、バイアスの方向について疑うことができる。例えば、β_1、β_2、XとZの相関の全てが正であるとしよう。これは、推定された係数$\hat{\beta}_1^*$が本来よりも大きくなることを意味する。なぜなら正の数と2つの正の数の掛け算はさらに大きい正の数になるからである[14]。

　従属変数に影響を与えうる他の要因をコントロールすることの重要性とXとZの関係の重要性を理解するために、ベン図で考えてみよう。図10.1はY、X、Zの全分散を円で表している[15]。これらの2変数もしくは3変数全ての共分散は円が重複している部分で表される。図において、Yの分散は領域a + b + d + fの合計であり、YとXの共分散は領域b + dの合計である。

14　3つ以上の独立変数では、バイアスの方向をつかむのはより複雑になる。
15　第9章においてベン図を用いて分散(円)と共分散(円の重複部分)を表した。

図10.2　XとZはYに関連するが、XとZは無関係である場合のベン図

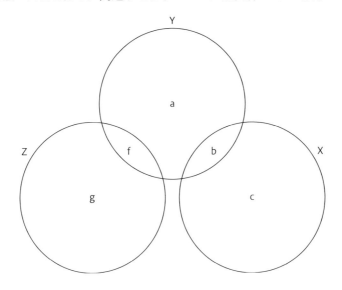

　図10.1において、Zの円がYとXの円にも重なっていることから、変数ZはYにもXにも関係があることに気づくだろう。とりわけ、YとZの関係は領域f+dで説明され、ZとXの関係は領域d+eで説明される。領域dはYとXの関係の一部でもある。仮説的にこの図からZの円を消したとしたら、領域b+dの全てを間違ってXに帰属するだろう。実際にはYの分散のうちの領域dはXとZの両方でシェアされているのにである。したがって、ZがXとYの両方に関係しているときに、Zをコントロールしなかったら、XのYに与える効果にバイアスがかかってしまうと分かるだろう。

　別のシナリオを考えてみよう。XとZの両方ともYに影響するが、XとZは全く無関係であるとする。図10.2はこの状況を表している。XとZの円はYの円にかかっているが、XとZの円は全く重なっていない。この場合、あまりない例であるが、XのYに与える影響を考えるときにZを除くことができる。この図において、XとYの関係である領域bはZの存在に全く影響を受けていない[16]。

16　同じ理由で、Xの影響を考えずに、ZのYに与える影響つまり領域fを推定することができる。

10.7.1　重回帰における最低限の数学的要件

第9章の後半で、2変数の回帰モデルについて前提条件と最低限の数学的要件について述べた。重回帰モデルにおいても、これらの前提条件と最低限の数学的要件は必要である。しかし、これらに加えて、重回帰モデルを推定するためにもう1つ、最低限の数学的要件がある。独立変数間には完璧な線形関係があってはならない。これは完璧な**多重共線性**を拒否する前提とも呼ばれる。つまり、XとZの間には相関係数rが1.0であるような完璧な線形関係があってはならない。

XとZが完璧な線形関係にならないとはどういうことか？図10.1に戻ろう。もしXとZが完璧に線形関係にあったら、2つの円は完璧に重なることになる。この場合、回帰モデルを推定することは文字通り不可能となる。XのYに与える影響とZのYに与える影響を区別できないからである。

この要件はXとZが全くの無関係であることを求めていない。実際、たいていの場合にXとZはある程度の相関がある。その相関係数が1.0に近づくほど事態はややこしくなる。そして相関係数がまさしく1.0のとき、回帰モデルはXとZを独立変数として推定できなくなる。第11章はこの問題についてより深く扱う。

10.8　先行研究の例：いかに政治が国際貿易に影響するかの理論検証

国際貿易に影響を与える決定要因は何だろうか？経済学では長らく2国が互いに貿易をするに至る経済的な要因があると述べてきた[17]。そして各国家の規模、2国間の物理的距離、発展のレベルが貿易の経済的要因として研究されてきた[18]。しかしこれら経済的な力に加え、政治は国際貿易の形成に影響するだろうか？

Morrow, Siverson, and Tabares（1998）は、2つの国家が国際貿易に従事する

17　貿易の理論や国際貿易の他の面に関する多くの理論が2国家の組み合わせを念頭において発展した。したがって、貿易のように関連する変数は全て2国家の観点から測定される。これは国際関係の研究分野ではダイアドと呼ばれる。ダイアドのデータは国家の組み合わせを網羅するために極めて大きい。

18　このようなモデルは重力モデルとも言われる。これらの理論によれば、貿易を起こす力は2つの物体の引力を決定する力に似ているからである。

程度の3つの競合する(そして補完し合う)政治的説明について研究している。第一の理論は、友好関係にある国家は対立関係にある国家よりは互いに貿易をする傾向にある。この場合の対立は必ずしも軍事的紛争を意味しない[19]。彼らによれば、対立は貿易にいくつかの点で水を差す。第一に、国家間対立はときどき通商禁止をもたらす。第二、対立は国境を挟んだ取引に従事する企業のリスクを高め、貿易が減ることになる。

第二の理論は、国際貿易は双方の国家が民主主義国家であるときに盛んであり、一方もしくは双方の国家が独裁国家であるときに盛んではない[20]。民主主義国家はより開かれた政治制度と法制度を持つため、企業はいかなる貿易紛争もアクセス可能な裁判でオープンに公正に解決されるという安心感がある。従って、民主主義国家間の貿易は盛んになる。対照的に、民主主義国家の企業は非民主主義国家とは取引したがらないかもしれない。なぜなら、どのようにして不合意が解決されるのかが不透明だからである。さらに、企業は外国政府に資産が差し押さえられる恐れから非民主主義国家との貿易には慎重になるかもしれない。つまり、独裁政府との取引は国際貿易のリスク認識を引き上げるのである。

第三の理論は、同盟国家間の貿易は非同盟国家間の貿易よりも盛んな傾向がある、というものである[21]。同盟国家ではない場合、貿易による利益が将来の紛争の武器として用いられると考えると、取引に積極的にはならない。対照的に、同盟国家間では貿易の結果として互いの利益増加となる。

これらの理論を検証するために、Morrow, Siverson, and Tabares (1998)は20世紀の国際システムの大国―アメリカ、イギリス、フランス、ドイツ、ロシア、イタリア―の全ての貿易を対象とし、各国家のペア(ダイアド)をそれぞれ分け、年ベースで各国の輸出量を調べた[22]。従属変数は各年の全てのダイアド関係の輸出量である。

19　この理論の詳細についてはPollins (1989)を参照。

20　この理論の詳細はDixon and Moon (1993)を参照。

21　国際システムの二極間と多極間の違いも含めて詳細な議論についてはGowa (1989)とGowa and Mansfield (1993)を参照。

22　このリサーチ・デザインは時系列クロスセクション(time-series cross-section)デザインと言われる。なぜなら国家間の変化と時系列の変化の双方を含むからである。この意味で、第3章で紹介した擬似実験の2つのタイプのハイブリッドであるともいえる。

262

表10.2　国際貿易の政治的要因、
　　　　Morrow, Siverson, and Tabaresの表より抜粋

	A	B	C	D
友好国家間	1.12*			1.45*
	(0.22)			(0.37)
民主国家間		1.18*		1.22*
		(0.12)		(0.13)
同盟国家間			0.29*	-0.50*
			(0.03)	(0.16)
GNP（輸出国）	0.67*	0.57*	0.68*	0.56*
	(0.07)	(0.07)	(0.07)	(0.08)
R^2	0.77	0.78	0.77	0.78
N	2631	2631	2631	2631

注：見やすくするため、回帰モデルに含まれる他の変数は省いてある
カッコ内は標準誤差
*$p<0.05$

　表10.2はMorrow, Siverson, and Tabaresの分析から抜粋している[23]。列Aは、第一の理論にあるように、経済的要因をコントロールした上で、国家間の平和が高まることは国家間の貿易量の増加と関連があることを表している。さらに、一般に経済規模が大きいほど、貿易も多い。（この知見は全ての推定式で同じである。）列Bの結果から、民主主義国家のペアは、少なくとも1つが非民主主義国家であるペアよりも貿易が盛んであることがわかる。最後に、列Cの結果から、同盟国間の貿易は、非同盟国間の貿易よりも盛んであることがわかる。これらの効果はすべて統計的に有意である。

　これまで、3つの理論のいずれも何らかの支持を得ている。しかし、列Aから列Cのモデルは他の説明をコントロールしていない。つまり、3つの理論の説明力を比較できるに十分な重回帰モデルをまだ求めていないことになる。列Dがこれに答え、3つの政治的変数が同じ回帰モデルに入っている。列Dによって、国家間の平和の効果は重回帰モデルにおいては高まっている

───────────────

23　独立変数が自然対数をとっているため、パラメーター推定の正確な大きさを解釈することは難しい。

ことが、係数1.12と係数1.45を比較すると分かる。同様に、民主主義国家間であることの効果は重回帰の枠組みでも大きく変わらない。しかし、同盟国の効果は変わってくる。対立と民主主義をコントロールする前の列Cにおいては、同盟国家であることの効果は正であり統計的有意であった。しかし対立と民主主義をコントロールした列Dにおいては、同盟国家であることの効果は負である（しかも統計的有意）。これらの要因をコントロールすると、同盟国家は互いに取引したがらない傾向にあるという意味になる。

Morrow, Siverson, and Tabares (1998)の論文は、国際貿易という同じ現象に対して競合するいくつかの説明を統合することが驚くべき知見をもたらすことを表している。これら3つの理論を同時に検証することで、どの理論が支持されて、どの理論が支持されないか整理することができたのである。

10.9　図表を効果的に使う

テキストブックや授業で習った統計の式を数学的に理解する段階から、これらの方法を批判的に応用し、統計ソフトウェアの出す結果を理解する段階に至るまでには大きな跳躍がある。ここまで読んできた多くの学生は、関心のある問題を調査するために自分で分析を行うことに興味があるだろう。大学での課題や卒論、そして院試に向けて提出する論文を書くかもしれない。そのためには、自分の考えや発見をクリアに読者に見せる方法を身につける必要がある。

論文など研究発表においては、図表作成に多くの時間をかけることを勧める。論文を前にした多くの読者は、タイトルとイントロダクションをさっと読んだのち、図表に目を向ける。そして、その論文を読み進めるかどうか決めるのである。図表が論文の最後に置かれているとしても、図表は第一印象を決める。したがって、図表をそれ自体で完結させ、読者を引き込ませることが肝心である。そこで、図表を作成するときに、何を入れて、何を入れるべきではないか考えるべきである。また、図表のどこを見るべきかを本文中に書いた方が良い。これらのレッスンは、同じ題材の研究論文を読むことによって身に付く。論文を読むときに、図表の使い方についてもじっくり観察してみることを勧める。

10.9.1　回帰分析結果表を作成する

　これまで明らかにしてきたように、重回帰分析は政治学において観察的研究の因果関係を検証するための主流のツールである。論文の読者は回帰分析結果の表を読み、そこから読み取ったことをもとに判断する。同時に、表を作成した人の技術的な能力も判断するのである。したがって、回帰分析の結果表の作成には注意深く丁寧にするべきである。

　回帰分析結果表の作成では、統計プログラムの結果と表作成ツールを行ったり来たりすることになる。もっとも簡単で最悪の方法は、統計プログラムのアウトプットをそのままワードにコピペすることである。これが決定的に最悪である理由は6つある。第一に、見栄えが良くない。作成者の怠惰さが透けて見える。第二に、統計プログラムのアウトプットはそのままでは情報が多すぎる。第三に、統計プログラムのデフォルトのアウトプットは目的に適ったものとは異なる可能性がある。例えば、第9章で、政治学の多くの仮説は方向性を持ち、片側検定が適していることを述べた。しかしほとんどの統計プログラムは両側検定の結果を返してくる。第四に、統計プログラムはデータセットにある変数名をそのまま返す。つまり、データ作成時に略した変数名がそのまま表示され、それは読者にとって意味不明なことが多い。第五に、コンピュータープログラムは必要以上に小数点以下を表示する。小数点以下2位か3位くらいまでが適切である。そして第六に、統計プログラムは変数を特定の順番で表示する。しかしその順番では、強調したい面からはベストではないかもしれない。

　以上、結果の表を作成するにあたってするべきではないことを述べた。それでは何をするべきだろうか。目的は、結果の表をそれ自体で完結させ、読者を引き込むこと、であった。したがって、表に語りかけさせる必要がある。回帰分析の結果表は以下のものを含むべきである。

- タイトル：モデルの目的と最も重要な含意を伝えるもの
- 独立変数の名前：できるだけクリアにする
- 独立変数の順序：目的に沿った順序にする（理論上メインの独立変数を上位に、コントロール変数を下位に持ってくる）
- 独立変数の推定される効果：たいていは推定されたパラメーター（係数）
- 推定された効果の不確かさや統計的有意性の指標：標準誤差やt値を

括弧に入れてパラメーター推定値の下に置く
- 特定の基準に従って結果が統計的有意であるかの指標：つまり、p<0.05に＊をつける
- 従属変数についての何らかの表示
- モデルの適合度を伝える全体的な診断とモデルに使用したケース数
- 必要な注：例えば＊＊ p<0.01など
- 結果の重要性を伝える必要な情報

回帰分析の結果表の例として、表10.3を参照してほしい[24]。この表を例として、上記リストをなぞってみよう。タイトルは表示されたモデルについて何をしようとしているのか情報が十分にあり、かつ最も重要な含意も確かに伝わるものである。独立変数の名前はもうちょっとクリアにできるかもしれない。例えば、「成長率」「失業率」はなんとなくわかるものの、正確に何を意味するかはわからない。「政府交代」のみでは全くわからない。次に、表にはパラメーター推定とそれらについての不確かさ（標準誤差の形で）が表示されている。さらに、表の下の注から＊は異なるレベルの統計的有意を示していることがわかる。注はまた、従属変数についても述べられているが、これらのデータが月例調査によるものなのかは読者が自分で推測せねばならない。全体として、この表はかなりわかりやすいが、まだ改善の余地がある。

表10.3 月例英国政府支持の経済モデル（2004-2011年)、客観的経済指標のみ

独立変数	パラメーター推定（標準誤差）
成長率	0.25**
	(0.11)
失業率	0.07
	(0.20)
Δインフレ率	-2.72**
	(0.75)
政府交代	12.46**
	(2.27)
支持$_{t-1}$	0.78**
	(0.06)
切片	6.37**
	(2.13)
R^2	0.81
N	89

注：従属変数は政府与党への投票予定回答者割合
***p<0.01, **p<0.05, *p<0.1（方向性仮説だが両側検定）

24　表10.3と表10.5はPalmer, Whitten, and Williams（2013）による。

本章で見てきたように、複数の回帰分析結果を1つの表にまとめることもよくある。この場合、目的はモデルの比較であるので、比較がわかりやすい形で表示する必要がある。複数の回帰分析結果をまとめる場合は2つのタイプがある。第一に、同じサンプルデータで異なるモデル推定をする場合、第二に、異なるサンプルデータで同じモデル推定をする場合、である。この2つのうちの1つであることに注意したい。

表10.1と表10.2を考えてみよう。これらの表では、同じサンプルデータで異なるモデル推定を行なっている。これらの表において列間で比較しているのは、モデルを変えることによって変数の推定された効果がどう変わるかをみている。しかし、もし表10.1や表10.2のサンプルが列間で異なっていたら、測定された効果が変化する理由がわからない。つまり、推定された効果が異なるのは、モデルが異なるためか、サンプルデータが異なるためか、わからないのである。

第二の比較例、つまり異なるサンプルデータを用いて同じモデルを比較する場合、表10.4と表10.5を参照してほしい。どちらの表も第2章で学んだリサーチ戦略のタイプの例であり、XとYの関係について異なる集団で違いを見ている。表10.4における鍵となる変数はヒラリー・クリントンに対する感情温度（0度から100度）である。これに対する独立変数として女性運動に対する感情温度を用い、男女で比較している[25]。この表から、サンプルは列によって異なるが、モデル推定は同じであることがわかる。またこの比較から推定された関係は列によって異なることもわかる。表10.5における鍵となる変数は、もし選挙があった場合に与党に投票する割合である。この表は、所得レベルによって3つに分けられた集団それぞれに同じモデル推定を行なっている。このモデルのメインの独立変数である失業率が政府の支持に影響を与える点において、所得レベル間の違いを見ることができる。

25　第11章で述べるように、XとYの関係がサブグループごとに異なることについては、インタラクティブな（交互作用の）モデル推定を用いることができる。しかしここでは、XとYの関係の違いを、ヒラリー・クリントンへの感情温度を従属変数とし、女性運動への感情温度を独立変数とする単回帰分析を、回答者の性によるサブグループ間で比較するという方法によって示した。

第 10 章　重回帰分析：基礎　267

表10.4　性別と女性運動への感情温度がヒラリー・クリントンへの感情温度に与える影響

独立変数	サンプル		
	全て	男性	女性
女性運動への感情温度	0.70***	0.75***	0.62***
	(0.03)	(0.05)	(0.04)
切片	8.52	1.56	16.77***
	(2.10)	(3.03)	(2.89)
n	1466	656	810
R^2	0.25	0.27	0.21

注：従属変数はヒラリー・クリントンへの感情温度
カッコ内は標準誤差
両側検定：***p<0.01, **p<0.05, *p<0.1

表10.5　月例英国政府支持の経済モデル、有権者グループごと(2004-2011年)、客観的経済指標のみ

独立変数	サンプル			
	全て	高所得者	中所得者	低所得者
成長率	0.25**	0.61***	0.35**	0.33*
	(0.11)	(0.21)	(0.15)	(0.20)
失業率	0.07	1.18**	−0.24	−1.76***
	(0.20)	(0.47)	(0.31)	(0.51)
Δインフレ率	−2.72***	−3.40**	−4.21***	−3.38**
	(0.75)	(1.46)	(1.12)	(1.59)
政府交代	12.46***	19.60***	6.28*	−5.11
	(2.27)	(4.56)	(3.42)	(4.84)
支持 $_{t-1}$	0.78***	0.58***	0.56***	0.28***
	(0.06)	(0.09)	(0.08)	(0.10)
切片	6.37***	5.30**	15.95***	34.61***
	(2.13)	(2.65)	(3.66)	(5.74)
R^2	0.81	0.66	0.58	0.48
N	89	89	89	89

注：従属変数は政府与党への投票予定回答者割合
***p<0.01, **p<0.05, *p<0.1（方向性仮説であるが、両側検定）

10.9.2　回帰分析結果表について書く

　表作成のゴールは、表そのもので説明を完結することである。ただし、回帰分析結果表について書くときは、若干のお手伝いをすることになる。つまり、読者に、表のどこに注目するべきかを伝える必要がある。例えば、表10.5を再度ながめてみよう。表は完璧に作成されているが、表のどの部分が読者の目を引くかがわからない。読者に伝えたいことは、グループ間で実質的な違いがあること、である。読者がここに注目してくれるかを運に任せず、読者に表のどこを読むべきかを伝える必要がある。例えば、成長率の効果が一番大きいのは、高所得者グループである。また失業率の効果は高所得者グループにおいては理論と逆の方向であり、中所得者では統計的有意ではなく、低所得者グループのみで理論通りの方向で統計的有意である。インフレーションの効果はこれら3つのグループ間でほぼ同じであり、全て仮説通りの負の方向に統計的有意である。高所得者グループのみが労働党から保守・自由民主党連立内閣への交代（政府交代）に対して統計的有意に正の効果を持っている。最後に、これらの効果は短期的な効果であるが、モデルに1期のラグつき従属変数（支持$_{t-1}$）が含まれていることから、変数は全て長期的な効果も持つことも指摘したい[26]。

　つまり、読者にどこを見るべきかを伝える必要がある。これによって、発見した結果の効果を最大化し、読者の視点をこちらに向かわせることができる。

10.10　含意と結論

　本章の含意は何か？本書の重要な点は、関連する全ての独立変数をコントロールし損ねることはモデルに含まれる変数の因果推論を間違ったものにする可能性がある、であった。この点はいくつかの文脈に適用できる。ある学術論文が2変数の回帰分析を使っており、従属変数に関連すると思われるいくつかの要因の効果をコントロールしていなかったら、報告されている知見に懐疑的になる十分な理由がある。とりわけ、独立変数と従属変数の両方に関連する可能性のあるもう1つの独立変数がある場合、その変数をコントロールしていない2変数の関係はバイアスがかかっているだろう。その場

26　時系列モデルについては第12章で学ぶ。

第10章　重回帰分析：基礎　**269**

合、論文で報告された知見を疑う十分な理由がある。報告された知見は正しいかもしれないが、その論文に提示された証拠からは確かめることができない。確かめるには、欠落した変数をコントロールする必要がある。

　このような重要な問題は学術論文のみにとどまらない。インターネットにおけるニュース記事でも、何らかの原因と何らかの効果についての関係（ニュース記事では独立変数とか従属変数とか言わない）について報告があり、しかし独立変数と従属変数の双方に関連するだろう他の原因について説明していなかった場合、その記事の結論を疑う十分な理由があると言える。

　欠落変数バイアスは重要な問題なので回帰分析を用いたくない、と思うかもしれない。それは間違っている。実際、欠落変数バイアスのロジックはどのタイプの研究にもあてはまる。どのような統計的技術を用いた研究であろうと、また量的研究か質的研究かにかかわらず、この欠落変数バイアスのロジックと同じ問題は存在するのである。

　これまで見てきたように、従属変数の他の原因をコントロールすることで、発見した効果が少し変わることがある。これは研究においてよくあることである。しかし、従属変数に関連する要因をコントロールしないことは、現実世界の因果推論について深刻な結果となる。

　第11章と第12章において、研究に携わるようになったら遭遇するであろういくつかの重回帰モデルの発展を扱う。

キーワード

- 完璧な多重共線性　回帰モデルの2つ以上の独立変数が完璧な線形関係であること。
- 欠落変数バイアス　回帰モデルに入れるべき変数を入れないことによるバイアスのタイプ。
- 実質的有意　統計的有意な関係が大きいか小さいかについて現実世界の観点からの判断。
- ダイアド・データ　空間的単位のペアの性質とその関係を反映したデータ。
- バイアス　サンプルから得たパラメーター推定の期待値が真の母集団パラメーターに等しくないときに生じる統計的問題。
- 非標準化係数　変数のもともとの測定基準で表現する回帰係数。
- 標準化係数　変数をそれぞれの標準偏差の単位で表現する回帰係数。

エクササイズ

1. 有名なウェブサイトから2変数の因果関係について報告している学術論文を探すこと。従属変数と独立変数の両方に関連する他の変数を思いつくか？その論文と回答を印刷して提出すること。

2. エクササイズ1で第3の変数を除いたことからくるバイアスの方向を推定せよ。

3. 表10.6の3列目を埋めよ。

4. ある研究で、単回帰モデルから独立変数X_iが従属変数Y_iに正の方向に関連するという理論を支持する証拠が見つかったとする。また、単回帰モデルを推定したとき、X_iの傾きのパラメーターは統計的有意であり、正であるとする。研究発表において、他の研究者が、独立変数Z_iが彼らの従属変数Y_iに負の方向に関連するという理論を提示し、単回帰モデルを行った結果Z_iの傾きのパラメーターが統計的有意に負であったと報告したとする。Y_iが同じものであるとするならば、これらの報告への反応は以下のどれか。

   (a) Z_iとX_iの相関はゼロに等しいと自信をもつ。

   (b) Z_iとX_iの相関は正であると考える。

   (c) Z_iとX_iの相関は負であると考える。

5. 表10.7の結果を用いて、列Aと列Bにある単回帰モデルの結果を解釈せよ。

6. 表10.7の結果を用いて、列Cにある重回帰モデルの結果を解釈せよ。列Cの結果と列A・列Bの結果を比較せよ。

7. 表10.7の結果に基づいて、3変数の関係をベン図で表せ。

表10.6 真の母集団モデルが
$Y_i = \alpha + \beta_1 X_i + \beta_2 Z_i + \mu_i$
であるがZを省いた場合の
$\hat{\beta}_1$のバイアス

β_2	$\dfrac{\sum_{i=1}^{n}(X_i-\overline{X})(Z_i-\overline{Z})}{\sum_{i=1}^{n}(X_i-\overline{X})^2}$	$\hat{\beta}_1$に生じるバイアス
0	+	?
0	−	?
+	0	?
−	0	?
+	+	?
−	−	?
+	−	?
−	+	?

第10章 重回帰分析：基礎 271

表10.7 アメリカ各州とコロンビア特別区における
教師の給与の３つの回帰モデル

	A	B	C
大卒者の割合	704.02*		24.56
	(140.22)		(231.72)
１人当たり所得		0.68*	0.66*
		(0.11)	(0.19)
切片	28768.01*	21168.11*	21161.07*
	(3913.27)	(4102.40)	(4144.96)
R^2	0.34	0.47	0.47
N	51	51	51

従属変数は公立小中学校教師の平均給与
カッコ内は標準誤差
*$p<0.05$（両側 t 検定）

第11章

重回帰分析：発展

概観　本章では重回帰モデルに関して研究上の初歩的な問題やアドバイスを提供する。ダミー独立変数、交互作用、外れ値、多重共線性を取り扱う。

All models are wrong, but some are useful.

—— George E.P. Box

11.1　OLSの発展

　第9章と第10章でOLS回帰モデルの推定と解釈、そしてOLS回帰モデルの結果の表し方を学んだ。本章では政治学においてOLSの枠組みで仮説検証の際に直面する問題を取り上げる。本章の目的は2つある。第一に、いつこれらの問題が生じるかを理解すること。第二に、問題が生じたときの対処法を学ぶこと。

　まず「ダミー」独立変数について、推定する際にどのように適切に用いるべきかを学ぶ。次に、ダミー変数を用いた交互作用について学ぶ。後半では、OLSでよく見られる問題である外れ値と多重共線性について学ぶ。外れ値と多重共線性に関しては、まず問題の存在を把握することから始めることになる。

第 11 章　重回帰分析：発展　　273

11.2　OLSにおけるダミー独立変数の扱い

第5章で、データについて知ること、変数を測定する測定基準について知ることの重要性を学んだ。ここまで見て来た事例の変数は、独立変数も従属変数も連続性を持っていた。あえて、連続性のある変数を取り上げてきたのは、連続性のある変数のほうが、連続性のない変数よりも、結果の解釈がしやすいからである。ここでは、連続性のない独立変数を取り扱う。まずは、全てのケースが、2つの値のうちいずれか1つをもつカテゴリカル独立変数の例から進める。このようなカテゴリカル変数は**ダミー変数**と呼ばれる。2つの値はどんな値でもよいが、ダミー変数の最も普通の形は、値が1か0のいずれかをとる変数である。特に、値1が特定の性質の存在を、値0がその欠落を示すときに、「指標変数」とも呼ばれる。2値のダミー変数を学んだのち、3値以上のカテゴリカルな独立変数の例を考える。最後に、複数のダミー変数の組み合わせについて考える。

11.2.1　ダミー変数：2値のカテゴリカル独立変数の仮説検証

1996年アメリカ大統領選挙は現職民主党候補ビル・クリントンと挑戦者である共和党候補ロバート・ドールの間で争われた。この選挙中、クリントンの妻であるヒラリーの存在は目立っており、有権者の間で好みが分かれた。以下の例では、全米選挙調査(NES)において個々の回答者が答えた彼女に対する感情温度計を従属変数として用いる。第10章でも触れたように、感情温度計とは、調査回答者がどのように特定個人や団体に対して感じる(考えるではないことに注意)かを0から100の間の数字で答えてもらうものである。50はその個人や団体に対して中立の感情を持っていることを示し、50から100に行くほど好ましい感情を、50から0に行くほど好ましくない感情を持っていることを示す。

1996年の選挙期間中、ヒラリー・クリントンは左派のフェミニストとみられていた。ここから、回答者の世帯所得と彼らのヒラリー・クリントンへの感情温度には因果関係がある、つまり他の条件を一定にすれば、裕福な個人は彼女に対して好ましい感情を持っていない、と理論をたてる。また、回答者の性別と彼らのヒラリー・クリントンへの感情温度にも因果関係がある、つまり他の条件を一定にすれば、女性は彼女に対して好ましい感情を持って

いる、と理論をたてる。この例の場合、ヒラリー・クリントンに対する感情温度である従属変数と収入の独立変数は連続変数とする[1]。オリジナルの調査では、回答者の性別は男性なら1、女性なら2とコードされている[2]。このままの数字で分析することもできるが、この性別の変数から新しい2つのダミー変数をつくる。変数「男性」は男性であるかに対してyesなら1、noなら0とし、変数「女性」は女性であるかに対してyesなら1、noなら0とする。

さて、OLSモデルの推定を以下のように設定するとしよう。

$$ヒラリー感情温度_i = \alpha + \beta_1 世帯所得_i + \beta_2 男性_i + \beta_3 女性_i + \mu_i$$

もしこのモデルを推定しようとすると、統計プログラムはエラーメッセージを提示する[3]。図11.1はStataの結果のスクリーンショットである。

図11.1　性別ダミー変数の両方をモデルに入れた場合のStataの結果

```
. reg ヒラリー 世帯所得 男性 女性
note: 男性 omitted because of collinearity.
```

Source	SS	df	MS			
				Number of obs	=	1,542
				F(2, 1539)	=	49.17
Model	80916.663	2	40458.3315	Prob > F	=	0.0000
Residual	1266234.71	1,539	822.764595	R-squared	=	0.0601
				Adj R-squared	=	0.0588
Total	1347151.37	1,541	874.205954	Root MSE	=	28.684

ヒラリー	Coefficient	Std. err.	t	P>|t|	[95% conf. interval]	
世帯所得	-.8407732	.117856	-7.13	0.000	-1.071949	-.6095978
男性	0	(omitted)				
女性	8.081448	1.495216	5.40	0.000	5.148572	11.01432
_cons	61.1804	2.220402	27.55	0.000	56.82507	65.53573

1　本調査では回答者の世帯所得は1から24までの尺度で測定されており、1995年における世帯収入がどのカテゴリーにあてはまるかについて回答を求めている。

2　(訳者注)全米選挙調査(NES)が回答者に性別を尋ねる質問で、「1男性2女性3その他」とコーディングしたのは2016年調査からである。

3　たいていの統計プログラムはこれら2つの変数のうちの1つをモデルから落とし、エラーメッセージとともに結果を報告する。

Stataは上記式の代わりに、以下のモデルを推定した結果を報告している。

ヒラリー感情温度$_i$ = α + β$_1$世帯所得$_i$ + β$_3$女性$_i$ + μ$_i$

パラメーター推定の2行目のβ$_2$を推定せず、Stataはこの変数を落としている。これは、第10章で単回帰OLSから重回帰OLSに移行した際に新たに付け加えた最低限の数学的要件、「完璧な多重共線性が存在しないこと」を満たしていないからである。なぜなら、このデータセットでは[4]、最初のモデルの独立変数である「男性$_i$」と「女性$_i$」には以下のような関係がある。

男性$_i$ + 女性$_i$ = 1 $\forall$ i

言い換えると、変数「男性」と変数「女性」は完璧な相関がある。もし回答者の変数「男性」の値が分かれば、その回答者の変数「女性」の値も分かってしまうのである。

ダミー変数について起きるこの状態を、**ダミー変数の罠**と呼ぶ。これを避けるためにはダミー変数の1つを除かなければならない。しかし、仮説を検証するために、男性であることの効果と女性であることの効果を比較したい。性別を測定する2つの変数の1つを除いたとしたら、どのように比較できるのだろうか？表11.1はこれら2変数のうちのどちらか1つを除いたモデル2つを示している。これら2つのモデルの何が同じで何が違うだろうか。モデル1でもモデル2でも、世帯所得のパラメーター推定と標準誤差は同一であり、R^2統計量もまた同一である。切片のパラメーター推定と標準誤差は2つのモデル間で異なっている。男性のパラメーター推定は−8.08であり、女性のパラメーター推定は8.08である。これらのパラメーター推定の標準誤差は1.50と同じである。これらの同一性は偶然ではない。実際、数学的には、これら2つのモデルは同じモデルである。個々のケースの$\hat{Y}$の値と残差の全てが全く同じになる。世帯所得を一定にすれば、男性と女性の推定された差は8.08である。このパラメーター推定の正負は、モデル1が正でモデル2が負である。なぜなら、2つのモデル間でこの質問を以下のように異なって表現しているからである。

4　（訳者注）ここでは、2値のカテゴリカル変数を理解するために便宜上、性別を「男性」「女性」のみとしている。1996年調査時点で選択肢にない「その他」や、回答拒否など欠損しているケースはデータセットに含めない。

- モデル１：男性と比較して女性の推定される差は何か？
- モデル２：女性と比較して男性の推定される差は何か？

表11.1 性別と収入がヒラリー・クリントンの
感情温度に与える影響の２つのモデル

独立変数	モデル１	モデル２
男性		−8.08***
		(1.50)
女性	8.08***	
	(1.50)	
世帯所得	−0.84***	-0.84***
	(0.12)	(0.12)
切片	61.18***	69.26***
	(2.22)	(1.92)
R^2	0.06	0.06
n	1542	1542

注：従属変数はヒラリー・クリントンへの感情温度
カッコ内は標準誤差
両側検定：***$p<0.01$, **$p<0.05$, *$p<0.1$

　それではなぜ切片は異なるのか？第９章と第10章での切片の解釈を思いだそう。切片は独立変数が全てゼロであるときの従属変数の推定された値である。モデル１では、切片は低所得世帯の男性の従属変数の推定値を意味し、モデル２では切片は低所得世帯の女性の従属変数の推定値を意味する。これら２つの値の差は、61.18−69.26＝−8.08である。

　モデル１とモデル２の回帰直線はどうなるだろうか？これはどちらの性に基づいて線をひくかによるが、どちらのモデルを用いるかによるわけではない。男性の場合、女性$_i$＝0で男性$_i$＝1である。予測値は下記のように計算される。

モデル１（男性）：

$$\widehat{Y}_i = 61.18 + (8.08 \times 女性_i) - (0.84 \times 世帯所得_i)$$
$$\widehat{Y}_i = 61.18 + (8.08 \times 0) - (0.84 \times 世帯所得_i)$$

$$\widehat{Y}_i = 61.18 - (0.84 \times 世帯所得_i)$$

モデル2（男性）：

$$\widehat{Y}_i = 69.26 - (8.08 \times 男性_i) - (0.84 \times 世帯所得_i)$$
$$\widehat{Y}_i = 69.26 - (8.08 \times 1) - (0.84 \times 世帯所得_i)$$
$$\widehat{Y}_i = 61.18 - (0.84 \times 世帯所得_i)$$

モデル1を用いようとモデル2を用いようと、男性の場合の予測値は同じである。女性の場合、女性$_i$＝1で男性$_i$＝0あり、予測値は下記のように計算される。

モデル1（女性）：

$$\widehat{Y}_i = 61.18 + (8.08 \times 女性_i) - (0.84 \times 世帯所得_i)$$
$$\widehat{Y}_i = 61.18 + (8.08 \times 1) - (0.84 \times 世帯所得_i)$$
$$\widehat{Y}_i = 69.26 - (0.84 \times 世帯所得_i)$$

モデル2（女性）：

$$\widehat{Y}_i = 69.26 - (8.08 \times 男性_i) - (0.84 \times 世帯所得_i)$$
$$\widehat{Y}_i = 69.26 - (8.08 \times 0) - (0.84 \times 世帯所得_i)$$
$$\widehat{Y}_i = 69.26 - (0.84 \times 世帯所得_i)$$

この場合も、モデル1の式とモデル2の式は同じとなる。これら2つの予測から線を引いたものが図11.2である。2つの予測された式は同じ傾き（−0.84）であることから、この図における2つの直線は平行であり、切片の差（69.26−61.18＝8.08）は2つの直線の差を決定している。

11.2.2　ダミー変数：3値以上のカテゴリカル独立変数の仮説検証

　3つ以上のカテゴリーをもつカテゴリカル変数をOLSモデルに含める場合、さらに複雑になる。引き続き、ヒラリー・クリントンに対する感情温度を個々人の特性や意見で説明するという例を用いる。ここでは独立変数として回答者の信仰している宗教を用いる。1996年全米選挙調査（NES1996）におけるこの項目への回答の頻度を表11.2に示した。

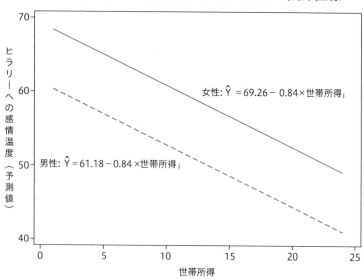

図11.2 性別ダミー変数を入れたモデルの回帰直線

女性: $\hat{Y} = 69.26 - 0.84 \times 世帯所得_i$

男性: $\hat{Y} = 61.18 - 0.84 \times 世帯所得_i$

表11.2 信仰する宗教、NES1996

割り当てられた数値	カテゴリー	頻度	%
0	プロテスタント	683	39.85
1	カトリック	346	20.19
2	ユダヤ教	22	1.28
3	その他	153	8.93
4	なし	510	29.75
		1714	100

　この信仰する宗教の変数を、割り当てられた数値のまま回帰モデルに用いることができるだろうか？できないことに容易に気づくだろう。なぜならこれはカテゴリカル変数であり、変数の値（カテゴリー）が低い値から高い値に並んでいるわけではないからである。実際、この変数に最低も最高もない。したがって、このままの変数で回帰モデルを推定することは意味がない。し

かし、統計プログラムによってはこれがカテゴリカル変数であるとは分から
ず、全く意味のないパラメーター推定を返すだろう。

　セクション11.2.1では、2つの値をもつカテゴリカル変数(性別)を用い、
その値を1か0に変換し、推定されたパラメーターは正負が対になってい
た。これは対となる問いを設定したからである。3つ以上のカテゴリーを持
つカテゴリカル独立変数においては、3つ以上の問いとなる。この信仰する
宗教の変数はyes/noではないため、3つ以上のカテゴリカル独立変数の効果
をモデル化するベストの戦略は、この独立変数の全ての値の、ただし1つを
除いて、ダミー変数を用いることである[5]。ダミー変数として作成しない独立
変数の値は**参照カテゴリー**と呼ばれる。なぜなら、独立変数の他の値を示す
ダミー変数全てが、この独立変数の値(参照カテゴリーの値)を基準として推
定されるからである。ここで、以下のモデルを推定するとしよう。

$$\text{ヒラリー感情温度}_i = \alpha + \beta_1 \text{世帯所得}_i + \beta_2 \text{プロテスタント}_i +$$
$$\beta_3 \text{カトリック}_i + \beta_4 \text{ユダヤ教}_i + \beta_5 \text{その他}_i + \mu_i$$

　このモデルでは「信仰する宗教なし」を信仰する宗教の参照カテゴリーと
している。つまり、$\hat{\beta}_2$は「信仰する宗教なし」に比較して「プロテスタント
であること」の推定された効果をあらわしている。そして、この値と標準誤
差を用い、所得の効果をコントロールした上で、この効果は統計的有意であ
るとの仮説を検証する。残るパラメーター推定($\hat{\beta}_3$、$\hat{\beta}_4$、$\hat{\beta}_5$)は同じように、
「信仰する宗教なし」に比較してその値の推定される効果として解釈される。
参照カテゴリーとして用いる値は、結果を適切に解釈する限り、どれでもよ
い。しかし、とりわけ関心のある関係に着目して参照カテゴリーを選ぶ方
が、解釈が容易である。独立変数のカテゴリーペアのそれぞれにおいて、仮
説検証を行うことになる。関心のあるp値の全てを得る簡単な方法は、参照
カテゴリーを変えつつ、モデルを複数回推定することである。表11.3はヒラ
リー・クリントンの感情温度のモデルを5つの異なる参照カテゴリーで示し
ている。これは5つの異なるモデルの表ではなく、5つの異なる方法で同じ

5　もしたった1つのカテゴリー、たとえばカトリック、がその他のカテゴリーとは異な
　るという理論であれば、ここにある他のカテゴリーを全てまとめ、「カトリック」と「そ
　の他」という2つのカテゴリーの独立変数として扱う。これを行うのは、理論的な根拠
　がある場合のみである。

表11.3 ヒラリー・クリントンの感情温度に対する宗教と収入の影響、参照カテゴリーごと

独立変数	モデル1	モデル2	モデル3	モデル4	モデル5
世帯所得	−0.97***	−0.97***	−0.97***	−0.97***	−0.97***
	(0.12)	(0.12)	(0.12)	(0.12)	(0.12)
プロテスタント	−4.24*	−6.66*	−24.82***	−6.30**	
	(1.77)	(2.68)	(6.70)	(2.02)	
カトリック	2.07	−0.35	−18.51**		6.30**
	(2.12)	(2.93)	(6.80)		(2.02)
ユダヤ教	20.58**	18.16**		18.51**	24.82***
	(6.73)	(7.02)		(6.80)	(6.70)
その他	2.42		−18.16**	0.35	6.66*
	(2.75)		(7.02)	(2.93)	(2.68)
なし		−2.42	−20.58**	−2.07	4.24*
		(2.75)	(6.73)	(2.12)	(1.77)
切片	68.40***	70.83***	88.98***	70.47***	64.17***
	(2.19)	(2.88)	(6.83)	(2.53)	(2.10)
R^2	0.06	0.06	0.06	0.06	0.06
n	1542	1542	1542	1542	1542

注：従属変数はヒラリー・クリントンへの感情温度
　　カッコ内は標準誤差
　　両側検定：***p<0.01, **p<0.05, *p<0.1

モデルを示した表であることに注意したい。この表から、所得の効果をコントロールしたとき、宗教のカテゴリーのいくつかはヒラリー・クリントンの評価において統計的に互いに異なり、また統計的には異なっていないカテゴリーもあることが分かる。ここから次の疑問がわく。所得をコントロールした上で、信仰する宗教の効果は統計的に有意なのだろうか？これは、どの宗教のカテゴリーを比較したいかによる。

11.2.3 ダミー変数：重回帰の独立変数の仮説検証
　1つのモデルで複数のダミー独立変数を含める場合もよくある。表11.4は、Lanny Martin & Georg Vanberg（2003）論文の西欧における連立政府が形

成される期間についてのデータを用いて推定したモデルである[6]。従属変数は連立政府形成に要した日数である。このモデルでは形成された政府の特徴を測るものとして2つの独立変数（「政権イデオロギー幅」と「連立政権構成政党数」の2つの連続変数）、連立交渉が起きたときの状況を表す2つのダミー独立変数がある。「選挙直後」変数は選挙直後に形成された政府を示し、「継続ルール」は総辞職する政府の政党が改めて新しい政府を形成する状況での交渉であることを示している。表11.5は、表11.4のモデルのサンプルでおこるこれら2つのダミー変数の可能な組み合わせ4つを示したものである。

　結果の解釈をしよう。一見複雑にみえるが、そこまで難しくはない。第10章では複数の独立変数を含む重回帰モデルの解釈として、それぞれのパラメーター推定を、モデルにおける全てのその他の独立変数の効果をコントロールした上で、その独立変数の1単位の増加が従属変数に与える推定され

表11.4　交渉期間のモデル

独立変数	パラメーター推定
政権イデオロギー幅	2.57*
	(1.95)
連立政権構成政党数	−15.44***
	(2.30)
選挙直後	5.87**
	(2.99)
継続ルール	−6.34**
	(3.34)
切片	19.63***
	(3.82)
R^2	0.62
n	203

従属変数は連立政府形成に要した日数
カッコ内は標準誤差
片側検定：***p<0.01, **p<0.05, *p<0.1

表11.5　2つのダミー変数の組み合わせ、Martin and Vanberg

		継続ルール？	
		No (0)	Yes (1)
選挙直後？	No (0)	61	25
	Yes (1)	76	41

注：数値はケース数

6　表11.4にあるモデルはMartin and Vanbergの論文を修正し、オリジナルの論文より変数を減らしている。また、オリジナルの論文は比例ハザードモデルを用いているが、ここではOLS回帰モデルの推定である。表11.4はオリジナルのモデルにおける交互作用変数、Number of Government Parties * ln (T)の結果も報告していない。これらの修正は全てダミー変数の例を分かりやすくするためのものである。

る効果として解釈した。この解釈はそのままである。この事例において多少異なるのは、モデルは2つのダミー独立変数をもち、互いに独立して変化している点である。したがって、それぞれの連続した独立変数の推定された効果を解釈するとき、そのパラメーター推定を、モデルにある全ての他の独立変数（2つのダミー変数も含む）の効果をコントロールした上で、ある独立変数の1単位の増加が従属変数に与える推定された効果として解釈する。同様に、それぞれのダミー独立変数の推定された効果を解釈するとき、そのパラメーター推定を、モデルにある全ての他の独立変数（他のダミー変数も含む）の効果をコントロールした上で、その1か0の値をもつ変数が従属変数に与える推定された効果として解釈する。例えば、政府のイデオロギー幅が1単位増加することの推定された効果は、その他の全てを一定にすると、交渉期間を2.57日増やすことになる。また、選挙直後の交渉であることの推定された効果は（その他の時期と比較して）、その他の全てを一定にすると、交渉期間を5.87日増やすことになる。

11.3 ダミー変数：交互作用の検証

ここまで扱ってきたモデルは全て「加法モデル」と言われるものである。加法モデルでは特定のケースの$\hat{Y}$の値（期待値）を計算するとき、そのケースのそれぞれの独立変数の値（X_i）にパラメーター推定（β）を掛け合わせ、それらの結果を全て足し合わせた。このセクションでは、**交互作用モデル**について扱う。交互作用モデルは、少なくとも2つ以上の独立変数を掛け合わせた独立変数を少なくとも1つ含む。交互作用モデルを推定するとき、1つの独立変数の効果が従属変数に与える影響が、もう1つの独立変数の値次第であるかについての理論を検証する。ここでもヒラリー・クリントンの感情温度のモデルの例を用いよう。まずは以下のように加法モデルから始める。

$$ヒラリー感情温度_i = \alpha + \beta_1 女性運動感情温度_i + \beta_2 女性_i + \mu_i$$

このモデルでは、回答者のヒラリー・クリントンに対する感情は、回答者の女性運動に対する感情と回答者自身の性別によって説明されるという理論を検証している。この説明は自然に思えるが、もう1つの理論を検証したい。すなわち、女性運動に対する感情がヒラリー・クリントンへの感情に与える効果は、男性の間よりも女性の間でより強い、という理論である。違い

がわかっただろうか。言いかえると、女性運動への感情とヒラリー・クリントンへの感情の関係を表す直線の傾きが、男性よりは女性においてより急であるという仮説を検証したい。この仮説を検証するため、その2つの独立変数を掛け合わせた新しい変数を作り、モデルに含める必要がある。

$$\text{ヒラリー感情温度}_i = \alpha + \beta_1 \text{女性運動感情温度}_i + \beta_2 \text{女性}_i +$$
$$\beta_3 (\text{女性運動感情温度}_i \times \text{女性}_i) + \mu_i$$

　このモデルは、男性と女性それぞれについて2つの異なるモデルとなることを意味する。上記式を書き換えると、以下の2式になる。

男性の場合（女性＝0）

$$\text{ヒラリー感情温度}_i = \alpha + \beta_1 \text{女性運動感情温度}_i + \mu_i$$

女性の場合（女性＝1）

$$\text{ヒラリー感情温度}_i = \alpha + \beta_1 \text{女性運動感情温度}_i + \beta_2 +$$
$$\beta_3 \text{女性運動感情温度}_i + \mu_i$$

そして女性についての式を書き替えると以下のようになる。

女性の場合（女性＝1）

$$\text{ヒラリー感情温度}_i = (\alpha + \beta_2) + (\beta_1 + \beta_3) \text{女性運動感情温度}_i + \mu_i$$

　つまり、回帰直線が男性と女性で異なる。女性の式では、切片は$\alpha + \beta_2$であり、傾きは$\beta_1 + \beta_3$である。しかし、もし$\beta_2 = 0$で$\beta_3 = 0$ならば、男性と女性の回帰直線は同じになる。表11.6はこのヒラリー・クリントンの感情温度に対する性別と女性運動への感情の効果の加法モデルと交互作用モデルの結果である。交互作用モデルから、$\beta_2 = 0$という帰無仮説と$\beta_3 = 0$という帰無仮説を棄却できることがわかる。したがって、男性と女性の回帰直線は異なる。また女性の回帰直線の切片（$\alpha + \beta_2$）は男性の回帰直線の切片（α）より高いことがわかる。しかし、期待に反して、男性における女性運動への感情の推定された効果は、女性における女性運動への感情の推定された効果より大きい。
　表11.6の交互作用モデルの結果の全ての効果を見る最も良い方法は、これ

284

表11.6 性別と女性運動への感情がヒラリー・クリントンの
感情温度に与える影響

独立変数	加法モデル	交互作用モデル
女性運動への	0.68***	0.75***
感情温度	(0.03)	(0.05)
女性	7.13***	15.21***
	(1.37)	(4.19)
女性運動への		−0.13**
感情温度×女性		(0.06)
切片	5.98**	1.56
	(2.13)	(3.04)
R^2	0.27	0.27
n	1466	1466

注：従属変数はヒラリー・クリントンへの感情温度
カッコ内は標準誤差
両側検定：***p<0.01, **p<0.05, *p<0.1

らを図として表示することである。図11.3は、X軸に女性運動への感情温度、
Y軸にヒラリー・クリントンへの感情温度をおき、女性と男性のそれぞれの
回帰直線を表している。この図から、女性は一般的にヒラリー・クリントン
に対して好意的であるが、この男女差は女性運動への感情温度が高くなるほ
ど狭まってくることが分かる。

11.4 外れ値とOLSへの影響

第6章で、連続変数の値に外れ値があるかどうかを見るために記述統計を
用いた。1つの変数において、外れ値はその変数の他の値に比べて異常な値
である。OLSモデルの場合、あるケースが外れ値であるとき、いくつか問題
が生じることを意味する。

分析を行う前には常に、データをよく知っておくべきである。つまり、回
帰分析を行う前に、それぞれの変数をよく観察して外れ値を見つける必要が
ある。モデルを推定する前に、1つ1つの変数の外れ値の有無を確認し、そ
れが本当の値であるのか、データ管理上の何らかのミスによる値であるのか
をチェックすることは必須である。しかし、あるケースがその変数において
外れ値であるからといって、回帰モデルにおいてそれが**影響のあるケース**

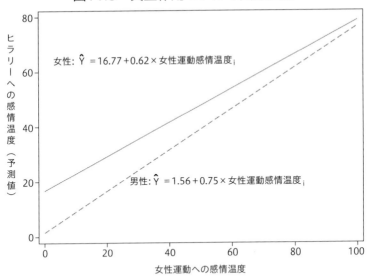

図11.3 交互作用モデルの回帰直線

(influential cases)であることは必ずしも意味しない。

回帰モデルでは、個々のケースは下記のように様々な意味で影響のあるケースになりうる。

1. モデルに並外れた独立変数の値が存在しうる。これは大きな**てこ比**(leverage)をもつケースとして知られ、ある1変数に異常な値をもつケースが1つある場合である。2つ以上の変数の値の組み合わせが異常な値であることから、大きなてこ比を持つ場合もある。てこ比を測るには様々な方法があるが、どの方法も、とりわけ異なっているケースを特定するために、独立変数の値を計算して確かめる。
2. モデルに大きな残差が存在しうる。(通常は外れ値を特定するために二乗された残差を見る。)
3. モデルに大きなてこ比と大きな残差の両方が存在する場合もある。

OLSにおける影響のあるケースに関するこれら異なる概念の関係は、下記のように要約できる。

$$影響力_i = てこ比_i × 残差_i$$

この式が示すように、あるケースの影響力はてこ比と残差の値の組み合わせで決定される。これらの異なる要因を測定する方法は多様にある。以下のサブセクションでは論争となっている現実世界の例を用いて、この影響のあるケースについて検討する。

11.4.1　影響のあるケースを特定

　政治研究に関するデータで最も有名な影響のあるケースの1つは、2000年アメリカ大統領選挙のフロリダ州の例である。この選挙では、票のカウントがおかしい投票所があると疑われた。どの投票所のミスがどの程度選挙結果に影響を与えたのかを測るため、候補者が獲得した郡ごとの票数を従属変数として、多くのモデルが推定された。これらのモデルは通常とは異なり、パラメーター推定とモデル解釈に用いる統計量そのものは注目の対象ではなかった。モデルが求めた最も興味ある統計量は、影響のあるケースの診断にあった。そのようなモデルでは、例えば下記のような式をとる。

$$ブキャナン_i = α + β ゴア_i + μ_i$$

このモデルでは、ケースはフロリダにおける個々の郡、従属変数（ブキャナン$_i$）は無所属候補のパトリック・ブキャナンへの各郡の票数、そして独立変数は民主党指名候補のアル・ゴアへの各郡の票数（ゴア$_i$）である。このモデルは、独立変数と従属変数の間に因果関係が主張されていない。このモデルの背後にある理論は、フロリダ州の郡ごとのゴアの得票とブキャナンの得票の間に強いシステマティックな関係があるというものである[7]。郡によっては、用いられた投票システム（例えば、悪名高い蝶型投票用紙[8]）のために、ゴアに投票する意図の投票者が混乱してブキャナンに投票してしまったという疑いがある。もしそうであれば、これらの郡ではモデル推定すると高い影

7　この種のモデルの多くは、非線形関係の可能性を説明するために変数を調整する。例えば、独立変数と従属変数の双方の値の対数をとる、などである。ここでの例は、簡素化のためにこの調整を省いた。

8　（訳者注）蝶型投票用紙とは、見開きの投票用紙を機械にセットし、投票用紙の中心にあてがったガイドにそってパンチで穴を開けるというものである。このパンチのガイドと投票用紙の候補者名がずれてしまうことが多く、投票結果の信憑性が疑われた。

響力を見せると予測できる。

表11.7はゴア票とブキャナン票に統計的有意な正の関係が存在すること、このモデルはフロリダの郡間におけるブキャナン票のばらつきの48%を説明していることを示している。しかし、前述したように、このOLSモデルにおけるより興味深い推定は、特定ケースの影響についてである。図11.4はStataのlvr2plot（てこ比vs残差の二乗のプロット）を示している。図ではStataの測定したてこ比を垂直方向に、残差の二乗を正規化した測定を水平方向にプロット

表11.7　2000年アメリカ大統領選挙のフロリダ各郡におけるゴアとブキャナンの票

独立変数	パラメーター推定
ゴア票	0.004***
	(0.0005)
切片	80.63*
	(46.4)
R^2	0.48
n	67

従属変数はブキャナン票
カッコ内は標準誤差
両側検定：***p<0.01, **p<0.05, *p<0.1

図11.4　表11.7のモデルのてこ比vs残差の二乗のプロット

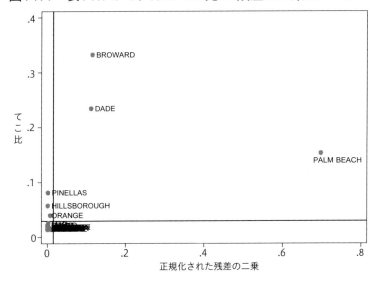

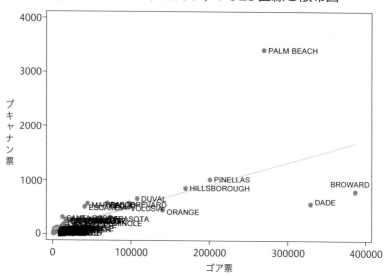

図11.5 フロリダ2000年のOLS直線と散布図

している。つまり、この図では、垂直線の右にあるほど大きな残差のケースとなり、水平線より上にあるほど大きなてこ比のケースとなる。残差もてこ比も大きいケースは高い影響がある。この図から、Pinellas郡、Hillsborough郡、Orange郡はてこ比は大きいが残差の二乗は大きくなく、Dade郡、Broward郡、Palm Beach郡はてこ比も残差の二乗もともに大きく高い影響があることが分かる。

図11.4と表11.7を対応させるよいアイディアとして図11.5がある。ここではOLS回帰直線と散布図を描いている。図から、Palm Beach郡が回帰直線のはるか上にあり、Broward郡とDade郡は回帰直線のはるか下にあることがわかる。いずれの測定においても、これらのケースはモデルにとって極端な影響があると言える。

個々のケースの影響をより詳しく見る方法として、特定のケースが特定のパラメーター推定をどれくらい変化させるかを見るために、その特定のケースをモデルに入れたり入れなかったりする方法がある。その計算結果は**DFBETAスコア**と呼ばれる（Besley, Kuh, and Welsch 1980）。DFBETAスコアは、それぞれのケースが含まれないときのパラメーター推定の差を、オリジナル

のパラメーター推定の標準誤差
で割ったものとして計算され
る。表11.8は表11.7のモデルの
傾きパラメーター(β)について
DFBETAの値の絶対値のうち、
大きい順に5ケースを示してい
る。Palm Beach郡、Broward郡、
Dade郡をデータから除いてモ
デル推定すると、傾きパラメー
ターの推定に最大の影響を与え
ることが分かる。

表11.8　表11.7にあるモデルのβにおけるDFBETAスコア、絶対値の最大順5つ

郡	DFBETA
Palm Beach	6.993
Broward	-2.514
Dade	-1.772
Orange	-0.109
Pinellas	0.085

11.4.2　影響のあるケースの扱い

　ここまでモデルに影響を与えるケースの特定について学んだ。このような
ケースを見つけた場合、どうするべきだろうか。影響のあるケースを見つけ
たときにまず行うことは、そのケースについて全ての変数の値をダブル
チェックすることである。データ入力や加工の過程にある何らかのエラーに
よって影響のあるケースを作り出してはならない。データマネジメントのい
かなるエラーを修正してもなお、影響のあるケースがあると決定したなら
ば、そのケースについての発見を、他の発見とともに報告することが重要で
ある。これにはいくつかの戦略がある。表11.9は影響あるケースを持つ結果
の報告について、様々なアプローチから5つのモデルを示している。モデル
1は、表11.7にあるオリジナルの結果である。モデル2は、Palm Beach郡の
影響を特定して分離するダミー変数を加えている。このアプローチは影響の
あるケースを**ダミーアウト**すると表現される。モデル3ではPalm Beach郡
そのものを分析から省いたモデルである。切片と傾きのパラメーター推定と
標準誤差はモデル2とモデル3で同じである。違いはモデルのR^2統計量、
ケース数、そしてモデル2にある追加されたPalm Beach郡のダミー変数の
パラメーター推定である[9]。モデル4とモデル5は3つの最も影響のあるケー

9　このパラメーター推定はPalm Beach郡においてアル・ゴアが投票ミスによってどれく
　らい損したかの推定であるとみなす向きもあった。しかし、Broward郡とDade郡のダ
　ミー変数を加えたモデル4を見ると、これら2郡においては反対の方向のバイアス(ア
　ル・ゴアが得したバイアス)が存在する。

表11.9　2000年アメリカ大統領選挙のフロリダ各郡における
　　　　　ゴアとブキャナンの票

独立変数	モデル1	モデル2	モデル3	モデル4	モデル5
ゴア	0.004***	0.003***	0.003***	0.005***	0.005***
	(0.0005)	(0.0002)	(0.0002)	(0.0003)	(0.0003)
Palm Beach		2606.3***		2095.5***	
ダミー		(150.4)		(110.6)	
Broward				−1066.0***	
ダミー				(131.5)	
Dade				−1025.6***	
ダミー				(120.6)	
切片	80.6*	110.8***	110.8***	59.0***	59.0***
	(46.4)	(19.7)	(19.7)	(13.8)	(13.8)
R^2	0.48	0.91	0.63	0.96	0.82
n	67	67	66	67	64

注：従属変数はブキャナン票
カッコ内は標準誤差
両側検定：***$p<0.01$, **$p<0.05$, *$p<0.1$

スをダミーアウトした結果と、それらを分析から省いた結果を示している。

　表11.9の5つのモデルを比較すると、傾きのパラメーター推定は全て正で統計的有意である。多くのモデルでは、傾きのパラメーター推定の値は分析の中心である（XとYの間の関係を仮説検証するときの関心はβにある）。したがって、表11.9の5つのモデル全てにおいてこのパラメーターが比較的強いことは、おさまりよく感じるかもしれない。影響のあるケースの扱い方としては、その効果の程度にかかわらず、第一に影響のあるケースが存在すると把握すること、第二にどんな影響であるのか、それらにどう対処したかを正確に報告することが重要である。

11.5　多重共線性

　OLS重回帰モデルを推定するとき、それぞれのパラメーター推定の解釈はどのようにするか？これまでに習ったのは、パラメーター推定とは、モデルにある他の変数を全てコントロールしたとき、独立変数の1単位の増加が従属変数に与える因果的影響のベストな推量であった。この表現は、「他の

全ての変数を一定にした」ときに独立変数の1単位の増加が従属変数に与える影響を見る、とも言い換えることができる。第10章でOLS重回帰モデルを推定する最低限の数学的要件は、完璧な多重共線性が存在しないことであると学んだ。完璧な多重共線性は、ある独立変数が、同じモデルに含まれる1つ以上の他の独立変数に厳密に線形関係にあることでおこる。

実際、完璧な多重共線性はたいてい、推定するパラメーター数よりもケース数が少ない場合や、独立変数の値が制限的である場合や、モデル特定を間違えている場合におこる。もし完璧な多重共線性が存在する場合、OLSパラメーターはそもそも推定することができないので、そこから次の問題は発生しない。より頻繁にあるイライラさせられる問題は、**高い多重共線性**である。したがって、多重共線性を話題にするとき、たいていは完璧な多重共線性ではなく高い多重共線性のことを指している。以後、多重共線性に言及するときは、高いが完璧ではない多重共線性について述べる。このことは、同一モデルにある2つ以上の独立変数の相関が非常に高いことを意味する。

11.5.1　多重共線性の起こり方

多重共線性は、小さい自由度や独立変数間の高い相関によっておこる。図11.6はOLS回帰モデルの文脈で多重共線性の効果を考える助けとなるベン図である。この図からXとZの相関はかなり高いことが分かる。回帰モデルの式は以下の通りとする。

$$Y_i = \alpha + \beta_1 X_i + \beta_2 Z_i + \mu_i$$

図11.6より、回帰モデルのR^2は高いことがわかる。

$$R^2 = \frac{f + d + b}{a + f + d + b}$$

この図はまた、2つの傾きのパラメーター（β_1は領域b、β_2は領域f）が非常に小さいことも示している。このため、傾きのパラメーターの標準誤差は大きくなりがちであり、統計的有意な関係は見つけにくく、XとZのYに与える影響の正確な推論は困難となる。この問題のため、XとZのいずれもYに影響を与えていないと結論づける可能性もある。しかし、明らかにそんなことはない。ベン図を見ると、XもZもYに関係している。問題は、XとYの

図11.6 多重共線性のベン図

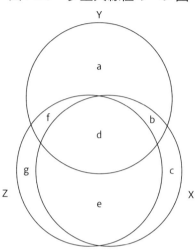

共分散の多くがXとZの共分散で占められている(ZとYの共分散の多くがXとZの共分散で占められている、も同じ)ことにある。言い換えると、領域dの大きさが問題を起こしているのである。Zを一定にするとXのYに与える影響を検証する領域(b)は非常に小さく、同時にXをコントロールするとZのYに与える影響を検証する領域(f)はほとんどない。

多重共線性は統計的には問題ではない。(統計的な問題の例としては、自己相関、バイアス、不等分散性がある。)多重共線性はデータの問題である。第9章のOLSの前提が全て満たされ、第9章と第10章のOLSに求められる全ての最低限の数学的要件が満たされていたとしても、多重共線性は存在しうる。そうすると、多重共線性の何が問題なのだろうか？多重共線性が統計的な問題ではなくデータの問題であることを強調するために、Christopher Achen (1982)は多重共線性という言葉を **micronumerosity** と言い換えることを提案した[10]。図11.6のベン図をそれぞれの領域の面積比をそのままに、サイズを2倍3倍してみたら何がおこるだろうか？　全ての領域を拡大すれば、領域bと領域fは結局十分に大きくなって正確に関係が推定できるようになるのである。

10　（訳者注）観測数nが小さいこと。完璧なmicronumerosityはn=0を意味する。

11.5.2 多重共線性のチェック

　どういう状況で多重共線性がおこるかを知ることは重要である。とりわけ、関係が存在しないゆえに推定が統計的有意ではない場合と、多重共線性ゆえに推定が統計的に有意でない場合を区別することは重要である。図11.6のベン図は多重共線性を発見できるかもしれない方法の1つを示唆している。もしR^2統計量が大きく、パラメーター推定のどれも統計的有意ではない（もしくはほんの少しだけ統計的有意である）場合、多重共線性の存在を疑ってよい。また、モデルから独立変数を加えたり除いたりするときに、その他の独立変数のパラメーター推定（とりわけ標準誤差も）が大きく変わるときにも、多重共線性の存在を疑う。もし図11.6で2つの独立変数のうちの1つでこのモデルを推定したら、統計的に有意な関係を発見するだろう。しかし、第10章で学んだように、これは問題である。そもそもの理論は、これらの独立変数のそれぞれ（XとZ）と従属変数（Y）の関係についてであった。したがって、独立変数がXだけのモデルからの推定や、独立変数がZだけのモデルからの推定は多重共線性の存在を教えてくれるが、バイアスの問題がある。第10章で学んだように、欠落変数バイアスは重要な問題である。

　多重共線性を判断する方法として、それぞれの独立変数について**分散拡大係数**（Variance Inflation Factor, **VIF**）を計算するというものがある。この計算は、独立変数X_jが従属変数であり、その他の独立変数が独立変数である**補助回帰モデル**をベースとしている[11]。この補助回帰モデルのR^2統計量R_j^2は、変数jのVIFの計算に以下のように用いられる。

$$VIF_j = \frac{1}{(1 - R_j^2)}$$

多くの統計プログラムはVIFとこの逆数（1/VIF）をデフォルトで返す。VIFの

11　OLSの診断過程にあたって、理論的に特定されたモデルを推定した後にまず行うことは、そのモデルの特徴を検証するために理論とは関係のない一連の補助モデルの推定である。これらの補助モデルはオリジナルのモデルの結果と似たような結果形式であるが、補助モデルにおいては結果の特定の部分にのみ用がある。オリジナルのモデルにおいては、理論上含めるべき変数を全て含め、理論上除くべき変数を全て除くべきであることを学んできた。つまり、モデルに入れる変数は全て理論を根拠とする。補助モデルにおいては、このルールに従わない。これら補助モデルは、ある条件がオリジナルモデルにおいて満たされるか否かを検証するものである。

逆数はトレランスと呼ばれることもある。VIF_jの値が高いほど、もしくはトレランスが低いほど、理論モデルにおけるX_jの推定された分散は高く報告される。もう1つの方法としては、VIFの平方根がある。平方根をとるのは、VIFは分散に基づいて測定されるが、多くの仮説検証の推定は標準誤差に関連するからである。VIFの平方根は多重共線性が仮説検証の推論に与える影響を示す有用な指標である。

11.5.3　多重共線性：シミュレーション例

このサブセクションでは、多重共線性をより理解するために、シミュレーションを行う。ほぼ全ての統計プログラムにはシミュレーションデータのツールがある。これらのツールを用いることで、現実世界に存在しないデータを扱うことができる。この場合、母集団の特徴は既知のものとなる（なぜならデータをその特徴によってつくるから）。回帰モデルの母集団パラメーターが既知のものであり、この母集団からのサンプルデータを抽出するとき、統計モデルの働き方の本質が分かってくるだろう。

多重共線性をシミュレーションするため、以下のような特徴をもつ母集団をつくる。

1. 2つの変数X_{1i}とX_{2i}があり、その相関係数$r_{x1ix2i} = 0.9$
2. 変数μ_iは平均0分散1の正規分布にしたがう。$[\mu_i \sim N(0,1)]$
3. 変数Y_iは$Y_i = 0.5 + 1X_{1i} + 1X_{2i} + \mu_i$

このシミュレーションの母集団の記述から、これはOLS前提の全てを満たしていると分かる。しかし、2つの独立変数の間に高い相関がある。この母集団から、一連のランダムサンプルを抽出し、以下のような回帰モデルの結果を見るとしよう。

モデル1：$Y_i = \alpha + \beta_1 X_{1i} + \beta_2 Z_{2i} + \mu_i$
モデル2：$Y_i = \alpha + \beta_1 X_{1i} + \mu_i$
モデル3：$Y_i = \alpha + \beta_2 Z_{2i} + \mu_i$

それぞれのランダムサンプル抽出において、サンプルのサイズを5からはじめ、10、そして25ケースまで広げていく。それぞれのサンプルデータから推定

されたモデルの結果は表11.10
にある。最初の列（n＝5）で、
モデル1では傾きのパラメー
ターは両方とも予想通りに正で
あり、しかしX_1のパラメーター
推定（$\hat{\beta}_1$）が統計的有意ではな
く、X_2のパラメーター推定（$\hat{\beta}_2$）
がギリギリ統計的有意である。
両方の変数のVIF統計量は等し
く5.26であり、それぞれのパラ
メーター推定の分散は多重共線
性によって大きく膨らんでい
る。モデルの切片（$\hat{\alpha}$）は正に統
計的有意であるが、このパラ
メーターの真の母集団の値
（0.5）からはかけ離れている。
モデル2とモデル3では、それ
ぞれの変数は統計的有意な正の
パラメーター推定であるが、こ
れら推定された傾きは両方とも
（1.827、1.914）、真の母集団パ
ラメーターの値（1）のほぼ2倍
である。$\hat{\beta}_2$の95％信頼区間は真
の母集団パラメーターの値（1）
を含んでいない。これは欠落変
数バイアスである。サンプル数
を10にして抽出すると、モデル

表11.10　確実な多重共線性をもつ母集団から3つのサンプルサイズでランダムに抽出

推定	サンプル		
	n＝5	n＝10	n＝25
モデル1			
$\hat{\beta}_1$	0.546	0.882	1.102**
	(0.375)	(0.557)	(0.394)
$\hat{\beta}_2$	1.422*	1.450**	1.324***
	(0.375)	(0.557)	(0.394)
$\hat{\alpha}$	1.160**	0.912***	0.579***
	(0.146)	(0.230)	(0.168)
R^2	1.99	0.93	0.89
VIF1	5.26	5.26	5.26
VIF2	5.26	5.26	5.26
モデル2			
$\hat{\beta}_1$	1.827**	2.187***	2.204***
	(0.382)	(0.319)	(0.207)
$\hat{\alpha}$	1.160**	0.912**	0.579***
	(0.342)	(0.302)	(0.202)
R^2	0.88	0.85	0.83
モデル3			
$\hat{\beta}_2$	1.914***	2.244***	2.235***
	(0.192)	(0.264)	(0.192)
$\hat{\alpha}$	1.160***	0.912***	0.579***
	(0.171)	(0.251)	(0.188)
R^2	0.97	0.90	0.86

注：従属変数は$Y_i = 0.5 + 1X_{1i} + 1X_{2i} + \mu_i$
　　カッコ内は標準誤差
　　両側t検定：***p<0.01, **p<0.05, *p<0.1

1では$\hat{\beta}_1$（0.882）と$\hat{\alpha}$（0.912）は真の母集団パラメーター（傾き1、切片0.5）に近
づく。X_1とX_2の関係は変化していないため、VIF統計量は同じである。サン
プルサイズの拡大はモデル2とモデル3においても欠落変数バイアスを改善
していない。実際、両方のモデルにおいて傾きは大きく（$\hat{\beta}_1 = 2.187$、$\hat{\beta}_2 =$
2.244）、真の母集団の傾きのパラメーター（1）を自信をもって否定すること

ができる。3つ目の、サンプルサイズが25の場合、モデル1はパラメーターの値とこれらパラメーター推定が統計的有意であることから、真の母集団モデルに近くなってくる。モデル2とモデル3では、欠落変数バイアスがさらに明白である。

　このシミュレーション練習における発見は、OLSモデルの理論的研究における一般的な知見と同じである。データを増やすことは多重共線性を和らげるが、欠落変数バイアスは軽減しない。次のサブセクションでは現実世界のデータを用いて多重共線性を扱う。

練習：異なるシミュレーションをしてみる

表11.10においてもし$r_{x1i, x2i} = -0.9$だとすると、結果はどう異なるだろうか。

11.5.4　多重共線性：現実世界の例

　ここでは2004年におけるジョージ・W・ブッシュに対するアメリカ有権者の感情温度のモデルを推定する。モデルは次の式となる。

$$ブッシュ感情温度_i = \alpha + \beta_1 収入_i + \beta_2 イデオロギー_i + \beta_3 教育程度_i + \beta_4 政党所属意識_i + \mu_i$$

　ブッシュに対する人々の感情に与えるそれぞれの独立変数の因果効果については、それぞれ理論がある。しかし、表11.11はこれらの独立変数のいく

表11.11　独立変数間の相関

	ブッシュ感情温度	収入	イデオロギー	教育程度	政党所属意識
ブッシュ感情温度	1.00				
収入	0.09***	1.00			
イデオロギー	0.56***	0.13***	1.00		
教育程度	-0.07***	0.44***	-0.06*	1.00	
政党所属意識	0.69***	0.15***	0.60***	0.06*	1.00

注：相関係数
　　両側t検定：***$p<0.01$, **$p<0.05$, *$p<0.1$

つかは相互に相関していることを示している。

表11.12は全米選挙調査2004（NES2004）のデータを用いて３つの異なるサンプルサイズでモデルを推定したものである。モデル１は無作為に選んだ回答者20人のデータで推定している。独立変数のいずれも統計的有意ではないが、やや高いR^2統計量を示している。イデオロギーと政党所属意識のVIF統計量は多重共線性が問題となりうることを示している。モデル２は無作為に抽出された回答者74人のデータからの推定である。政党所属意識は予想された方向（正の方向）に統計的有意であるが、イデオロギーは統計的有意にわずかに届かない。このモデルのVIF統計量はいずれも高くはないが、イ

表11.12　３つの異なるサンプルサイズによるモデル結果、NES2004

独立変数	モデル１	モデル２	モデル３
収入	0.77	0.72	0.11
	(0.90)	(0.51)	(0.15)
	[1.63]	[1.16]	[1.24]
イデオロギー	7.02	4.57*	4.26***
	(5.53)	(2.22)	(0.67)
	[3.50]	[1.78]	[1.58]
教育程度	−6.29	−2.50	−1.88***
	(3.32)	(1.83)	(1.55)
	[1.42]	[1.23]	[1.22]
政党所属意識	6.83	8.44***	10.00***
	(3.98)	(1.58)	(0.46)
	[3.05]	[1.70]	[1.56]
切片	21.92	12.03	13.73***
	(23.45)	(13.03)	(3.56)
R^2	0.71	0.56	0.57
n	20	74	821

注：従属変数はジョージ・W・ブッシュへの感情温度
（　）内は標準誤差、[　]内はVIF統計量
両側t検定：***p<0.01, **p<0.05, *p<0.1

デオロギー、政党所属意識では1.5を超えている[12]。最後に、モデル３は回答者821人から推定している。イデオロギー、政党所属意識、教育程度は全て統計的有意にブッシュへの人々の感情を予測している。このサンプルサイズは政党所属意識とイデオロギーのVIF統計量をクリアするのに十分である。独立変数のうち、収入のみはモデルを通して統計的に有意ではない。これは多重共線性のせいであろうか？　表11.11では収入はブッシュへ感情温度に統計的有意な正の相関を示している。したがって、第10章で学んだレッスンに

12　現実世界のデータを用いるときは、サンプルごとに異なる結果が出る傾向がある。

戻ろう。イデオロギー、政党所属意識、教育程度の影響をコントロールすると、人々のジョージ・W・ブッシュへの感情温度に対する収入の効果は消失するのである。

11.5.5　多重共線性：どうするべきか

　多重共線性のセクションの冒頭で、「頻繁におこるイライラさせられる問題」であると表現した。多重共線性がイラっとする理由は、これに対する統計的処方がないことによる。それでは多重共線性があるときに、どうするべきか。理論上は簡単である。データを多く集めればよい。しかし、多くのデータを集めるにはコストがかかる。より多くのデータを用いれば、多重共線性の問題に直面しないだろう。もしサンプルサイズを大きくする簡単な方法がない場合は、多重共線性とは共存せねばならない。重要なのは、多重共線性が存在すると知っていること、その多重共線性をVIFスコアとともに報告すること、もしくはその犯人である変数を加えたり落としたりすることでモデルがどう変化するかを報告すること、である。

11.6　まとめ

　よいモデルを発展させるカギは、よい理論をもつこと、そしてモデルを推定したのちにその結果を多くの診断に通すことである。本章で見てきたように、理論がカテゴリカルの独立変数を含むときには、さらなる（しかし越えられる）障壁がある。次章では、従属変数がダミー変数である場合と時系列データの問題について学ぶ。

キーワード

- DFBETAスコア　1つのケースがあるパラメーター推定の値に与える影響の計算に関する統計的測定。
- micronumerosity　多重共線性の同義語（nが小さいこと、完璧なmicronumerosityはn＝0を意味する）。
- VIF　重回帰モデルのそれぞれの独立変数の、全体の多重共線性への寄与度を測る統計的測定。
- 交互作用モデル　2つ以上の独立変数を掛け合わせた独立変数を含む重回帰モデル。
- 参照カテゴリー　重回帰モデルで、ダミー変数を入れないカテゴリカル独立変

第11章　重回帰分析：発展　299

数の値。

- **高い多重共線性**　重回帰モデルで2つ以上の独立変数が相互に非常に高い相関関係にあり、それぞれの変数の効果を区別することを難しくしている状態。
- **ダミーアウト**　回帰モデルにダミー変数を加え、影響のあるケースの効果を測定して分離すること。
- **ダミー変数**　2つの値のうちの1つをとる変数(通常は1か0)。
- **ダミー変数の罠**　カテゴリカル変数の値を表すダミー変数を全ていれてしまうことでおこる完璧な多重共線性。
- **てこ比**　重回帰モデルで個々のケースが1つの独立変数の値もしくは2つ以上の独立変数の値の組み合わせとしては普通ではない程度。
- **補助回帰モデル**　オリジナルの理論モデルとは異なる、オリジナルのモデルの統計的特性を見つけるために使われる回帰モデル。

エクササイズ

1. 表11.4のモデルを用いて、政府が2政党の連立であり、そのイデオロギー幅は2、連立交渉が選挙直後に行われ、継続ルールがないときに、連立政府を形成するのにかかる日数を予測せよ。過程を示せ。
2. 表11.4のモデルの変数のうち、継続ルールのパラメーター推定を解釈せよ。
3. 表11.4のモデルの変数のうち、政府構成政党数のパラメーター推定を解釈せよ。
4. nes2008.dtaデータセット(www.cambridge.org/fpsr)を用い、中絶に対する回答者の態度(連続変数)の2つの考えられる要因について調べるとする。回答者の性別と回答者の教育程度を2つの重要な独立変数としよう。まず、中絶に対する態度の性別と教育の影響を推定する加法重回帰モデルを示せ。次に、性別と教育の交互作用項を加えた交互作用重回帰モデルを示せ。両方の結果を1つの表に示すこと。まず加法モデルについて解釈し、次に交互作用モデルについて解釈せよ。教育の中絶態度に与える影響は女性と男性で同じか、異なるか？
5. state_data.dtaデータセット(www.cambridge.org/fpsr)を用い、表10.7のモデルCを推定せよ。モデルにおける影響のあるケースを、lvr2plot(てこ比・標準化残差プロット)を作成して検証せよ。この診断結果から何がわかるか。
6. エクササイズ5で推定したモデルにおける影響のあるケースをDFBETAスコアを用いて検証せよ。この診断結果から何がわかるか。
7. エクササイズ5と6から分かったことから、オリジナルモデルをどのように修正するか？
8. エクササイズ5で推定したモデルの多重共線性を検証せよ。結果から何がわかるか。

第12章

制限従属変数と時系列データ

概観　本章では重回帰分析の発展としてよく使われる2つのモデルについて学ぶ。1つ目は従属変数がカテゴリカル変数である場合のクロスセクションなモデルである。2つ目は時系列モデルである。いろいろな研究事例を用いつつ、解説する。

12.1　OLSの発展

　ここまで政治学における回帰分析の使い方を理解してきた。OLSの係数を数学的に理解し、それら係数の実質的な解釈を行い、従属変数を引き起こす可能性のある他の要因をコントロールするためにOLSを用いることを学んだ。第11章では、2値のダミー変数を回帰モデルの独立変数として使った。本章では、ここから進んで、従属変数がダミー変数である場合を学ぶ。このような状況は政治学ではよく見られる。例えば、個人が選挙に行ったかどうか、対立状態にある2国が開戦するかどうか、分析の関心として従属変数が2値のダミー変数である状況は多い。

　また、OLSを時系列な研究関心の分析に用いる方法についても学ぶ。リサーチ・デザインの主なタイプの1つ、時系列観察的研究は、時間を軸として集められたデータを扱う。時系列データを分析できることによって機会は広がるが、同時に落とし穴にも注意する必要がある。本章で、この落とし穴を回避する方法を述べる。まずは、ダミー従属変数の分析から始める。

12.2 ダミー従属変数

前章までは、独立変数の1つがダミー変数である場合を扱ってきた。その場合のモデルにおける問題点は直観的に理解しやすかったことと思う。しかし、従属変数がダミー変数である場合は、やや複雑となる。

政治学の理論において関心のある従属変数の多くは連続変数ではない。したがって、カテゴリカル従属変数の仮説検証に適切な推定を行いたいならば、OLS以外の統計モデルに移る必要がある。例外の1つが、**線形確率モデル**（linear probability model, LPM）である。LPMは従属変数がダミー変数である場合のOLSモデルである。それが確率モデルと呼ばれるのは、$\hat{Y}$の値を「予測された確率」として解釈するからである。しかし、LPMは問題があるため、政治学ではLPMが用いられることはあまりない。そこで、LPMに代わってよく用いられる方法についても紹介し、従属変数がダミー変数である場合の適合度の説明で締めくくる。

12.2.1 線形確率モデル

ダミー従属変数の例として、2004年アメリカ大統領選挙において有権者が現職候補ジョージ・W・ブッシュ（共和党）と民主党候補のジョン・ケリーの2択から投票するという事例を用いる[1]。ここでの従属変数（ブッシュ）は、ブッシュに投票したという回答者を1、ケリーに投票したという回答者を0とする。ブッシュかケリーかという決定は、有権者個人の政党所属意識（−3が強い民主党支持者、0が中立、＋3が強い共和党支持者という7点尺度）とブッシュのテロ対策と経済状態に対する業績評価（両方とも、強い支持＋2から強い不支持−2までの5点尺度）によって説明されるという理論を用いる。このモデルの式は以下の通り。

---

[1] 正確には2択ではない。しかし、NESの調査では、回答を拒否したり、第三の候補者に投票と回答したりする回答者は一握りしかない。一方で、投票しなかったという回答者はかなりいる。これらの回答者を全て排除することは、推論をしたい母集団を「ケリーかブッシュに投票した者」と定義することになる。他の候補に投票した者、回答拒否者、棄権者を全てモデルに含む場合、二項カテゴリカル従属変数から多項カテゴリカル従属変数へ変更することになる。この多項カテゴリカル従属変数のモデルはより複雑であるので本書の範囲を超える。

$$\text{ブッシュ}_i = \alpha + \beta_1 \text{政党所属意識}_i + \beta_2 \text{テロ対策評価}_i$$
$$+ \beta_3 \text{経済政策評価}_i + \mu_i$$

表12.1は上記モデルのOLS結果である。表から全てのパラメーター推定が仮説通りの方向に（正に）統計的有意であることがわかる。当然ながら、共和党支持者、大統領のテロ対策と経済政策を評価している者ほど、現職のブッシュに投票する傾向がある。

このモデルの解釈は、通常のOLSモデルとは異なってくる。ある$\hat{Y}$の値を計算してみよう。表12.1より$\hat{Y}$の式は以下のようになる。

$$\hat{Y}_i = 0.6 + 0.09 \times \text{政党所属意識}_i$$
$$+ 0.08 \times \text{テロ対策評価}_i$$
$$+ 0.08 \times \text{経済政策評価}_i$$

どの政党にも所属意識はなく（政党所属意識 = 0）、ブッシュのテロ対策を

表12.1　政党所属意識と業績評価が2004年ブッシュ票に与える効果

独立変数	パラメーター推定
政党所属意識	0.09**
	(0.01)
テロ対策評価	0.08**
	(0.01)
経済政策評価	0.08**
	(0.01)
切片	0.60**
	(0.01)
R^2	0.73
n	780

注：従属変数はブッシュへの投票 = 1、
　　ケリーへの投票 = 0
カッコ内は標準誤差
両側t検定：**$p<0.01$, *$p<0.05$

ある程度評価し（テロ対策評価 = 1）、ブッシュの経済政策をあまり評価していない（経済評価 = −1）回答者を想定してみよう。この場合の$\hat{Y}_i$は次の通りになる。

$$\hat{Y}_i = 0.6 + (0.09 \times 0) + (0.08 \times 1) + (0.08 \times (-1)) = 0.6$$

この予測値を解釈する1つの方法としては、ダミー従属変数が1になる**予測された確率**、もしくは、この例の回答者がブッシュに投票する予測された確率、と考える方法がある。上記の計算によって得られた$\hat{Y}_i = 0.6$を用いると、この例の回答者は0.6の確率で（60%の確率で）2004年大統領選挙でブッシュに投票したと予測することになる。3つの独立変数の値を変えれば、個々人がブッシュに投票したという予測された確率はそれに対応して異なってくる。つまり、LPMはOLSの特別なケースであり、従属変数の予測値を

予測された確率として考えることになる。以後では、あるケースの予測された確率を$\hat{P}_i$もしくは$\hat{P}(Y_i=1)$と表記する。このLPMの特性は$\hat{P}_i=\hat{P}(Y_i=1)$$=\hat{Y}_i$として表記される。

練習：予測された確率を計算する

上記の式を用い、強い共和党支持者で、ブッシュのテロ対策をある程度支持し、ブッシュの経済政策には中立の立場である回答者が2004年大統領選挙でブッシュに投票する確率を計算してみよう。

LPMの問題の１つは、予測された確率が極端な値になることにある。例えば、強い共和党支持者で(政党所属意識＝３)、ブッシュのテロ対策を強く支持し(テロ対策評価＝２)、ブッシュの経済政策も強く支持する(経済評価＝２)回答者がいるとする。この個人の場合、$\hat{P}_i$は以下のように計算される。

$$\hat{P}_i = \hat{Y}_i = 0.6 + (0.09 \times 3) + (0.08 \times 2) + (0.08 \times 2) = 1.19$$

この例の個人は119%の確率で、2004年大統領選挙でブッシュに投票するという予測になる。同様に、独立変数の反対側の極端な例で計算すると、０より小さい確率が計算される。このような確率はありえない。確率は０より小さくならず、また１より大きくはならない。LPMの問題の１つは、このような値をもたらしてしまうことにある。しかし大きな枠組みで考えると、この問題はさほど重要ではない。予測された値が１より大きかったり０より小さかったりする場合、分別のある解釈として、このような確率は$\hat{P}_i>1$ならば１に近い、を$\hat{P}_i<0$ならば０に近いと解釈すればよい。

LPMのより深刻な問題は、不等分散性と関数形式の問題の２つある。不等分散性については第９章で学んだ。OLSモデルを推定するときは、等分散性(誤差の分散が均一)を前提としている。この前提がLPMの場合で特に問題となるのは、従属変数の値が全て０か１であるのに予測値$\hat{Y}$が０から１の間にちらばっている(もしくはそれらの値も超えている)からである。つまり、予測値が0.5に近い値は誤差(残差)が最大になることを意味する。このように誤差の分散に何らかのパターンがある場合を不等分散性と呼ぶ。これは、

推定された標準誤差が高すぎるもしくは低すぎることも意味する。高すぎるもしくは低すぎる標準誤差は仮説検証に悪い影響を与え、結果として因果関係の結論にも影響を与えることから、不等分散性には注意する必要がある。

　関数形式の問題は、第9章で学んだ線形パラメーターの前提に関係がある。LPMの場合、この前提の意味するところは、独立変数Xの1単位の増加の影響が、Xや他の独立変数の値にかかわらずパラメーター推定$\hat{\beta}$に等しいことを意味する。これがLPMでとりわけ問題となるのは、予測された確率が0か1に近いケースよりも、0.5にあるケースの方が、独立変数の変化の影響が大きく出てしまうからである。これら2つの問題の程度はモデルによって異なる。

　これらの理由から、政治学においては、ダミー従属変数である場合、LPMを避ける。その代わりに用いられるのが、**二項ロジット**（binomial logit, BNL）もしくは**二項プロビット**（binomial probit, BNP）である。BNLモデルとBNPモデルは多くの点で回帰モデルに似ているが、解釈には一手間が必要となる。次のサブセクションでこれらのモデルを紹介する。

12.2.2　二項ロジットと二項プロビット

　政治学においては、従属変数が二値をとる場合、LPMの代わりにBNLかBNPを用いることが多い。このサブセクションでは、LPMと同じ事例を用いてこれら2つのモデルを紹介する。まず、前の例を用いてLPMを確率の記述として書き直す。

$$\hat{P}_i = \hat{P}(Y_i = 1) = \alpha + \beta_1 \times 政党所属意識_i + \beta_2 \times テロ対策評価_i$$
$$+ \beta_3 \times 経済政策評価_i + \mu_i$$

これはLPMの式の確率部分を表現する1つの方法であり、$P(Y_i = 1)$は「Y_iが1に等しい確率」を意味し、事例においては個々の有権者がブッシュに投票する確率である。この式をXを用いて書き直す。

$$\hat{P}_i = \hat{P}(Y_i = 1) = \alpha + \beta_1 X_{1i} + \beta_2 X_{2i} + \beta_3 X_{3i} + \mu_i$$

さらに以下のようにする。

$$\hat{P}_i = \hat{P}(Y_i = 1) = X_i \beta + \mu_i$$

$X_i\beta$ は Y のシステマティックな部分、$X_i\beta = \alpha + \beta_1 X_{1i} + \beta_2 X_{1i} + \beta_3 X_{3i}$ である[2]。μ_i は Y の確率的もしくはランダムな部分である。予測された確率について考えるならば、以下のように書ける。

$$\hat{Y}_i = \hat{P}_i = \hat{P}(Y_i = 1) = X_i\hat{\beta} = \hat{\alpha} + \hat{\beta}_1 X_{1i} + \hat{\beta}_2 X_{2i} + \hat{\beta}_3 X_{3i}$$

同じ変数を用いた BNL モデルは以下のようになる。

$$P_i = P(Y_i = 1) = \Lambda(\alpha + \beta_1 X_{1i} + \beta_2 X_{2i} + \beta_3 X_{3i} + \mu_i) = \Lambda(X_i\beta + \mu_i)$$

このモデルの予測される確率は以下の通り。

$$\hat{P}_i = \hat{P}(Y_i = 1) = \Lambda(\hat{\alpha} + \hat{\beta}_1 X_{1i} + \hat{\beta}_2 X_{2i} + \hat{\beta}_3 X_{3i}) = \Lambda(X_i\hat{\beta})$$

同じ変数を用いた BNP モデルは以下のようになる。

$$P_i = P(Y_i = 1) = \Phi(\alpha + \beta_1 X_{1i} + \beta_2 X_{2i} + \beta_3 X_{3i} + \mu_i) = \Phi(X_i\beta + \mu_i)$$

このモデルの予測される確率は以下の通り。

$$\hat{P}_i = \hat{P}(Y_i = 1) = \Phi(\hat{\alpha} + \hat{\beta}_1 X_{1i} + \hat{\beta}_2 X_{2i} + \hat{\beta}_3 X_{3i}) = \Phi(X_i\hat{\beta})$$

BNL モデルと LPM の違いは Λ であり、BNP モデルと LPM の違いは Φ である。Λ と Φ は**リンク関数**として知られる。リンク関数は、ロジットもしくはプロビットモデルの線形部分である $X_i\hat{\beta}$ を、ダミー従属変数が 1 である予測された確率である $\hat{P}(Y_i = 1)$ もしくは $\hat{P}_i$ にリンクさせる。これらリンク関数を用いた場合の大きな違いは、独立変数と従属変数の関係は線形であると前提されていないことにある。ロジットモデルの場合、Λ で表されるリンク関数は、累積ロジスティック分布関数を用い、線形部分を $Y_i = 1$ の確率へとリンクさせる。プロビットモデルの場合、Φ で表されるリンク関数は、累積正規分布を用い、線形部分を予測された $Y_i = 1$ の確率へとリンクさせる。補遺 C（BNL）と補遺 D（BNP）は $X_i\hat{\beta}$ の値を予測された確率へと変換する表である。

LPM、BNL、BNP がどのように作用するのかについての相違を理解するベストな方法は、同じモデルとデータでこの 3 つのモデルを推定することで

---

[2] この表記方法は行列からきている。統計では行列は非常に有益なツールであるが、本書の範囲で学ぶ必要はない。

ある。表12.2の事例を用いよう。この表から、独立変数のパラメーター推定は３つのモデルとも同じ正負と同じ有意レベルであることがわかる。しかし、これらパラメーター推定の大きさは異なっている。これは主にリンク関数の違いによる。これら３つのモデルの違いを示すために予測された確率をプロットしたものが図12.1である。これら予測された確率は、ブッシュ政権のテロ対策への強い支持（＋２）とブッシュ政権の経済政策に対して強い不支持（－２）を回答した個人の場合である[3]。水平軸は個人の支持政党を左から右に、強い民主党支持から強い共和党支持まで表している。垂直軸はブッシュに投票する予測された確率である。図12.1から、３つのモデルは非常に似た予測をしていると分かる。大きく異なってくるのは、予測された確率が0.5から離れた部分に見られる。

　定義上、LPMの線はXの範囲にわたって一定の傾き（直線）である。BNLとBNPの予測された確率の線は傾きが変化しており、予測された確率0.5を

表12.2　政党所属意識と業績評価が2004年
　　　　ブッシュ票に与える効果：
　　　　３つのモデルの違い

	LPM	BNL	BNP
政党所属意識	0.09**	0.82**	0.45**
	(0.01)	(0.09)	(0.04)
テロ対策評価	0.08**	0.60**	0.32**
	(0.01)	(0.09)	(0.05)
経済政策評価	0.08**	0.59**	0.32**
	(0.01)	(0.10)	(0.06)
切片	0.60**	1.11**	0.58**
	(0.01)	(0.20)	(0.10)

注：従属変数はブッシュへの投票＝1、ケリーへの投票＝0
カッコ内は標準誤差
両側 t 検定：**p<0.01, *p<0.05

3　ここで用いた回答は、表12.2に示されているモデルの「テロ対策」と「経済政策」の評価を尋ねる質問の最頻値回答である。このタイプのモデルで推定されたある変数の効果を表すときは、その他の変数を全て平均値もしくは最頻値とし、その変数を変化させてどのように予測された確率が動くかを見る。

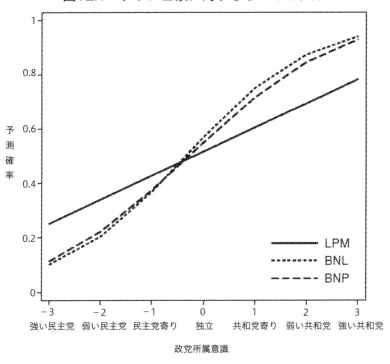

図12.1 ブッシュ票に対する3つのモデル

境に、そこから離れるほどより緩やかな傾きとなっている。BNLとBNPの線の違いは大きくない。支持政党の変化が予測された確率に与える効果はLPMにおいては一定であるのに対し、BNLとBNPでは支持政党の変化の効果がモデルの他の変数の値に依存している。注意したいのは、LPMと他の2つのモデルの違いはモデルの立て方の違いによるのであって、新しい発見があるわけではない。言い換えると、モデル選択は予測された確率の線の形を決定するということになる。

12.2.3 ダミー従属変数の適合度

線形確率モデルを推定するときR^2統計量も計算できるが、R^2はこれらのモデルの場合にあまり役に立たない。ここで知りたいのは、ケースが$Y=1$と$Y=0$のいずれに振り分けられるかというモデルの能力である。そこで、モ

デルに基づく期待値と実測値について 2 × 2 の表をつくると分かりやすいだろう。モデルの期待値を把握するため、モデルが Y ＝ 1 であると予測したと解釈する足切りポイントが必要となる。このポイントは、$\hat{Y} > 0.5$ である。表12.3はその結果を示し、**分類表**と呼ばれる。分類表はモデルに基づいた予測と従属変数の実測値を比較したものである。

表12.3 政党所属意識と業績評価が 2004年ブッシュ票に与える 効果のLPMの分類表

実際の票	モデルの予測	
	ブッシュ	ケリー
ブッシュ	361	36
ケリー	28	355

注：数値はケース数
予測値の足切りポイント $\hat{Y} > 0.5$

表から、LPMの予測値と2004年 NES の回答者によって報告された実際の票の違いが分かる。そして、このモデルによって正しく分類されたケースの割合が、直観的に分かりやすいモデル適合度の1つである。そこで、正しく予測されたケース数を全体の合計で割ると、以下のようになる。

$$\text{正しく予測された LPM}_{0.5} = \frac{361 + 355}{780} = \frac{716}{780} = 0.918$$

したがって、このLPMは回答者の0.918もしくは91.8％を正しく分類し、間違って分類したのは残りの0.082もしくは8.2％である。

これは一見高い分類率に思えるが、この値をどう評価したらよいのだろうか。1つの選択としては、この分類率を、全てのケースが最頻値のカテゴリー（この場合はブッシュ）であると予測するナイーブなモデル（NM）の分類率と比較するという方法がある。そこで、NMの正しく予測された率を計算すると以下の通りになる。

$$\text{正しく予測された NM} = \frac{361 + 36}{780} = \frac{397}{780} = 0.509$$

NMは回答者の0.509もしくは50.9％を正しく分類し、残りの0.491もしくは49.1％が間違って分類されたということになる。

このNMとLPMの分類率を比較する話に戻ると、NMからLPMへと移行

することによる**誤差減少率**を計算することができる。NMにおける間違って分類された割合は49.1%であり、LPMで間違って分類された割合は8.2%である。したがって、減少した誤差は49.1 − 8.2 = 40.9であり、この数字をNMの誤差割合で割ると、40.9 / 49.1 = 0.8333を得る。誤差減少率は0.833である。言い換えると、NMからLPMに移行することで分類誤差を83.3%減少させることになる。

12.3 時系列への注意

近年、政治学においては時系列データが大幅に増えてきている。これは研究の機会が広がることを意味するが、同時に論争の幕開けでもある。論争の中心にあるのは、時系列データのトレンドによる擬似回帰の危険である[4]。この問題を理解しそこねると因果の推論にも影響を与える。このセクションでは、時系列の表記から始め、擬似回帰の問題、そして2つの解決法、ラグ従属変数と差分従属変数のトレードオフについて説明する。

12.3.1 時系列の表記

第4章で時系列観察的研究の疑念を紹介した。これまで時系列データを用いることもあったが、時系列データ特有の数学的表記には触れてこなかった。その代わり、一般的な表記である添え字iを用いて個々のケースを表した。時系列の表記では、個々のケースは添え字tを用いる。tの数字的値はそのケースが起こった時系列順を示す。そしてこの順番は非常に大事である[5]。次の母集団のOLSモデルをこれまでの表記で考えてみよう。

$$Y_i = \alpha + \beta_1 X_{1i} + \beta_2 X_{2i} + \mu_i$$

もし時系列データであるならば、このモデルは下記のように書きかえる。

$$Y_t = \alpha + \beta_1 X_{1t} + \beta_2 X_{2t} + \mu_t$$

政治学に応用される時系列データの多くは、一定の間隔の時系列であり、

---

4 「トレンド」という言葉の定義は2面ある。日常会話では「トレンド」はデータにおける最近のパターンを意味する(「大統領支持率の最近のトレンド」など)。時系列におけるトレンドの問題は、時系列のメモリの程度を多少なりとも含む。

5 クロスセクションのデータでは、ケースの順番は分析と無関係である。

たいてい、週、月、季節、そして年ごとである。これらの時間間隔は重要であり、データセットの説明の最初にもってくる必要がある。例えば、図2.2のデータは大統領支持率の月例データである。

この表記を用いて、観察されたケースを起きた順で扱う。変数の値に関して、**ラグ**もしくは**リード**について説明しておこう。ラグもリードも両方とも現在の時間tと比較した値の表現である。ラグ変数とは前の時点での変数の値である。例えば、現時点の1つ前の時点のラグのある変数はt−1と表現される。リード変数は未来の時点の変数の値である。例えば、現時点より1つ後の時点の値はt+1と表現される。本書では、独立変数の未来の値が過去の因果推論に影響を与えるという理論をもつ、独立変数のリードを含むモデルについては説明しない。

12.3.2　時系列分析のメモリとラグ

添え字がiからtに変わった以外で、時系列モデルは何が違うのだろうか。時系列モデルがクロスセクションのモデルと異なる特徴をここで紹介する。

以下の大統領支持率に関するシンプルなモデルを考えてみよう。データは月ごとであるとする。

$$支持率_t = \alpha + \beta_1 経済_t + \beta_2 平和_t + \mu_t$$

「経済」と「平和」はそれぞれ国家経済の状態と国際平和を測った指標である。モデルは何を表しているだろうか。ある月tにおける大統領支持率は、その月の経済とその月の国際平和の状態（と誤差項）によって説明され、他の時点の状態によっては説明されない。先月の経済ショックや3カ月前に終わった戦争は、現在の大統領支持率に影響を与えないのだろうか？この式にそのような過去の出来事は含まれておらず、過去の出来事は今月の大統領支持率に何の影響も及ぼしていないことになる。このモデルによれば、毎月、人々は改めて大統領を評価することになる。言うなれば、「よし、先月のことは忘れよう。その代わり、今月の経済データと今月の国際対立を確認して、大統領の仕事ぶりを評価しよう。」という感じになる。このモデルには、月から月へと受け継ぐ記憶は存在しない。全ての独立変数は即時の影響を持つのみであり、その影響はまさしく1か月のみ、その後はその影響は完全に消える。

これは馬鹿げている。人々はその集合的な記憶を毎月消さない。過去の多くの月から続く独立変数の変化は現在の大統領評価へ長く影響を及ぼし得る。たいていの場合、独立変数の変化の効果は一定期間で消え、新しい事件がより鮮明に残り、一定程度の忘却はおこるだろう。しかし、これが一カ月の間で起こるわけではない。

ここで、大統領支持率のようなシンプルなモデルの問題点を明らかにしよう。もし過去の経済状態の値と国際平和の過去の値が今日でも影響を持っていると考え、しかし現在(t時点)の効果のみ推定するとしたら、欠落変数バイアスの問題を抱えることになる。第10章と第11章で学んだように、欠落変数バイアスは社会科学におけるもっとも重要な問題の１つである。独立変数の過去の値が従属変数の現在の値に影響を及ぼしているかもしれない状態を無視することは、時系列観察的研究の重要な問題である。この問題はクロスセクションな研究ではあまり問題とならない。時系列分析では、YがXとZによって起こると知っていてもなお、XとZの過去のどのくらいのラグがYに影響を与えているのかを考えねばならない。

賢い読者はそのような状況に対する答えを思いつくだろう。回帰モデルに独立変数のラグを追加する方法がある。

$$支持率_t = \alpha + \beta_1 経済_t + \beta_2 経済_{t-1} + \beta_3 経済_{t-2} + \beta_4 経済_{t-3}$$
$$+ \beta_5 平和_t + \beta_6 平和_{t-1} + \beta_7 平和_{t-2} + \beta_8 平和_{t-3} + \mu_t$$

この方法は、いかに過去の影響が現在に及ぼしているかをモデルに含めるという解決法の１つである。しかしこの解決法では、モデルは大きくなり、推定するパラメーターが増えている。さらに重要なことは、この方法でもなお解決されない問題がある。

1. 独立変数のラグをいくつモデルに含めればよいのだろうか？上記では、t時点からt−3時点までのラグを含めたが、なぜt−3までが正しい選択であると言えるのだろうか？本書の最初から、統計モデルに変数を含めるときは、理論的理由があるべきことを強調してきた。しかし、どんな理論から、このモデルに独立変数の3期、4期、もしくは6期のラグを含めるべきであることになるのだろうか？

2. モデルに独立変数の複数のラグを含めた場合、それらの間に多重共線

性が生じる可能性がある。つまり、X_t、X_{t-1}、X_{t-2}は互いに高い相関関係にある傾向がある（これは時系列の性質である）。そうすると、これらのモデルは第11章で学んだように高い多重共線性の問題として、大きな標準誤差と結果として仮説検証のミスが生じることになる。

　独立変数のたくさんのラグでモデルを埋めるという方法の代替となる方法を２つ示す前に、時系列分析のもう１つの異なる問題も説明しておく必要がある。本章の後半で、大統領支持率の要因という現実世界の研究事例を用いてこのラグの問題を扱う。

12.3.3　トレンドと擬似回帰問題

　大統領支持率の事例では、時系列データがメモリを持っているかもしれない可能性について想像しやすかった。ここでメモリとは、時系列データにおいて現在の値が過去の値に高く依存することを意味する[6]。過去のメモリが長引いて、統計的問題を誘発する場合もある。とりわけ、ここでとりあげるのは**擬似回帰問題**である[7]。

　例として、次の事実を考えてみよう。第二次世界大戦後のアメリカでは、ゴルフが人気スポーツとなった。その人気が広まるにつれ、アメリカにおけるゴルフ場の数は需要にしたがって大きく成長した。その増加は21世紀初めに入っても続いている。そこで、アメリカにおけるゴルフ場の年ごとの数を時系列データとして考えよう。同じ期間に、アメリカにおける離婚率もまた大きく増えた。昔は離婚はあまり聞かない慣習であったが、現在ではアメリカ社会で普通に見られる。この場合、時系列データとして、家族構造つまり夫婦が存在する世帯の割合を考える[8]。

　これらの時系列データはいずれも、異なる理由にせよ、長いメモリを持っている。ゴルフ場の場合、t年におけるゴルフ場の数は明らかに前年のゴル

6　世論に関する時系列データの場合は、メモリという言葉は適切であるが、世論に限らず全ての他の時系列データにおいてもメモリという言葉を使う。

7　擬似相関の問題はケインズのような20世紀前半の経済学者が気にかけてきた問題であり、ようやくGrangerとNew-bold（1974）がシミュレーションデータを用いて実証するにいたった。彼らの関心は、変数が時間経過にしたがって何らかの一般的なトレンドを持っていることにある。

8　便宜上、離婚と事実婚の違いを無視している。

図12.2　アメリカにおけるゴルフ場の成長と結婚の崩壊、1947-2002年

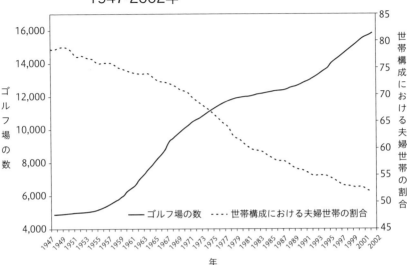

フ場の数に依存している。離婚率の場合、過去への依存はおそらく長く続く社会的な力の影響に基づいている。アメリカにおけるゴルフ場の数と夫婦世帯の割合の両方を同じ図12.2に示した[9]。明らかに、両方の変数はトレンドを持っている。ゴルフ場の場合のトレンドは上昇方向で、結婚の場合のトレンドは下降方向である。

ここで何が問題か？長いメモリをもつ時系列データが、他の長いメモリをもつ時系列データとともに回帰モデルに含まれたとき、その2変数の間の因果関係に関して間違った証拠が導かれてしまう。これが擬似回帰問題である。結婚の崩壊を従属変数とし、ゴルフ場を独立変数とした場合、これら2変数は確かに統計的に関係がある。アメリカにおけるゴルフの成長は家族の崩壊を導くと結論づけてしまいそうになる。表12.4は回帰結果である。従属変数は夫婦世帯の割合であり、独立変数はゴルフ場の数（千単位）である。結果はまさしく恐れていた通りになる。アメリカにおいてゴルフ場が1000軒増

---

[9] ゴルフ場のデータはNational Golf Foundationによる。家族構造のデータはアメリカ合衆国国勢調査局の人口動態報告からとった。

加するごとに、夫婦世帯は2.53%減少するのである。R^2統計量は極めて高く、離婚率のばらつきの93%をゴルフ業界の成長によって説明できていることになる。

表12.4　アメリカにおける ゴルフ場の数と 結婚の崩壊、 1947–2002年

変数	係数(標準誤差)
ゴルフ場の数	−2.53*
	(0.09)
切片	91.36*
	(1.00)
N	56
R^2	0.93

*p<0.05

もしかしたらこう考える人もいるかもしれない。「ゴルフが離婚率を上げることはありうる。ゴルフ未亡人という言葉もあるのだから[10]。」しかし、ここでの問題はトレンドをもつ変数の問題であり、社会科学における厄介な問題である。変数がトレンドを持っている場合、これをモデルに入れると同じような結論になってしまう。もう1例、見ていこう。ゴルフの成長の代わりに、違う種類の成長、経済成長を例とする。戦後アメリカではGDPは一定して成長している。図12.3はGDPを年ごとに示したものであり、同時に結婚の衰退の時系列データも表示している。明らかに、GDPは長いメモリをもつ時系列データであり、急な上昇トレンドをもち、現在の値は過去の値に大きく依存している。

練習：経済成長と夫婦世帯

表12.5のGDPの係数と他の情報を解釈してみよう。この表から、経済成長はアメリカの夫婦世帯の崩壊を決定すると結論づけるべきだろうか。

　擬似回帰の問題はここでもある。結婚を従属変数に、GDPを独立変数としたときの回帰結果が表12.5である。この2変数の間には強い負の統計的有意な関係があることが分かる。これは、経済成長の高さがアメリカの家族の崩壊を招いているわけではなく、両変数がトレンドを持っていることから起

10　(訳者注)ゴルフ未亡人とは、週末、夫がゴルフに出かけてしまい、家に1人取り残される妻を意味する。

図12.3 アメリカにおける経済成長と結婚の崩壊、1947-2002年

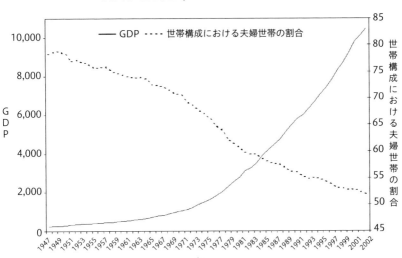

きている。つまり、トレンドをもつ2変数を含めた回帰分析は、その2変数が全く関係なくても、擬似回帰の結果を出してしまうのである。

ここまでの2つの問題、時系列におけるラグの問題と擬似回帰の問題は、解決方法がある。時系列分析の研究がより洗練されるにつれ、これらの問題に対して新しい解決方法が出てきている。以下では2つの解決方法を示す。

表12.5 GDPと結婚の崩壊、1947-2002年

変数	係数(標準誤差)
GDP (1兆)	−2.71*
	(0.16)
切片	74.00*
	(0.69)
N	56
R^2	0.84

*$p<0.05$

12.3.4 差分従属変数

擬似回帰の問題を避ける1つの方法は、**差分従属変数**を用いることである。差分変数は現在の値のY_tからその変数のラグ1つ分の値(Y_{t-1})を引くこ

とで得られる。結果の表記は $\Delta Y_t = Y_t - Y_{t-1}$ として表現される。

もし時系列データが長いメモリを持つならば、独立変数も従属変数もともに差分1つをとればよい。実際、変数のレベルを示すY_tの代わりに、ΔY_tはその変数のレベルのある時点から別の時点への変化を示す。長いメモリを持つたいていの（しかし全てではない）変数にとって、差分1つとることは、上昇し続ける（もしくは下降し続ける）ように見える変数の視覚的パターンを除くことになる。

図12.4はアメリカのゴルフ場の数の差分1つをとったものとアメリカにおける世帯のうち婚姻している割合の差分1つをとったものを示している。図12.4は図12.2とかなり違うことに気づくだろう。図12.2で見られた2変数の関係は、図12.4では消えている。原因は時系列データのトレンドにある。

差分1つをとることで、時系列データの長いメモリを除くことができる。したがって、これら変換された時系列データは擬似回帰の問題がない。しかし、むやみに差分をとることがよいわけではない。時系列データの差分1つとることは、ある状況では時系列データ間の関係の何らかの真の証拠も取り除いている可能性がある。

図12.4　ゴルフ場の数の1差分と夫婦世帯割合の1差分、1947-2002年

したがって、可能ならば、理論的な理由によって、差分従属変数を用いるか、そのまま分析するかを決めるべきである。つまり、XとYの因果関係の理論はそのまま分析するべきなのか、それとも差分をとるべきなのか、自問するべきである。例えば、政府機関の予算データを分析するとき、その理論は支出額そのものについて何らかの説明をしているならばそのまま分析する。もしくは、何が予算を年ごとに変化させているかについての理論であるならば、差分をとる。

時系列データの差分をとることは、モデルに含まれる独立変数のラグの数の問題に直接取り組んでいるわけではないことにも注意したい。この点に関して、以下ではラグ従属変数を扱う。

12.3.5 ラグ従属変数

YとXのシンプルな2変数のシステムを考えよう。ただし、過去のXのラグが現在のYに影響を与えている可能性があるとする。もしXのラグをいっぱいいれるとすると、以下のようになる。

$$Y_t = \alpha + \beta_0 X_t + \beta_1 X_{t-1} + \cdots + \beta_k X_{t-k} + \mu_t$$

このモデルは**分布ラグモデル**と呼ばれる。上式では添え字の小さな変化に注意したい。β係数の添え字は、現在の値からさしひいたラグの数である。したがってX_tのβはβ_0($t - 0 = t$だから)である。この状況で、Yに与えるXの**累積効果**βは下記の通りである。

$$\beta = \beta_0 + \beta_1 + \beta_2 + \cdots + \beta_k = \sum_{i=0}^{k} \beta_i$$

つまり、関心があるのはXのYに与える累積された影響であり、係数β_0に表されるようなX_tがY_tに与える**即時効果**(一瞬の影響)ではない。

しかし、上式のような長いモデルを推定するのは煩雑である。しかも、このようなモデルは多重共線性の問題がある。どのようにしてXのYに与える影響を把握できるだろうか？

もしXのYに与える影響が最初のみ最大で次第に幾何学的に減少していく(十分な期間をおいて、0となる)ならば、いくつかの代数のステップを踏め

ば以下のモデルを得る。これは数学的に上式と同一である[11]。

$$Y_t = \lambda Y_{t-1} + \alpha + \beta_0 X_t + \nu_t$$

これは**コイック変換**と呼ばれ、**ラグ従属変数モデル**においてよく用いられる。コイック変換と先述した分布ラグモデルを比べてみよう。両方とも同じ従属変数Y_tをもち、X_tのY_tに与える一瞬の影響を表す変数をもつ。しかし分布ラグモデルがY_tに影響を及ぼす1からkまでのラグをもつXに対応してたくさんの係数を持つのに対し、ラグ従属変数モデルは1つの変数と係数λY_{t-1}を持つ。これら2つのモデルは同じであるため、ラグ従属変数はY_{t-1}がY_tに何らかの影響を与えていることを表しておらず、Y_{t-1}はXの過去のラグ（1からkのラグ）のY_tに与える累積効果の代役となっている。コイック変換においては、多くの係数を推定する代わりに、1つの係数を推定することによって、これらを成し遂げる。

　係数λはXの過去の値が現在のYの値に影響する方法を示している。これは本セクションの最初で触れた問題を解消する。通常、λの値は0から1の幅をとる[12]。もしλ＝0ならば、過去のXの値はY_tに影響を与えない。このような値は実際には稀である。λが大きくなるほど、Xの過去のラグがY_tに与える影響は長く続くことになる。

　これらのモデルでXのYに対する累積効果は便宜上下記のように表記される。

$$\beta = \frac{\beta_0}{1 - \lambda}$$

この式から、λ＝0のとき、分母は1に等しくなり、累積効果は即時効果に等しくなることがわかる。この場合、ラグの効果は全くない。しかしλ＝1のとき、問題が生じる。分母が0になり、解が特定されない。しかし、λが1に近づくほど、累積効果は大きくなる。したがって、ラグ従属変数の係数の値が0から1に近づくほど、Yに対するXの変化の累積効果は大きくなる。

　以上、時系列分析をざっと説明したが、ここでの紹介はほんのさわりにす

11　モデルは数学的に同一に見えないが、同一である。その証明過程は便宜上省略する。
12　実際、λが1に近づくほど、もしくは1より大きい場合は、モデルに問題があることを意味する。たいていはデータのトレンドに関する問題である。

ぎない。時系列分析を用いた研究論文を読むとき、もしくは時系列分析を実際に行うとき、独立変数の変化の影響がどのくらい続くのかという問題と長いメモリのトレンドの問題を意識することは重要である。以下では、時系列分析を用いた著名なアメリカ世論研究の例を紹介する。

12.4　例：経済と大統領支持率

　大統領支持率にはなじみがあるだろう。大統領支持率は実際、大統領の権力行使のリソースの1つであり、大統領は支持率をレバレッジとして交渉にのぞむ。つまり、人気のある大統領にnoと言うことは難しい。対照的に、人気のない大統領は影響力のない大統領となる。したがって、大統領は常にその支持率を気にするものである。

　それではなぜ支持率は短期的にも長期的にも変動するのだろうか？ どのようなシステマティックな原因で大統領は人気を得たり不人気となったりするのだろうか？ 1970年代初めから広く浸透している通説によれば、経済状態（たいていインフレ率と失業率で測定される）が支持率を上下する。経済状態がよければ、つまりインフレ率と失業率が両方とも低ければ、大統領は高い支持率を得る。経済状態が悪ければ、その反対となる[13]。この通説を図示したものが図12.5である。長年にわたる膨大な研究がこの通説を支持してきた。

図12.5　経済と大統領支持率の関係のシンプルな因果モデル

経済状態　➡　大統領支持率

　しかし、1990年代初め、3人の政治学者のチームがこの支持率の伝統的理解に疑問をもち、支持率に影響を与えているのは経済状態そのものではなく、人々の経済に対する認識「消費者信頼感」ではないかと提唱した（MacKuen, Erikson, and Stimson 1992を参照）。彼らのロジックは、たとえインフレ率と失業率が低くても、人々が経済状態をよい状態にあると認識して

13　もちろん支持率の要因としては、スキャンダル、国際的危機、戦死者など他の要因も研究されている。ここでは分析の目的から経済のみに注目する。

いなければ、大統領支持率には影響がないというものである。彼らによって書きかえられた因果モデルは図12.6のようになる。

図12.6 大統領支持率の修正モデル

そこで彼らがすべきことは、彼らの理論的期待にもとづいて、新しい変数Zをコントロールした上で通説にある独立変数Xと従属変数Yの関係を検証することである。彼らは1954年2期から1988年2期までの四半期サーベイデータを用いて、分析を行った。表12.6はMacKuen, Erikson, and Stimsonの表2を再作成したものである。列Aでは、通説を確かめることができる。（なぜ著者たちはこの列を含めたかわかるだろうか？）この列の結果は図12.5の因果モデルの検証として解釈できる。インフレ率の係数は−0.39であることから、失業率をコントロールすれば（表にはない他の変数もコントロールされている）、インフレ率が1ポイント上がるごとに、大統領支持率は即座に平均して0.39ポイント下がることになる。この表の係数と標準誤差の比から、この係数の効果は統計的有意であることが分かる。

表12.6 経済と大統領支持率の関係、MacKuen, Erikson, and Stimson (1992)の表から抜粋

	A	B
支持率$_{t-1}$	0.87*	0.82*
	(0.04)	(0.04)
インフレ率	−0.39*	−0.17
	(0.13)	(0.13)
失業率の変化	−1.51*	0.62
	(1.74)	(0.91)
消費者信頼感		0.21*
		(0.05)
R^2	0.93	0.94
N	126	117

注：見やすくするため、回帰モデルに含まれる他の変数は省いてある
カッコ内は標準誤差　*p<0.05

第 12 章　制限従属変数と時系列データ　321

練習：因果理論と表のデータを結びつける

図12.5と図12.6を注意深く調べ、これらの図に表れている因果関係を表12.6に表示されている回帰モデルのそれぞれに結びつけてみよう。図の矢印と表のモデルはどう対応するだろうか。

　同様に、列Aは失業率の変化が大統領支持率に与える影響も示している。傾きの-1.51は、インフレ率をコントロールすれば（表にはない他の変数もコントロールされている）、失業率が1ポイント上がるごとに、大統領支持率は即座に平均して1.51%下がることを意味する。このパラメーター推定もまた統計的有意である。

　本章は時系列分析の基礎に注目していることから、モデルにラグ従属変数「支持率$_{t-1}$」が存在していることに着目したい。この係数は0.87であり、統計的有意であることから、独立変数のうちの1つの変化の効果の87%が、それに続く時期にも影響を及ぼしていることがわかる。したがって、Xの変化の効果は直ちに消滅するわけではない。むしろ、これらの効果の大部分が将来にも続く[14]。この意味は、例えば、インフレ率の係数-0.39がインフレの即時効果を意味し、インフレの累積効果を意味しているわけではない、ということである。インフレの累積効果は、即時効果を「1ひくラグ従属変数の係数」で割ったものに等しい。

$$\beta = \frac{\beta_0}{1-\lambda} = \frac{-0.39}{1-0.87} = -3.0$$

即時効果-0.39は、インフレ率の変化の合計効果のうちで極めて控えめな影響となる。モデルにおける強い動態、つまりラグ従属変数の係数0.87は0よりも1に近く、実質的にも強い影響をもっている。インフレ率の1ポイントの変化は、大統領支持率を3ポイント減らすことになるのである。

　つまり、表12.6の列Aは通説の確認である。しかしこのモデルは消費者信頼感の効果をコントロールしていない。表12.6の列Bがコントロールした結果である。消費者信頼感の係数は0.21であることから、消費者信頼感が1ポ

14　2期目ではt期のXの変化の効果の0.87^2が、3期目では0.87^3が残ることになる。

イント増えるごとに、インフレ率と失業率の影響をコントロールすれば、大統領支持率は即座に0.21ポイントあがると期待できる。この効果は統計的に有意である[15]。

さて、列Bのインフレ率と失業率の係数に何がおきているだろうか。列Bと列Aでこれらの推定された効果を比較すると違いが判明する。列Aで消費者信頼感をコントロールする前は、インフレ率と失業率はやや強めの統計的有意な効果を持っていた。しかし列Bでは消費者信頼感をコントロールしたことから、係数に変化が起きている。インフレ率の効果は−0.39から−0.17へと縮小しており、これは消費者信頼感をコントロールした結果である。この効果は統計的有意でもなく、インフレ率と大統領支持率は無関係であるという帰無仮説を棄却することができない。

同じことは失業率の変化の効果にも言える。列Bで消費者信頼感をコントロールした場合、失業率の変化の効果は−1.51から0.62へと変わる。影響力は小さくなり、正負の方向も変わる。係数が統計的有意ではないことから、係数がゼロであるという帰無仮説を棄却することができない。

表12.6の列Bは、経済状態と大統領支持率には直接の関係がないという図12.6に対応している。しかし、消費者信頼感と大統領支持率の間は直接の関係がある。この事例では新しい変数(消費者信頼感)を導入することで、研究者たちが何十年にもわたって考えていた大統領支持率の直接の因果要因である概念(経済状態)に対して異なる知見を提供しているのである。

12.5　まとめ

本章では、研究にあたってよく直面する2つの問題、ダミー従属変数と時系列データについて学んだ。それぞれの状況で関連してくる問題とアプローチ方法について初歩的な紹介をした。現時点では2つのことに注意したい。第一に、ダミー従属変数と時系列データの両方において、データがもともともつ特徴を無視し、第9章や第10章で扱ったシンプルなOLSを用いてしまうと潜在的な落とし穴がある。どちらの場合でも、推定した係数や標準誤差に統計的問題が生じやすく、間違った仮説検証となる可能性がある。これを

15　同様に、「支持率$_{t-1}$」の係数の大きさから、消費者信頼感の1ポイントの変化の累積効果は大きくなるだろう。

第 12 章　制限従属変数と時系列データ　323

回避するため、やや直観的なアプローチで説明した。第二に、これらダミー
従属変数と時系列データはかなり複雑であることに留意したい。カテゴリカ
ル従属変数と時系列データを扱うためには、より勉強する必要がある。本書
で紹介してきた方法は初歩レベルにとどめている。本章の目的は、データの
本質を説明するにあたって陥りやすい落とし穴について注意喚起し、これら
を避けるためによく使われている初歩的な方法を提示することにある。

キーワード

- 擬似回帰問題　複数の変数に長く続くトレンドがある場合、それらの変数間に
  実際には存在しない統計的な関係があるという間違った証拠をもたらすこと。
- コイック変換　ラグ付き従属変数モデルの理論的根拠。
- 誤差減少率　常に従属変数の最頻値のカテゴリーであると予測するナイーブモ
  デルと、オリジナルモデルの予測の正確さを比較するための計算方法。
- 差分従属変数　現在の値から 1 期前の値を引くという従属変数の変換。
- 線形確率モデル（LPM）　従属変数がダミー変数である場合の OLS モデル。
- 即時効果　ラグ付き従属変数モデルで、t 時点における独立変数 1 単位の増加の
  効果。
- 大統領支持率　大衆が大統領の仕事ぶりに対して支持もしくは不支持を表明す
  る程度。
- 二項プロビット（BNP）　予測値を予測確率に変換する、累積正規分布を用いる
  ダミー従属変数のモデル。
- 二項ロジット（BNL）　予測値を予測確率に変換する、ロジスティック分布を用
  いたダミー従属変数のモデル。
- 分布ラグモデル　独立変数の累積効果をその変数の多くのラグで測定する時系
  列モデル。
- 分類表　モデルに基づいた従属変数の予測と従属変数の実際の値を比較した表。
- 予測された確率　ダミー従属変数のモデルで、独立変数の値の条件のもとで予
  測される従属変数の予測値。
- ラグ　時系列データで現時点より前におきた変数の値、1 期前であれば t－1 と
  添え字する。
- ラグ付き従属変数モデル　従属変数の 1 期前の値が独立変数としてモデルに
  入っている時系列モデル。
- リード　時系列データで現時点より後におきる変数の値、1 期後であれば t＋1
  と添え字する。

324

- リンク関数　非線形モデルの線形部分を解釈しやすい量に変換する関数。
- 累積効果　ラグ付き従属変数モデルで、全ての時点における独立変数の1単位の変化の効果。

エクササイズ

1. サーベイにおいて強い共和党支持者(政党所属意識＝3)で、ブッシュのテロ対策に強い不支持(テロ対策評価＝－2)を示し、ブッシュの経済政策にも強い不支持(経済政策評価＝－2)を示す回答者がいるとする。表12.2のLPMの結果を用いて、ブッシュに投票する予測された確率を計算せよ。計算過程も見せること。

2. 表12.2の二項ロジットモデル(BNL)を用いて、エクササイズ1の個人がブッシュに投票する予測された確率を計算せよ。計算過程も見せること。

3. 表12.2の二項プロビットモデル(BNP)を用いて、エクササイズ1の個人がブッシュに投票する予測された確率を計算せよ。計算過程も見せること。

4. 表12.7は、従属変数が、回答者がオバマに投票したら1、マケインに投票したら0というダミー変数である二項プロビットモデル(BNP)の分類表である。独立変数は支持政党と、これら2候補に対する経済と外交政策への期待である。このモデルによって正しく分類された回答者の割合を計算せよ。計算過程も見せること。

5. 表12.7を用いて、全ての回答者が従属変数の最頻値のカテゴリーに予測されるナイーブモデル(NM)によって正しく分類される回答者の割合を計算せよ。計算過程も見せること。

6. エクササイズ4と5で行った計算を用いて、NMからBNPに移行したことによる誤差減少率を計算せよ。計算過程も見せること。

7. 表12.6の列Bから、消費者信頼感の1ポイントの変化の長期効果が大統領支持率に与える影響を計算せよ。計算過程も見せること。

8. 論文 "Recapturing the Falklands: Models of Conservative Popularity, 1979–1983" (Clarke, Mishler, and Whiteley, 1990) を探し、読むこと。このモデルで鍵となる従属変数は何か？この変数は長期のトレンドをもって分析に問題をもたらしうるだろうか？著者たち

表12.7　政党所属意識と業績期待が2008年オバマ投票に与える効果のBNPの分類表

実際の票	モデルの予測	
	オバマ	マケイン
オバマ	1575	233
マケイン	180	1201

注：数値はケース数
予測値の足切りポイント$\hat{Y} > 0.5$

は、その問題に適切に対処しているか？これらの質問に対する答えを説明せよ。

9. 政府のサイト（例えばhttps://www.usa.gov/statistics）から時系列データを集め、そのデータのグラフを作り、長期メモリのトレンドがあるかどうかを調べよ。この時系列ではどんな特徴があるかを書け。グラフとともに答えを提出すること。

10.エクササイズ9で用いた時系列データで差分1つをとり、差分した時系列データのグラフをつくること。この新しい時系列データの解釈を行うこと。オリジナルのデータとの違いは何か？

補遺 327

補遺A

χ^2分布表

自由度	有意確率				
	0.10	0.05	0.025	0.01	0.001
1	2.706	3.841	5.024	6.635	10.828
2	4.605	5.991	7.378	9.210	13.816
3	6.251	7.815	9.348	11.345	16.266
4	7.779	9.488	11.143	13.277	18.467
5	9.236	11.070	12.833	15.086	20.515
6	10.645	12.592	14.449	16.812	22.458
7	12.017	14.067	16.013	18.475	24.322
8	13.362	15.507	17.535	20.090	26.124
9	14.684	16.919	19.023	21.666	27.877
10	15.987	18.307	20.483	23.209	29.588
11	17.275	19.675	21.920	24.725	31.264
12	18.549	21.026	23.337	26.217	32.909
13	19.812	22.362	24.736	27.688	34.528
14	21.064	23.685	26.119	29.141	36.123
15	22.307	24.996	27.488	30.578	37.697
20	28.412	31.410	34.170	37.566	45.315
25	34.382	37.652	40.646	44.314	52.620
30	40.256	43.773	46.979	50.892	59.703
35	46.059	49.802	53.203	57.342	66.619
40	51.805	55.758	59.342	63.691	73.402
50	63.167	67.505	71.420	76.154	86.661
60	74.397	79.082	83.298	88.379	99.607
70	85.527	90.531	95.023	100.425	112.317
75	91.061	96.217	100.839	106.393	118.599
80	96.578	101.879	106.629	112.329	124.839
90	107.565	113.145	118.136	124.116	137.208
100	118.498	124.342	129.561	135.807	149.449

補遺B

t分布表

自由度	有意確率					
	0.10	0.05	0.025	0.01	0.005	0.001
1	3.078	6.314	12.706	31.821	63.657	318.309
2	1.886	2.920	4.303	6.965	9.925	22.327
3	1.638	2.353	3.182	4.541	5.841	10.215
4	1.533	2.132	2.776	3.747	4.604	7.173
5	1.476	2.015	2.571	3.365	4.032	5.893
6	1.440	1.943	2.447	3.143	3.707	5.208
7	1.415	1.895	2.365	2.998	3.499	4.785
8	1.397	1.860	2.306	2.896	3.355	4.501
9	1.383	1.833	2.262	2.821	3.250	4.297
10	1.372	1.812	2.228	2.764	3.169	4.144
11	1.363	1.796	2.201	2.718	3.106	4.025
12	1.356	1.782	2.179	2.681	3.055	3.930
13	1.350	1.771	2.160	2.650	3.012	3.852
14	1.345	1.761	2.145	2.624	2.977	3.787
15	1.341	1.753	2.131	2.602	2.947	3.733
20	1.325	1.725	2.086	2.528	2.845	3.552
25	1.316	1.708	2.060	2.485	2.787	3.450
30	1.310	1.697	2.042	2.457	2.750	3.385
40	1.303	1.684	2.021	2.423	2.704	3.307
50	1.299	1.676	2.009	2.403	2.678	3.261
60	1.296	1.671	2.000	2.390	2.660	3.232
70	1.294	1.667	1.994	2.381	2.648	3.211
75	1.293	1.665	1.992	2.377	2.643	3.202
80	1.292	1.664	1.990	2.374	2.639	3.195
90	1.291	1.662	1.987	2.368	2.632	3.183
100	1.290	1.660	1.984	2.364	2.626	3.174
∞	1.282	1.645	1.960	2.326	2.576	3.090

補遺C

二項ロジットモデルのΛリンク関数

$X_i\hat{\beta}$	$-X_i\hat{\beta}$の値を予測確率$(\hat{P}_i)$に変換									
	-0.00	-0.01	-0.02	-0.03	-0.04	-0.05	-0.06	-0.07	-0.08	-0.09
-4.5	0.0110	0.0109	0.0108	0.0107	0.0106	0.0105	0.0104	0.0103	0.0102	0.0101
-4.0	0.0180	0.0178	0.0176	0.0175	0.0173	0.0171	0.0170	0.0168	0.0166	0.0165
-3.5	0.0293	0.0290	0.0287	0.0285	0.0282	0.0279	0.0277	0.0274	0.0271	0.0269
-2.5	0.0759	0.0752	0.0745	0.0738	0.0731	0.0724	0.0718	0.0711	0.0704	0.0698
-2.0	0.1192	0.1182	0.1171	0.1161	0.1151	0.1141	0.1130	0.1120	0.1111	0.1101
-1.9	0.1301	0.1290	0.1279	0.1268	0.1256	0.1246	0.1235	0.1224	0.1213	0.1203
-1.8	0.1419	0.1406	0.1394	0.1382	0.1371	0.1359	0.1347	0.1335	0.1324	0.1312
-1.7	0.1545	0.1532	0.1519	0.1506	0.1493	0.1480	0.1468	0.1455	0.1443	0.1431
-1.6	0.1680	0.1666	0.1652	0.1638	0.1625	0.1611	0.1598	0.1584	0.1571	0.1558
-1.5	0.1824	0.1809	0.1795	0.1780	0.1765	0.1751	0.1736	0.1722	0.1708	0.1694
-1.4	0.1978	0.1962	0.1947	0.1931	0.1915	0.1900	0.1885	0.1869	0.1854	0.1839
-1.3	0.2142	0.2125	0.2108	0.2092	0.2075	0.2059	0.2042	0.2026	0.2010	0.1994
-1.2	0.2315	0.2297	0.2279	0.2262	0.2244	0.2227	0.2210	0.2193	0.2176	0.2159
-1.1	0.2497	0.2479	0.2460	0.2442	0.2423	0.2405	0.2387	0.2369	0.2351	0.2333
-1.0	0.2689	0.2670	0.2650	0.2631	0.2611	0.2592	0.2573	0.2554	0.2535	0.2516
-0.9	0.2891	0.2870	0.2850	0.2829	0.2809	0.2789	0.2769	0.2749	0.2729	0.2709
-0.8	0.3100	0.3079	0.3058	0.3036	0.3015	0.2994	0.2973	0.2953	0.2932	0.2911
-0.7	0.3318	0.3296	0.3274	0.3252	0.3230	0.3208	0.3186	0.3165	0.3143	0.3122
-0.6	0.3543	0.3521	0.3498	0.3475	0.3452	0.3430	0.3407	0.3385	0.3363	0.3340
-0.5	0.3775	0.3752	0.3729	0.3705	0.3682	0.3659	0.3635	0.3612	0.3589	0.3566
-0.4	0.4013	0.3989	0.3965	0.3941	0.3917	0.3894	0.3870	0.3846	0.3823	0.3799
-0.3	0.4256	0.4231	0.4207	0.4182	0.4158	0.4134	0.4110	0.4085	0.4061	0.4037
-0.2	0.4502	0.4477	0.4452	0.4428	0.4403	0.4378	0.4354	0.4329	0.4305	0.4280
-0.1	0.4750	0.4725	0.4700	0.4675	0.4651	0.4626	0.4601	0.4576	0.4551	0.4526
-0.0	0.5000	0.4975	0.4950	0.4925	0.4900	0.4875	0.4850	0.4825	0.4800	0.4775
$+0.0$	0.5000	0.5025	0.5050	0.5075	0.5100	0.5125	0.5150	0.5175	0.5200	0.5225
$+0.1$	0.5250	0.5275	0.5300	0.5325	0.5349	0.5374	0.5399	0.5424	0.5449	0.5474
$+0.2$	0.5498	0.5523	0.5548	0.5572	0.5597	0.5622	0.5646	0.5671	0.5695	0.5720
$+0.3$	0.5744	0.5769	0.5793	0.5818	0.5842	0.5866	0.5890	0.5915	0.5939	0.5963
$+0.4$	0.5987	0.6011	0.6035	0.6059	0.6083	0.6106	0.6130	0.6154	0.6177	0.6201
$+0.5$	0.6225	0.6248	0.6271	0.6295	0.6318	0.6341	0.6365	0.6388	0.6411	0.6434

	$-X_i\hat{\beta}$の値を予測確率($\hat{P}_i$)に変換									
$X_i\hat{\beta}$	-0.00	-0.01	-0.02	-0.03	-0.04	-0.05	-0.06	-0.07	-0.08	-0.09
$+0.6$	0.6457	0.6479	0.6502	0.6525	0.6548	0.6570	0.6593	0.6615	0.6637	0.6660
$+0.7$	0.6682	0.6704	0.6726	0.6748	0.6770	0.6792	0.6814	0.6835	0.6857	0.6878
$+0.8$	0.6900	0.6921	0.6942	0.6964	0.6985	0.7006	0.7027	0.7047	0.7068	0.7089
$+0.9$	0.7109	0.7130	0.7150	0.7171	0.7191	0.7211	0.7231	0.7251	0.7271	0.7291
$+1.0$	0.7311	0.7330	0.7350	0.7369	0.7389	0.7408	0.7427	0.7446	0.7465	0.7484
$+1.1$	0.7503	0.7521	0.7540	0.7558	0.7577	0.7595	0.7613	0.7631	0.7649	0.7667
$+1.2$	0.7685	0.7703	0.7721	0.7738	0.7756	0.7773	0.7790	0.7807	0.7824	0.7841
$+1.3$	0.7858	0.7875	0.7892	0.7908	0.7925	0.7941	0.7958	0.7974	0.7990	0.8006
$+1.4$	0.8022	0.8038	0.8053	0.8069	0.8085	0.8100	0.8115	0.8131	0.8146	0.8161
$+1.5$	0.8176	0.8191	0.8205	0.8220	0.8235	0.8249	0.8264	0.8278	0.8292	0.8306
$+1.6$	0.8320	0.8334	0.8348	0.8362	0.8375	0.8389	0.8402	0.8416	0.8429	0.8442
$+1.7$	0.8455	0.8468	0.8481	0.8494	0.8507	0.8520	0.8532	0.8545	0.8557	0.8569
$+1.8$	0.8581	0.8594	0.8606	0.8618	0.8629	0.8641	0.8653	0.8665	0.8676	0.8688
$+1.9$	0.8699	0.8710	0.8721	0.8732	0.8744	0.8754	0.8765	0.8776	0.8787	0.8797
$+2.0$	0.8808	0.8818	0.8829	0.8839	0.8849	0.8859	0.8870	0.8880	0.8889	0.8899
$+2.5$	0.9241	0.9248	0.9255	0.9262	0.9269	0.9276	0.9282	0.9289	0.9296	0.9302
$+3.0$	0.9526	0.9530	0.9535	0.9539	0.9543	0.9548	0.9552	0.9556	0.9561	0.9565
$+3.5$	0.9707	0.9710	0.9713	0.9715	0.9718	0.9721	0.9723	0.9726	0.9729	0.9731
$+4.0$	0.9820	0.9822	0.9824	0.9825	0.9827	0.9829	0.9830	0.9832	0.9834	0.9835
$+4.5$	0.9890	0.9891	0.9892	0.9893	0.9894	0.9895	0.9896	0.9897	0.9898	0.9899

補遺 331

補遺D

二項プロビットモデルのΦリンク関数

$X_i\hat{\beta}$	$-X_i\hat{\beta}$の値を予測確率($\hat{P}_i$)に変換									
	-0.00	-0.01	-0.02	-0.03	-0.04	-0.05	-0.06	-0.07	-0.08	-0.09
-3.4	0.0003	0.0003	0.0003	0.0003	0.0003	0.0003	0.0003	0.0003	0.0003	0.0002
-3.0	0.0013	0.0013	0.0013	0.0012	0.0012	0.0011	0.0011	0.0011	0.0010	0.0010
-2.5	0.0062	0.0060	0.0059	0.0057	0.0055	0.0054	0.0052	0.0051	0.0049	0.0048
-2.0	0.0228	0.0222	0.0217	0.0212	0.0207	0.0202	0.0197	0.0192	0.0188	0.0183
-1.9	0.0287	0.0281	0.0274	0.0268	0.0262	0.0256	0.0250	0.0244	0.0239	0.0233
-1.8	0.0359	0.0351	0.0344	0.0336	0.0329	0.0322	0.0314	0.0307	0.0301	0.0294
-1.7	0.0446	0.0436	0.0427	0.0418	0.0409	0.0401	0.0392	0.0384	0.0375	0.0367
-1.6	0.0548	0.0537	0.0526	0.0516	0.0505	0.0495	0.0485	0.0475	0.0465	0.0455
-1.5	0.0668	0.0655	0.0643	0.0630	0.0618	0.0606	0.0594	0.0582	0.0571	0.0559
-1.4	0.0808	0.0793	0.0778	0.0764	0.0749	0.0735	0.0721	0.0708	0.0694	0.0681
-1.3	0.0968	0.0951	0.0934	0.0918	0.0901	0.0885	0.0869	0.0853	0.0838	0.0823
-1.2	0.1151	0.1131	0.1112	0.1093	0.1075	0.1056	0.1038	0.1020	0.1003	0.0985
-1.1	0.1357	0.1335	0.1314	0.1292	0.1271	0.1251	0.1230	0.1210	0.1190	0.1170
-1.0	0.1587	0.1562	0.1539	0.1515	0.1492	0.1469	0.1446	0.1423	0.1401	0.1379
-0.9	0.1841	0.1814	0.1788	0.1762	0.1736	0.1711	0.1685	0.1660	0.1635	0.1611
-0.8	0.2119	0.2090	0.2061	0.2033	0.2005	0.1977	0.1949	0.1922	0.1894	0.1867
-0.7	0.2420	0.2389	0.2358	0.2327	0.2296	0.2266	0.2236	0.2206	0.2177	0.2148
-0.6	0.2743	0.2709	0.2676	0.2643	0.2611	0.2578	0.2546	0.2514	0.2483	0.2451
-0.5	0.3085	0.3050	0.3015	0.2981	0.2946	0.2912	0.2877	0.2843	0.2810	0.2776
-0.4	0.3446	0.3409	0.3372	0.3336	0.3300	0.3264	0.3228	0.3192	0.3156	0.3121
-0.3	0.3821	0.3783	0.3745	0.3707	0.3669	0.3632	0.3594	0.3557	0.3520	0.3483
-0.2	0.4207	0.4168	0.4129	0.4090	0.4052	0.4013	0.3974	0.3936	0.3897	0.3859
-0.1	0.4602	0.4562	0.4522	0.4483	0.4443	0.4404	0.4364	0.4325	0.4286	0.4247
-0.0	0.5000	0.4960	0.4920	0.4880	0.4840	0.4801	0.4761	0.4721	0.4681	0.4641
$+0.0$	0.5000	0.5040	0.5080	0.5120	0.5160	0.5199	0.5239	0.5279	0.5319	0.5359
$+0.1$	0.5398	0.5438	0.5478	0.5517	0.5557	0.5596	0.5636	0.5675	0.5714	0.5753
$+0.2$	0.5793	0.5832	0.5871	0.5910	0.5948	0.5987	0.6026	0.6064	0.6103	0.6141
$+0.3$	0.6179	0.6217	0.6255	0.6293	0.6331	0.6368	0.6406	0.6443	0.6480	0.6517
$+0.4$	0.6554	0.6591	0.6628	0.6664	0.6700	0.6736	0.6772	0.6808	0.6844	0.6879
$+0.5$	0.6915	0.6950	0.6985	0.7019	0.7054	0.7088	0.7123	0.7157	0.7190	0.7224
$+0.6$	0.7257	0.7291	0.7324	0.7357	0.7389	0.7422	0.7454	0.7486	0.7517	0.7549

$X_i\hat{\beta}$	$-X_i\hat{\beta}$の値を予測確率$(\hat{P}_i)$に変換									
	−0.00	−0.01	−0.02	−0.03	−0.04	−0.05	−0.06	−0.07	−0.08	−0.09
+0.7	0.7580	0.7611	0.7642	0.7673	0.7704	0.7734	0.7764	0.7794	0.7823	0.7852
+0.8	0.7881	0.7910	0.7939	0.7967	0.7995	0.8023	0.8051	0.8078	0.8106	0.8133
+0.9	0.8159	0.8186	0.8212	0.8238	0.8264	0.8289	0.8315	0.8340	0.8365	0.8389
+1.0	0.8413	0.8438	0.8461	0.8485	0.8508	0.8531	0.8554	0.8577	0.8599	0.8621
+1.1	0.8643	0.8665	0.8686	0.8708	0.8729	0.8749	0.8770	0.8790	0.8810	0.8830
+1.2	0.8849	0.8869	0.8888	0.8907	0.8925	0.8944	0.8962	0.8980	0.8997	0.9015
+1.3	0.9032	0.9049	0.9066	0.9082	0.9099	0.9115	0.9131	0.9147	0.9162	0.9177
+1.4	0.9192	0.9207	0.9222	0.9236	0.9251	0.9265	0.9279	0.9292	0.9306	0.9319
+1.5	0.9332	0.9345	0.9357	0.9370	0.9382	0.9394	0.9406	0.9418	0.9429	0.9441
+1.6	0.9452	0.9463	0.9474	0.9484	0.9495	0.9505	0.9515	0.9525	0.9535	0.9545
+1.7	0.9554	0.9564	0.9573	0.9582	0.9591	0.9599	0.9608	0.9616	0.9625	0.9633
+1.8	0.9641	0.9649	0.9656	0.9664	0.9671	0.9678	0.9686	0.9693	0.9699	0.9706
+1.9	0.9713	0.9719	0.9726	0.9732	0.9738	0.9744	0.9750	0.9756	0.9761	0.9767
+2.0	0.9772	0.9778	0.9783	0.9788	0.9793	0.9798	0.9803	0.9808	0.9812	0.9817
+2.5	0.9938	0.9940	0.9941	0.9943	0.9945	0.9946	0.9948	0.9949	0.9951	0.9952
+3.0	0.9987	0.9987	0.9987	0.9988	0.9988	0.9989	0.9989	0.9989	0.9990	0.9990
+3.4	0.9997	0.9997	0.9997	0.9997	0.9997	0.9997	0.9997	0.9997	0.9997	0.9998

文献

Achen, Christopher H. 1982. *Interpreting and Using Regression*. Sage University Paper Series on Quantitative Applications in the Social Sciences, vol. 29. Beverly Hills, CA: Sage Publications.

Ansolabehere, Stephen and Shanto Iyengar. 1997. *Going Negative*. New York: Simon and Schuster.

APA. 2013. *Diagnostic and Statistical Manual of Mental Disorders*. 5th edn (DSM-5). Washington, DC: American Psychiatric Publishing.

Arceneaux, Kevin, Martin Johnson. And Chad Murphy. 2012. "Polarized Political Communication, Oppositional Media Hostility, and Selective Exposure." *Journal of Politics* 74:174-186.

Arrow, Kenneth. 1990. *Social Choice and Individual Values*. 2nd ed. New York: Wiley. [1st edn 1951]

Axelrod, Robert. 1986. "An Evolutionary Approach to Norms." *American Political Science Review* 80:1095-1111.

Bachrach, Peter and Morton S. Baratz. 1962. "Two Faces of Power." *American Political Science Review* 56:947-952.

Barabas, Jason and Jennifer Jerit. 2010. "Are Survey Experiments Externally Valid?" *American Political Science Review* 104:226-242.

Beck, Nathaniel, and Jonathan N. Katz. 1995. "What to Do (And Not to Do) With Time-Series Cross-Section Data." *American Political Science Review* 89:634-647.

Belsley, David A., Edwin Kuh and Roy E. Welsch. 1980. *Regression Diagnostics: Identifying Influential Data and Sources of Collinearity*. New York: Wiley.

Brady, Henry E. 2002. "Models of Causal Inference: Going Beyond the Neyman- Rubin-Holland Theory." Paper presented at the Annual meeting of the Political Methodology Society, Seattle, WA.

Brady, Henry E. 2004. "Introduction." *Perspectives on Politics* 2:295-300.

Brookman, David E., and Daniel M. Butler. 2017. "The Causal Effects of Elite Position-Taking on Voter Attitudes: Field Experiments with Elite Communication," *American Journal of Political Science* 61:208-221.

Cameron, David R. 1978. "The Expansion of the Public Economy: A Comparative Analysis." *American Political Science Review* 72:1243-1261.

Campbell, Donald T., and Julian C. Stanley. 1963. *Experimental and Quasi- Experimental*

Designs for Research. Chicago: Rand McNally.

Clarke, Harold D., William Mishler and Paul Whiteley. 1978. "Recapturing the Falk- lands: Models of Conservative Popularity, 1979-1983." *British Journal of Political Science* 20:63-81.

Converse, Philip E. 1964. "The Nature of Belief Systems in Mass Publics." In *Ideology and Discontent*, ed. David E. Apter. New York: Free Press of Glenco, pp. 206-261.

Copernicus, Nicolaus. 2004. *On the Revolutions of Heavenly Spheres.* Philadelphia: Running Press Book Publishers. [Translation of 1543 book in Latin]

Currie, Janet, and Duncan Thomas. 1995. "Does Head Start Make a Difference?" *American Economic Review* 85:341-364.

Dahl, Robert A. 1971. *Polyarchy: Participation and Opposition.* New Haven: Yale University Press.

Danziger, Sheldon and Peter Gottschalk. 1983. "The Measurement of Poverty: Implications for Antipoverty Policy." *American Behavioral Scientist* 26:739-756.

Deutsch, Karl W. 1961. "Social Mobilization and Political Development." *American Political Science Review* 55:493-514.

Dixon, William, and Bruce Moon. 1993. "Political Similarity and American Foreign Trade Patterns." *Political Research Quarterly* 46:5-25.

Doyle, Michael W. 1986. "Liberalism and World Politics." *American Political Science Review* 80:1151-1169.

Druckman, James N. 2001. "The Implications of Framing Effects for Citizen Competence." *Political Behavior* 23(3):225-256.

Duflo, Esther, Michael Kremer, and Jonathan Robinson. 2011. "Nudging Farmers to Use Fertilizer: Theory and Experimental Evidence from Kenya." *American Economic Review* 101:2350-2390.

Edmonds, David, and John Eidinow. 2003. *Wittgenstein's Poker: The Story of a Ten-Minute Argument Between Two Great Philosophers.* New York: Harper Perennial.

Elkins, Zachary. 2000. "Gradations of Democracy? Empirical Tests of Alternative Concep- tualizations." *American Journal of Political Science* 44:293-300.

Fenno, Richard F. 1973. *Congressmen in Committees.* Boston: Little, Brown.

Fiorina, Morris P. 1989. *Congress: Keystone to the Washington Establishment.* 2nd ed. New Haven: Yale University Press.

Geer, John G. 2006. *In Defense of Negativity: Attack Ads in Presidential Campaigns.* Chicago: University of Chicago Press.

Gibson, James L. 1992. "Alternative Measures of Political Tolerance: Must Tolerance be

"Least-Liked"?" *American Journal of Political Science* 36:560-577.

Gibson, James L., Gregory A. Caldeira, and Vanessa A. Baird. 1998. "On the Legitimacy of National High Courts." *American Political Science Review* 92(2):343-358.

Gilbert, Susan. 2005. "Married with Problems? Therapy May Not Help." *New York Times*, April 19, 2005.

Gowa, Joanne. 1989. "Bipolarity, Multipolarity, and Free Trade." *American Political Science Review* 83:1245-1256.

Gowa, Joanne and Edward D. Mansfield. 1993. "Power Politics and International Trade." *American Political Science Review* 87:408-420.

Granger, Clive W.J. and Paul Newbold. 1974. "Spurious Regressions in Econometrics." *Journal of Econometrics* 26:1045-1066.

Green, Donald P., and Ian Shapiro. 1994. *Pathologies of Rational Choice Theory: A Critique of Applications in Political Science*. New Haven: Yale University Press.

Hibbs, Douglas A. Jr. 1977. "Political Parties and Macroeconomic Policy." *American Political Science Review* 71:1467-1487.

Inglehart, Ronald. 1971. "The Silent Revolution in Europe: Intergenerational Change in Post-Industrial Societies." *American Political Science Review* 65:991-1017.

Inglehart, Ronald. 1988. "The Renaissance of Political Culture." *American Political Science Review* 82:1203-1230.

Iyengar, Shanto and Donald R. Kinder. 2010. *News that Matters: Television and American Opinion*. 2nd ed. Chicago: University of Chicago Press.

King, Gary. 1986. "How Not to Lie with Statistics: Avoiding Common Mistakes in Quantitative Political Science." *American Journal of Political Science* 30:666-687.

Kramer, Gerald H. 1971. "Short-Term Fluctuations in U.S. Voting Behavior, 1896-1964." The *American Political Science Review* 65:131-143.

Kuhn, Thomas S. 1962. *The Structure of Scientific Revolutions*. Chicago: University of Chicago Press.

Lauderdale, Benjamin E., and Alexander Herzog. 2016. "Measuring Political Positions from Legislative Speech." *Political Analysis* 24:374-394.

Lazarsfeld, Paul F., Bernard R. Berelson and Hazel Gaudet. 1948. *The People's Choice: How the Voter Makes Up His Mind in a Presidential Campaign*. 1st ed. New York: Columbia University Press.

Levendusky, Matthew S. 2009. *The Partisan Sort: How Liberals Became Democrats and Conservatives Became Republicans*. Chicago: University of Chicago Press.

Lewis-Beck, Michael S. 1997. "Who's the Chef? Economic Voting Under a Dual Executive."

European Journal of Political Research 31:315-325.

Lindquist, Stefanie A., and Frank B. Cross. 2009. *Measuring Judicial Activism*. Oxford: Oxford University Press.

Lipset, Seymour Martin. 1959. "Some Social Requisites of Democracy: Economic Development and Political Legitimacy." *American Political Science Review* 53:69-105.

Luskin, Robert C. 1987. "Measuring Political Sophistication." *American Journal of Political Science* 31:856-899.

MacKuen, Michael B., Robert S. Erikson, and James A. Stimson. 1992. "Peasants or Bankers: The American Electorate and the U.S. Economy." *American Political Science Review* 86:597-611.

Maoz, Zeev and Bruce Russett. 1993. "Normative and Structural Causes of Democratic Peace, 1946-1986." *American Political Science Review* 87:624-638.

March, James G., and Johan P. Olsen. 1984. "The New Institutionalism: Organizational Factors in Political Life." *American Political Science Review* 78:734-749.

Martin, Lanny W., and Georg Vanberg. 2003. "Wasting Time? The Impact of Ideology and Size on Delay in Coalition Formation." *British Journal of Political Science* 33:323-344.

Mathews, Jay. 2000. "Scores Improve for D.C. Pupils with Vouchers." *Washington Post*, August 28, 2000, A1.

Mayhew, David R. 1974. *Congress: The Electoral Connection*. New Haven: Yale University Press.

McClosky, Herbert. 1964. "Consensus and Ideology in American Politics." *American Political Science Review* 58:361-382.

Milgram, Stanley. 1974. *Obedience to Authority: An Experimental View*. New York: Harper and Row.

Miller, Arthur H. 1974. "Political Issues and Trust in Government: 1964-1970." *American Political Science Review* 68:951-972.

Miller, Warren E., and Donald W. Stokes. 1963. "Constituency Influence in Congress." *American Political Science Review* 57:45-56.

Morrow, James D., Randolph M. Siverson and Tressa E. Tabares. 1998. "The Political Determinants of International Trade: The Major Powers, 1907-90." *American Political Science Review* 92:649-661.

Morton, Rebecca B., and Kenneth C. Williams. 2010. *Experimental Political Science and the Study of Causality: From Nature to the Lab*. New York: Cambridge University Press.

文献 337

Mueller, John. 1973. War, Presidents and Public Opinion. New York: Wiley. Munck, Gerardo L. and Jay Verkuilen. 2002. "Conceptualizing and Measuring Democracy: Evaluating Alternative Indices." *Comparative Political Studies* 35:5-34.

Niemi, Richard G. and M. Kent Jennings. 1974. *The Political Character of Adolescence: The Influence of Families and Schools*. Princeton, NJ: Princeton University Press.

Palmer, Harvey D., Guy D. Whitten, and Laron K. Williams. 2013. "Who Should be Chef? The Dynamics of Valence Evaluations across Income Groups during Economic Crises." *Electoral Studies* 32(3):425-431.

Pearl, Judea. 2000. Causality: *Models, Reasoning, and Inference*. New York: Cambridge University Press.

Piazza, Thomas, Paul M. Sniderman and Philip E. Tetlock. 1990. "Analysis of the Dynamics of Political Reasoning: A General-Purpose Computer-Assisted Methodology." *Political Analysis* 1:99-120.

Pollins, Brian M. 1989. "Does Trade Still Follow the Flag?" *American Political Science Review* 83:465-480.

Polsby, Nelson W. 1968. "The Institutionalization of the U.S. House of Representatives." *American Political Science Review* 62:144-168.

Poole, Keith T., and Howard Rosenthal. 1997. *Congress: A Political-Economic History of Roll Call Voting*. New York: Oxford University Press.

Posner, Daniel N. 2004. "The Political Salience of Cultural Difference: Why Chewas and Tumbukas Are Allies in Zambia and Adversaries in Malawi." *American Political Science Review* 98:529-545.

Powell, G. Bingham Jr., and Guy D. Whitten. 1993. "A Cross-National Analysis of Economic Voting: Taking Account of the Political Context." *American Journal of Political Science* 37:391-414.

Putnam, Robert P. 1995. "Turning In, Turning Out: The Strange Disappearance of Social Capital in America." *PS: Political Science & Politics* 28(4):664-683.

Putnam, Robert P. 2000. *Bowling Alone*. New York: Simon & Schuster.

Richards, Diana, T. Clifton Morgan, Rick Wilson, Valerie L. Schwebach and Garry D. Young. 1993. "Good Times, Bad Times and the Diversionary Use of Force: A Tale of Some Not So Free Agents." *Journal of Conflict Resolution* 37:504-535.

Riker, William H. 1982. San Francisco: W. H. Freeman.

Riker, William H., and Peter C. Ordeshook. 1968. "A Theory of the Calculus of Voting." The *American Political Science Review* 62:25-42.

Rogers, James R. 2006. "A Primer on Game Theory." In *Institutional Games and the U.S.*

Supreme Court, ed. James R. Rogers, Roy B. Flemming, and Jon R. Bond. Charlottesville, VA: University of Virginia Press.

Rubin, Donald. 1974. "Estimating Causal Effects of Treatments in Randomized and Non-randomized Studies." *Journal of Educational Psychology* 66:688-701.

Salmon, Wesley C. 1993. Probabilistic Causality. In *Causation*, ed. Ernest Sosa and Michael Tooley. Oxford: Oxford University Press chapter 8, pp. 137-153.

Shapley, L. S., and Martin Shubik. 1954. "A Method for Evaluating the Distribution of Power in a Committee System." *American Political Science Review* 48:787-792.

Sherman, Lawrence W., and Richard A. Berk. 1984. "The Specific Deterrent Effects of Arrest for Domestic Assault." *American Sociological Review* 49:261-272.

Sigelman, Lee. 2006. "Top Twenty Commentaries." *American Political Science Review* 100(3):667-687.

Skidmore, Thomas E. 2009. *Brazil: Five Centuries of Change*. 2nd edn. Oxford, UK: Oxford University Press.

Sniderman, Paul M. and Thomas Piazza. 1993. *The Scar of Race*. Cambridge, MA: Harvard University Press.

Stouff Samuel C. 1955. *Communism, Conformity, and Civil Liberties*. New York: Doubleday.

Sullivan, John L., James Piereson and George E. Marcus. 1979. "An Alternative Conceptualization of Political Tolerance: Illusory Increases 1950s - 1970s." *American Political Science Review* 73:781-794.

Tijms, Henk. 2004. *Understanding Probability: Chance Rules in Everyday Life*. Cambridge: Cambridge University Press.

Tufte, Edward R. 1975. "Determinants of the Outcomes of Midterm Congressional Elections." *American Political Science Review* 69:812-826.

Verba, Sidney, Kay Lehman Schlozman, Henry Brady and Norman H. Nie. 1993. "Race, Ethnicity and Political Resources: Participation in the United States." *British Journal of Political Science* 23:453-497.

Walker, Jack L. 1969. "The Diffusion of Innovations among the American States." *American Political Science Review* 63:880-899.

Wattenberg, Martin P., and Craig Leonard Brians. 1999. "Negative Campaign Advertising: Demobilizer or Mobilizer?" *American Political Science Review* 94:891-899.

Weatherford, M. Stephen. 1992. "Measuring Political Legitimacy." *American Political Science Review* 86:149-166.

訳者あとがき

原書 *The Fundamentals of Political Science Reserch, Third edition*（2018, Cambridge University Press）はテキサス A&M 大学政治学部の教授 2 人が、学部学生の初年次教育のために執筆したものである。アメリカでも数学を嫌って政治学を専攻する学生が多い。しかし、統計手法の発展とともに、政治学では統計手法をベースとして科学に寄せる手法が主流となった。統計手法を用いずに科学に寄せることは、学部学生のみならず多くの平均的な研究者にも極めて難しい。その意味で、統計手法は私たちの味方であると考えてほしい。本書は、数学嫌いの学生にも理解して欲しいという目的をもって、政治をいかに科学的に理解するかを示している。本書は政治学研究の基本中の基本のみを範囲としているが、本書で述べている因果関係の 4 つのハードルは日常生活を送る上でも重要な思考訓練である。

本書の後半（第 7 章以降）で扱っている統計分析は、頻度統計という古典的な統計手法を基本としている。頻度統計はサンプルから母集団を推定するにあたって帰無仮説の棄却というややこしいロジックがある。これに対し、仮説が正しい確率をデータを用いて更新していくベイズ推定、予測に特化したモデル選択や機械学習、そしてデータを用いて因果関係を推定する統計的因果推論が発達してきた。いずれの手法においても、第 6 章に述べた通り、データをよく読むことが基本である。因果推論に関しては、松林哲也『政治学と因果推論 比較から見える政治と社会』を勧めたい。なお、松林氏もテキサス A&M 大学で原書の著者たちに指導を受けた一人である。

私が 2010 年前後にアメリカで大学院生として政治学方法論を教えていた頃、本書は学部学生に政治学を教える教員たちの間で評判が高かった。私も原書をもとに、テキサス A&M 大学、北海学園大学、津田塾大学の 1 年生に教えてきた。翻訳にあたって、改めて原書の良さを感じている。

本書の内容を踏まえた私の講義を数年にわたって何度も聴いており、今現在も足元にいる聴導犬の次郎さんに本書を捧げたい。

著者紹介

Paul M. Kellstedt（ポール M. ケルステッド）

テキサスA＆M大学政治学部教授、ミネソタ大学Ph.D.（政治学）。専門は政治行動論、世論、政治学方法論。金曜午後には仕事をせずにおしゃべりしまくる。親子2代にわたってゴルフする政治学者。

Guy D. Whitten（ガイ D. ウィッテン）

テキサスA＆M大学政治学部教授、ロチェスター大学Ph.D.（政治学）。専門は政治経済、比較政治論、政治学方法論。テキサスにいながらしてヨーロッパのサッカーをこよなく愛する。

訳者紹介

中條美和（なかじょう みわ）

津田塾大学総合政策学部准教授。東京大学大学院博士課程修了、博士（法学）。テキサスA＆M大学Ph.D.（政治学）。専門は政治行動論、地方政治、計量政治。聴導犬の次郎とともに教鞭をとる。

政治学研究の基礎 ― 政治を科学するために

2024年9月20日第1版第1刷　印刷発行 ⓒ

訳者との
了解により
検印省略

著　者	Paul M. Kellstedt
	Guy D. Whitten
訳　者	中　條　美　和
発行者	坂　口　節　子
発行所	㈲　木　鐸　社

印刷　ＴＯＰ印刷　　製本　吉澤製本

〒112-0002　東京都文京区小石川 5-11-15-302
電話（03）3814-4195番　　振替 00100-5-126746
FAX（03）3814-4196番　https://www.bokutaku.net

（乱丁・落丁本はお取替致します）

ISBN-978-4-8332-2562-5 C3010